U0119459

文革大系 3

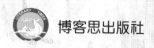
博客思出版社

青蔥歲月

知青赤腳醫生訪談錄

安娜 Anna Quian　　　　著

與北京知青座談

與上海知青座談

山東知青赤腳醫生

上海知青赤腳醫生

訪談知青赤腳醫生1

訪談知青赤腳醫生2

聆聽草藥的功用與種植

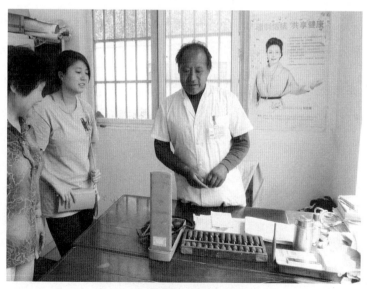

訪問鄉村醫生診室

【目錄】

青蔥歲月
——知青赤腳醫生訪談錄

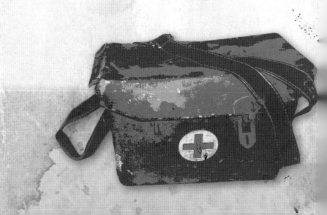

文革中的知青赤腳醫生

安娜（Anna Quian）

作為一個重要的歷史時期，從 1966 年開始到 1976 年結束的無產階級文化大革命，給中國社會帶來了前所未有的動盪與騷亂，對於這段歷史的評價其意識形態猶如一條雙曲線，褒貶不一，相差甚遠。但是，歷史學家對期間出現的赤腳醫生現象，儘管有些爭議的論點，大多數卻給予了比較正面的評價。

雖然這段歷史已經過去了近 50 年，但目前研究領域對赤腳醫生的文獻非常缺失，特別是在西方，有關此類的研究少之又少。在參考有限的有關赤腳醫生的文獻基礎上，在本文中，我較多的採用了 2014 年夏季我到中國對知青赤腳醫生的口頭採訪記錄，憑藉他們對歷史的親身回顧進行研究分析，通過他們擁有知青和赤腳醫生雙重身份的特別體驗，體會他們當年接受生活挑戰的歷史原因和政治期許，瞭解這些赤腳醫生當時是如何在落實毛澤東思想的同時，又有了對自己治病救人的所做所為，所產生的榮譽感和滿足感，這種感覺使他們對文革的體驗和認知或多或少的與一般的知青有所不同。無論他們對當時中國農村的醫療是否有真正的推進作用，但知青赤腳醫生的出現，絕對是文化大革命的「新生事物」，是一個特殊現象，這一點是誰也無法否認的。

引言

　　在上個世紀 60 年代中期到 70 年代末期的中國，赤腳醫生一直被認爲是一個文革的符號，這個群體的誕生是毛澤東爲體現他對基層民眾特別是對農民的關心，同時也是爲了激勵人們破壞舊有的醫療體系並接受新的挑戰而出現的。

　　在理解這個背景的情況下，我探討了知青赤腳醫生對文革的理解不同於其他的知青，這個認知不是通過以往的那些宣傳，而是通過他們個人回憶中流露出對此段經歷的成就感和滿足感。

　　中國有一部叫《春苗》的電影，場景是在 1965 年中國南方的鄉下，一個年輕的女孩在稻田裡插秧，她那張被太陽曬的黝黑而憔悴的臉龐，卻是一臉笑容，邊唱邊幹活。從她那比旁人慢而生疏的動作可以看出她不是這裡眞正的壯勞力。突然傳來大喊聲：快來幫忙，腳被扎破了。這個女孩立刻衝向田頭，奔向那個帶有紅十字的棕色藥箱。她也是光著腳，和所有農民

一樣沒有穿鞋，她提起藥箱朝病人跑去。大家都稱她爲「醫生」，這也許就是「赤腳醫生」的由來。官方把這叫做「半農半醫」，也就是一半是農民，一半是醫生。

即使赤腳醫生在西方有關中國近代史的研究中有一些觸及，可這方面的資訊和文獻卻十分缺乏，專門論述的文章屈指可數。顯而易見，從目前的歷史資料上看，赤腳醫生對中國的鄉村醫療起到了推進作用。在 70 年代初的鼎盛時期，世界衛生組織還向其他不發達國家和地區推薦了中國赤腳醫生的形象[1]。在那個時期，西方社會對中國的正面稱讚是極爲罕見的。

當時正處於文革的中國，政治的動盪波及到每一個人，在毛澤東思想宣傳的強大攻勢下，文化大革命改變了人們特別是年青一代的思想觀和價值觀。那些身兼要職的中共領導人被打倒成爲叛徒、內奸、走資派、反革命分子，被免職失去了社會地位，被公開毆打，甚至入獄。家庭出身的政治背景變得極爲重要，地主、富農，反革命，壞分子成爲最壞的出身，他們的後代是文革中最先被趕往農村的一批知識青年。今天的中國，依舊不鼓勵論證文革，及公開譴責政府[2]。大部分中國人還是不願對文革進行評述，但那些經歷文革的人毫無疑問已成爲長者甚至逝去。雖然近年來有些現代史的研究文獻開始零星出現，但有關赤腳醫生的研究卻是很奇缺。探討知青赤腳醫生的複雜性，爲我們展示了一個非正常類職業在非正常時期的特殊層面。

1949 年中華人民共和國成立，中國共產黨的權威是不容

1 Daqing Zhang and Paul U Unschuld, "China's Barefoot Doctor: Past, Present, and Future," The Lancet 372, no. 9653 (November 2008): 1865–67, doi:10.1016/S0140-6736(08)61355-0. p. 1866.
2 Mobo C. F. Gao, The Battle for China's Past : Mao and the Cultural Revolution (London ; Ann Arbor, MI: Pluto Press, 2008). p. 48.

被置疑的。他們需要立即治國安民，需要實現現代化和他們爲民眾描述的社會主義目標。新政府最大的挑戰是如何服務大眾，解決工人、農民，尤其是鄉下人的溫飽問題，解決幾億人的營養不良和疾病問題，特別是醫療衛生系統的嚴重缺乏[3]。他們把提高醫療保健的標準與強化國家和社會主義架構交織在一起，毛澤東希望實現一個健康的社會主義現代化中國，而且這種健康要體現在每個人身上。

基於這種政治與現實，在 50 年代，中國成立幾種不同的國家醫療體制，希望控制公共衛生及防禦可防治的疾病。儘管他們做了很多努力，城鄉的醫療懸殊依舊很大。這個懸殊觸及了正是在文革中所被攻擊的「資產階級城市老爺醫生」的舊有體制，1965 年 6 月，毛澤東對中國衛生部發表了指示，強烈要求「把醫療衛生工作的重點放到農村去」[4] 這正是文革即將開始的時候，也是文革的點火索之一。於是各地醫療部門設立了許多農民衛生培訓班，這些人依舊從事農業工作，被稱之爲半農半醫。他們服務於他們各自的公社、大隊，做一些基本醫療救治，衛生預防，發放防治藥品和緊急救護。參加培訓班的學歷門檻很低，初中畢業的農民即可。除學歷外，還需有良好的家庭政治背景並由公社推薦。後來這些人被稱爲「赤腳醫生」，也許是從光著腳插秧的醫生叫起的。赤腳醫生是當時中國基層三層醫療體系的最底層：赤腳醫生 — 公社醫院 — 縣醫院。這個醫療體系也稱之爲合作醫療，也就是醫療費用中，由農民付一部分，不高於全家年收入 3%[5]，公社補貼一部分，

3 Ka-Che Yip, "Medicine and Nationalism in the People's Republic of China, 1949–1980," Can. Rev. Stud. Natn 10 (1983): 175–87.

4 Mao Zedong, "Directive On Public Health," June 26, 1965, https://www.marxists.org/reference/archive/mao/selected-works/volume-9/mswv9_41.htm.

5 N. S. Zhu et al., "Factors Associated with the Decline of the Cooperative Medical System and Barefoot Doctors in Rural China.," Bulletin of the World

縣裡財政資助一部分。但由於中國幅員遼闊，老、少、邊、窮地區的公社衛生院和縣級醫院稀少而遙遠，合作醫療無法具體實施，很多地區只能靠赤腳醫生用中西醫和土方的方式解決問題。雖然赤腳醫生是可以從本村的農民中推薦的，但我採訪發現，當知青到了農村以後，大多數赤腳醫生都是由他們承擔了，是因爲他們是城裡來的，受教育的程度明顯高於本地人，對於很多地區而言，他們也是第一批把西醫帶進農村的人。

　　知青上山下鄉是標準的文革產物。大中城市的初中、高中畢業生必須去下鄉，在那以前多半是自願的，但文革時期就成爲必須。從政府的意識形態宣傳上來說，下鄉是讓他們學習、體驗大自然和農民的辛苦，而背後眞正的目的是政府要解決城市大量的剩餘勞動力的問題。無論如何，成千上萬的知青到了農村後，是對當時中國農村社會及文化的一個巨大震撼，因爲他們帶來了現代文明和城市文化。

　　知青赤腳醫生在知青群體的地位和作用是比較微妙的，他們和所有的知識青年一樣是外來者，是來接受貧下中農再教育的，但同時他們也是受尊敬的有文化的醫療工作者，他們與村民的關係跟非赤腳醫生知青有著明顯的區別。雖然知青赤腳醫生這個群體還沒有被學者們給予更多的關注，但我認爲對他們存在的認識和研究，是可以更好地認知和理解文化大革命那段歷史。知青赤腳醫生與他們的同伴相比，他們則是更能體現當權者政治意識形態在青年身上的寄託，從某種程度上看，他們是毛澤東思想的一個典型案例，正如那些宣傳所言，把毛澤東對中國農村缺醫少藥的關懷落實到老、少、邊、窮地區。同時，通過眾多的接觸和訪談，我認爲他們也最大化的履行了他們的職責和信念，他們在融入農村的同時，也通過他們的職責得到

了認同並獲得了成就感，他們在提供農民醫療服務的同時也體現了毛主義的政治意識形態，所以說知青赤腳醫生更好地體現了毛的理論，實現了自我價值及滿足感。這種不同的經歷，也讓他們對十年文革動亂的記憶留有一些正面的回憶，這一點與大多數普通上山下鄉的知青有所不同。

為了證實知青赤腳醫生的觀念，我使用了回憶錄，歷史報告和文獻做為依據。正如我前面所述，這方面的文獻非常匱乏，我利用 2014 年暑假到中國許多省份口頭訪談了那些曾經的知青赤腳醫生。我是通過網上或他們所在的主要省份和城市的知青聯誼會聯繫上的，他們大部分已過花甲之年，這些面對面的訪談是他們同意並錄音錄影的，他們的熱情坦誠令我非常感動，也十分感謝他們能直率地與我這樣一個乳臭未乾的 90 後青年人分享那段人生經歷，使我受益匪淺。

由於地域的問題，我無法花大量時間去更加深入地瞭解他們，所以我設立了一套問題給他們每一個人，並採用了自由發揮的方式讓他們去講述他們的經歷[6]。訪談是用中文進行的，他們知道我當時只是一個美國杜克大學三年級的本科生，中文不是我的母語，所以他們非常照顧我的語言能力，盡可能清晰地講述。但引用這些口述歷史作為論證材料也存在著一些問題，首先是無法確認當事人口述往事的確切和真實性，再加上他們對文革認識也許有所保留或缺失。再有就是當事人也許對往事有更多的渲染或忌諱，因為他們面對的是一個年輕的外國人。況且，文革已經過去了半個世紀，從時間久遠的考慮他們記憶的準確性也是無法確定的。

做為一個年輕後輩和採訪者，我雖然無法證實他們口述歷史的真實性，但還是可以感覺到他們的真誠，也可以看出他

---

6 Questions in Appendix

們對那段時光的情感和透徹的記憶，所以我選擇了對他們毫無保留的相信和信任。所以，雖說用口述歷史來做論證存在諸多問題，但我仍認爲這些訪談是可以在這裡引用的，基於關於知青赤腳醫生第一手資料的匱乏，這些口述填補了一些空白。無論如何，這些口述提供了他們個人對無產階級文革和上山下鄉運動的認知，也從一個新的視角來論證知青在那個時期中的作用。

一、上山下鄉：無法磨滅的經歷及回憶

爲了確認知青赤腳醫生所扮演的角色，首先要探討他們所屬的群體，以及社會大眾對普通知青和知青赤腳醫生的不同態度，瞭解他們下鄉前後的狀況、在農村的遭遇，以及他們跟當地人的關係，和赤腳醫生推薦選拔的過程。這些，對於知青赤腳醫生的不同經歷和那些不爲人知的歷史，是非常重要的。雖然有些赤腳醫生不是知青，但絕大多數是屬於知青這個群體

的，我們在這裡主要是針對知青赤腳醫生進行探討和分析[7]。知青赤腳醫生開闢了鄉村醫療的一個新的領域，他們首先是到各地上山下鄉的城市知青，然後通過各種推薦選拔後成為赤腳醫生，他們擁有雙重角色：向貧下中農學習接受改造思想的同時又進行著農村醫療改革的革命[8]。有別於普通知青，他們的角色可以更好地體現文革的意識形態。無論他們在農村的經歷如何，他們依舊被稱為被文革耽誤的一代。但如果沒有上山下鄉運動，他們中的大多數一生都不可能成為鄉村醫療工作者，把他們與普通知青群體區分開出來是十分有必要的。他們所擔當的醫療普及者和現代文明傳播者的角色是意義非凡的。他們不同的人生經歷來源於一些文章、知青的回憶錄，以及我的訪談記錄。這些具體的個人經歷增加了對文革知青赤腳醫生形象的立體描繪，特別是在訪談中我們依然可以看出他們對那段光陰的正面認識，是有別於其他知青的青春回憶。

其實，中國城市青年上山下鄉到農村去的現象在文革前就有了。從 50 年代開始，大量黨政宣傳和毛澤東的倡議，讓熱血青年和骨幹到農村去，向農民學習吃苦耐勞的精神，鼓勵初、高中畢業生去農村體現他們的革命熱情，自願上山下鄉。十年文化大革命中，由激烈的紅衛兵主宰的運動只持續了兩年多，但終於鬧得革命領袖也頭疼起來。到 1968 年暑期，大學不招生，工廠不招工，數百萬初、高中畢業生待在城裡無事可做，成為急待解決的社會問題。在這種情況下，中共中央開始硬性展開知識青年從城市到農村的上山下鄉運動，將 1966、

7　Barefoot doctors could have also been chosen from the local peasant population; particularly before the zhiqing arrived.

8　Darryl E. Brock and Chunjuan Nancy Wei, Mr. Science and Chairman Mao's Cultural Revolution : Science and Technology in Modern China (Lanham: Lexington Books, 2013). P. 252

1967 和 1968 年初、高中畢業生一網打盡，這些被稱之為老三屆的中學畢業生，後來成為知識青年上山下鄉潮流中最具代表性的一代人[9]。在他們下鄉之前，他們大多為響應毛澤東思想而造反的紅衛兵，不但罷課還佔領了他們的學校和社區[10]，而且還走向上街頭和進行全國大串聯。毛政府開始擔憂他們的革命活動傾向和暴力行為會影響中國社會的穩定，加上當時城市裡非常嚴重的失業率，就開始計畫把他們分送到落後邊遠的地方，以保證政權的穩固。這種有組織的、歷史罕見的大規模移民形態，是在貫徹毛澤東發表在 1968 年 12 月 22 日人民日報的講話，堂而皇之進行的：「知識青年到農村去，接受貧下中農的再教育，很有必要。」[11]。這個「上山下鄉」運動，造成近 2000 萬的城市知識青年到農村或邊疆地區插隊落戶，接受「很有必要」的「貧下中農再教育」去了。

同時，知青被告知他們需要被農民思想改造，同時也有責任對農村進行革命，把科技和文化帶去[12]。雖然歷史學者並不看好這個大規模的運動：把城市無法解決的知識青年的就業問題轉向農村[13]，但在當時中國的歷史條件下，也許沉浸在文革混亂中的政府，沒有更好的選擇。雖然在老三屆上山下鄉之後，政府的政策有所改變，一個家庭只需一個孩子下鄉，一些有勢力的家庭還可以讓孩子去參軍或是去工廠，但大多數家庭

---

9 Zuoya Cao, Out of the Crucible : Literary Works about the Rusticated Youth = [Zhi Qing Wen Xue] (Lanham: Lexington Books, 2003).

10　Yu Xie, Yang Jiang, and Emily Greenman, "Did Send-down Experience Benefit Youth? A Reevaluation of the Social Consequences of Forced Urban–rural Migration during China's Cultural Revolution," Social Science Research 37, no. 2 (June 2008): 686–700, doi:10.1016/j.ssresearch.2007.08.002. p. 2

11　Cao, Out of the Crucible.

12　Martin Singer, Educated Youth and the Cultural Revolution in China (Ann Arbor: University of Michigan, Center for Chinese Studies, 1971). P. 28

13　Cao, Out of the Crucible. P. 3

是沒有選擇的，上山下鄉似乎成為他們孩子從中學畢業的唯一之路。有著普通的家庭背景或是想向黨體現他們個人價值的年輕人也有一些是自願去下鄉的，儘管他們已有哥哥姐姐下鄉了。雖說他們被告知下鄉是為了接受貧下中農的再教育，但沒有人知道是多久。很多青年人都擔心他們無法再回來了，因為他們的戶口必須遷到農村。一旦戶口遷出，要想再遷回城市，手續是非常艱難且繁瑣的[14]。所以，同一個學校的同學下鄉的時間不同，隨著畢業時間的不同，從幾個月到十幾年不等。他們下鄉後被分到生產大隊，大隊相當於一個村子。知青也有去邊疆生產建設兵團或農場的，他們的境遇只比去農村的好一點點。

在這裡，我主要是研討那些去農村與老鄉有互動的知青。知青和當地農民的生活來源是靠掙工分，一種對他們工作能力的衡量標準。他們只有極少數的人靠推薦上大學或是參軍才能離開，其他人和當地農民的生存狀態幾乎沒有區別。在文革中，上山下鄉的知青也講究有關係，好的家庭政治背景和出眾表現的才可能對他們的境況有所改變。文革後期返城有幾大潮流，其中之一就是 1978 年恢復的高考。那些結婚並在鄉下有家的知青返城就更難了，他們是所有知青中最後返城的人，有的甚至是在文化大革命之後二、三十年才有機會返城的。這些人在文革中長大，並在農村度過了他們的青年時代，他們被迫遠離家園、家人以及失去受教育的機會，這整整一代人，被歷史學家稱之為：「被遺棄的一代人」[15]。

雖然西方國家有一些對中國知青和赤腳醫生的論述文章，

---

14 Xie, Jiang, and Greenman, "Did Send-down Experience Benefit Youth?"

15 Michel Bonnin and Krystyna Horko, The Lost Generation : The Rustication of China's Educated Youth (1968-1980), English edition. (Hong Kong: The Chinese University Press, 2013).

但有關他們的第一手資料還很欠缺，採用口述歷史記錄的方法，就是為了真實地還原那段歷史，並得到若干年後當事人對那個年代的感受，用中國現在時髦的語言描述，就是「對青蔥歲月的梳理」。在北京、上海、山東的知青們為我的訪談還專門組織了座談會，半個世紀過去了，這些知青赤腳醫生們聚在了一起，共同回憶他們逝去的時光，作為一個傾聽者，他們的敘述不但令我不勝唏噓，也令我感動並沉思。

在目前的中國，知青社團也許是最活躍的團體之一，每個社團的知青都對他們共同的經歷充滿依賴和熱情，大多數知青有著較為輕鬆的態度看待「知青」這一歷史形態。在當今的中國，文化大革命和知識青年上山下鄉依舊是個敏感的話題，隨著時光的逝去，曾經年輕的他們大都進入老年，有的則是中國共產黨的中堅力量甚至是領導人。國家主席習近平和總理李克強是當今中國最有影響力的二位領導人，他們就是知青出身，習近平當年還做過赤腳醫生。有了這樣級別的知青當政，中國的知青聯誼組織似乎有星火燎原之勢。他們以大城市為據點，較為自如地聚集在一起，並創辦知青自己的網頁、雜誌和報紙。對過去時光的懷念是他們聚集在一起的主要原因，但也不乏有種被遺忘和被忽視的遺憾。

當我第一次見到北京知青社團負責人時，他很吃驚一個年輕的外國人會對他們的歷史感興趣[16]。在我與其他二十幾位北京知青的聚會中，他聲情並茂地講到，他們應積極地記錄他們的經歷，否則沒人會記得他們。他熱情洋溢地講話讓大家頻頻點頭並贊同。一般而言，文革的負面意識使他們有著苦難的經歷，但現在卻看不到他們的頹廢及憤怒，反倒是他們對自己以往的經歷有一種驕傲感。特別是在北京，可怕的空氣污染，

16 Beijing Zhiqing Society Meeting

喧鬧的交通和參差不齊的高樓大廈交織著，在繁華和急功近利的嘈雜社會裡，作爲中國近代史中已經被人們快要遺忘的這群人，依然我行我素的活在歷史的感覺中，你不能不說這是一種奇蹟。

我所接觸的知青，對於他們當年在農村的艱苦生活都沒有表示出強烈的怨恨，但對當今社會對他們的態度卻感到十分的焦慮。今天五、六十歲的人，知青就是他們的標籤，年輕的他們當年被迫到落後的農村或偏遠的農場耗費了青春活力，眾多的知青無法融入今天的中國社會。他們許多曾是紅衛兵，他們曾是堅決擁護毛澤東思想的先鋒。相反的，今天的年輕人則只看重物欲而對政治漠不關心，這對這些老知青來說，是無法忍受的墮落。

在訪談的過程中，我與那些熱情接待我的知青，感情與日俱增。這種熱情幾乎來自每一個我所訪談的知青社團和個人，北京、上海、平度、青島、連雲港都有著類似的場景。雖說中國國內已有一些研究知青的學者和文獻，可他們依舊覺得他們被忽視。他們曾是時代的先鋒，在文革中扮演了創時代的角色。他們也曾揭發他們的長輩，造反抄家，揮斥方遒，甚至還進行過不花分文地全國大串連運動[17]。但是，他們現在感覺到被社會遺忘。大多數人已經退休，不但要照顧孫輩，還要應付日日高漲的房價物價，而政府卻對他們當年的犧牲及苦難沒有絲毫的補償。這些自願參加社團的人只是知青的一部分，他們甚至屬於混得比較好的一群人。更多的知青都不願提及他們下鄉的生活，還有那些從未離開農村的知青，他們的艱苦經歷是不容置疑的，但他們究竟對中國社會有多大的貢獻，目前在學

17　Helena K. Rene, China's Sent-down Generation : Public Administration and the Legacies of Mao's Rustication Program (Washington, DC: Georgetown University Press, 2013). P. 78

界則有很大的爭議。

在開始上山下鄉的時候，那些成爲赤腳醫生的知青並沒有什麼不同。每個下鄉的知青都是在響應毛主席的號召，在敲鑼打鼓聲中離家的。他們並不是個個都熱衷上山下鄉，但他們無法改變這個熱潮。他們是在一片喧鬧中，在口號標語中離家。Michel Bonnin 在他的文中寫到這些，他採訪那些知青都還清楚地記得這些情景[18]，可見當時的激進和隆重。但 Bonnin 斷言，知青都是被迫或是被遣送下鄉的。相較於眞實的情況，做過知青的學者 Zuoya Cao 則在她的論文中提到：其實知青有自願和非自願兩種。有高調自願的，有不得不同意的，還有就是堅決逃避的，可到最後還逃不掉下鄉的命運。他們表面上是響應毛的號召，但內心是無法不對窮鄉僻壤的艱苦體力勞動而畏懼。

在當年，上山下鄉運動是追隨毛澤東思想的一種行動，那些移民到國外的知青在他們的回憶錄中或多或少對上山下鄉運動均持反對態度。而那些依舊生活在中國的知青，反而並沒有太多的抱怨，只不過認爲那是一個時代的產物，他們多多少少還有對他們這個經歷的一種感恩。知青赤腳醫生多半是屬於那種自願，或半自願下鄉的一群。在我的採訪中，他們也十分清楚地記得他們當時是在沸騰的喧囂聲中，在昂貴的大紅紙上寫下他們的申請，簽上他們的名字，用這種方式來表達他們的決心[19]。其中一個採訪對象對他們表決心的方式談到：「現在看起來很荒誕，可我們當時就特別信」。採訪中有很多具體的描述他們當時是如何積極向上地做革命青年，他們都沿用了：「那時候就那樣！」的解釋。

---

18 Bonnin and Horko, The Lost Generation.

19 Interview Liu SL

　　也許讀者會認爲這是因爲他們面對一個外國採訪者的態度，沒有對上山下鄉運動有太多負面的譴責。而我自己的感覺至少他們是眞誠的，而且人到暮年，也沒有什麼可掩飾的。我更傾向於當年的他們確實單純並積極，相信毛澤東說的一切。其中有一位談到，她當時拼命要求到邊疆去，只是要像他哥哥一樣去下鄉，不想被落下。還有一個上海知青就憑著一首「延邊人民熱愛毛主席」的歌曲激勵她去了延邊插隊落戶。在被採訪的知青赤腳醫生中，沒有一個對上山下鄉是持堅決反對意見的，而普通的知青則會有較多的負面批評。對我而言，這正是知青赤腳醫生與普通知青有所不同的地方。曾是赤腳醫生的習近平在一篇回憶知青生活的文章中，對於那段生活的記述，幾乎都是正面的。這些做爲文革中的知青赤腳醫生，他們大多很珍惜他們的經歷，認爲那不是會發生在每個人身上的事情，除了修理地球之外，他們還參與了改善農村醫療條件的工作。

　　農民對於知青上山下鄉的態度是多重性的。現實中，這些具有優越感的城市青年毫無農業生產知識，連最基本的農活都要手把手地教。這對農村造成了很大的負擔，不光只是教他們幹活，還要幫他們幹活[20]，因爲知青根本無法完成他們分內的活兒。這不僅影響了農活，還增加了生活資源的匱乏，例如食物、水、柴禾。杯水車薪的政府補貼到了生產隊根本不夠，要不就是被村裡扣押了[21]。但另一方面，知識青年的到來給封閉的鄉村帶來了文明和文化，包括刷牙、洗澡這樣的生活方式，使農民在意識中潛藏著一種愛恨交加的情緒。表現在態度上就是好奇、關懷和嚴厲、苛刻共存的矛盾。

20　Thomas P. Bernstein, Up to the Mountains and down to the Villages : The Transfer of Youth from Urban to Rural China (New Haven: Yale University Press, 1977). P. 132

21　Ibid. p. 135

　　每一位知青的經歷都十分感人。整體而言，知青的經歷大致類同，但各個地方又有區別，他們所面臨的困境和挑戰以及複雜性是在超乎尋常的。大城市的知青大都是去貧窮邊疆地區，理論上看來，知青是一種額外的勞動力，可以促進地方的經濟發展。但正如前面所述，對地方而言，這些知青帶來的往往是負擔。他們太年輕，身單力薄，無法適應當地的生活，知青給地方上造成的困難是顯而易見的。但同時這些已經習慣了城市文化生活的青年，無法適應落後地區的生活方式，也是矛盾加劇的緣由之一，諸如衛生紙、自來水、電及交通。在許多最基本的生活方式上，知青不得不改變自己，來適應當地的生活，包括天天刷牙、洗漱。有些地方則是殘酷的氣候，嚴寒或是酷暑，例如，在內蒙古，冬天氣溫低到華氏零下 50 度，夏天又在華氏 105 度 [22]。而有些地方則是要面對殘酷的生物，如吃人的蚊子、蛇、狼。許多知青生病時，更是無法適應。總之，不是因為艱苦的體力勞動，就是因為險惡的自然環境，使他們在劇烈的環境變化中，從心靈到身體都受到了難以忘懷的傷害。

　　認識大多數知青的艱苦生活，是為了更好地闡述知青赤腳醫生的經歷。在與一般知青一樣的基礎上，赤腳醫生還有額外的責任。原則上，赤腳醫生是在幹農活的基礎上，來提供一些醫療護理，也就是半農半醫 [23]。這就意味著在他們幹了一天活之後，在半夜還要出急診，第二天還要照常下地幹活。自然環境對赤腳醫生尤為艱苦，一位劉姓赤腳醫生講到，她常常要獨自一人走夜路翻山越嶺去看病 [24]。她渾身緊張害怕，因為要隨

22　Interview Leng M

23　Brock and Wei, Mr. Science and Chairman Mao's Cultural Revolution. P. 251

24　Beijing Zhiqing Discussion

時面對狼和蛇的攻擊，就在 50 年後的今天，她依然難以想像，當時一個 16 歲的小女生是怎麼熬過來的。在北京的知青座談會上，很多知青赤腳醫生都很感歎他們當時的行醫經歷，同時他們也為自己曾經是赤腳醫生一員的歷史而感到驕傲，因為他們當時所面臨的挑戰是其他知青所沒有的。現在聽起來有些滑稽的是，他們說當時給病人治病後，往往會告訴病人，要他們感謝毛主席，而不是他們。

相對而言，知青赤腳醫生對地方的影響不同於其他普通知青，赤腳醫生看病送醫要花費大量的時間行走於村戶和村落之間，從而使他們有更多的機會接觸到老鄉。雖然他們都有著艱苦的經歷，但他們對自己可以送醫送藥幫助老百姓而感到高興，從中，進一步可以看出他們為什麼對那段歲月留有較多的正面性回憶。

上山下鄉的城市知識青年，對於農民來說，都有著大都市感，有文化，有政治思想意識，這些都是被老鄉認同的。Zhai Zhenhua 在她的回憶錄《Red Flower of China》 講到了他們與老鄉的複雜關係，例如，一個被丈夫經常毆打的農婦問她，可不可以跟她丈夫說說能不能不打她 [25]。她丈夫完全可以不予理會，但他覺得她是知青，他必須聽她講男女平等的道理。他甚至答應 Zhai 不再打老婆，可沒幾個月，他失言又打他老婆了。Zhai 不再跟他講話，認為自己無法跟這種愚鈍的農民溝通。這個實例可以看出知青與老鄉既合作又緊張的關係。毛澤東發動上山下鄉運動的本意是有讓他們相互學習互相滲透的意圖：農民向知青學習科學技術和正確的政治思想，知青是來向農民學習種植技術和生活經驗 [26]。但真實的情況並非

---

25 Zhenhua Zhai, Red Flower of China (New York: SOHO, 1992). P. 180
26 Bonnin and Horko, The Lost Generation. P. 283

如此，這種相互學習的事並不順利，大部分農民拒絕認識城市文化和習慣，大部分知青拒絕學習農村生活經驗，加之雙方的接觸畢竟是有限的，許多知青想的是如何儘快返城，而農民則認爲知青只是臨時的來者 [27]。

很多地方上山下鄉運動的後果是，知青激進的政治態度和他們的認眞努力，到最後都是給農村帶來了負擔。因爲大部分農活當地農民就可以幹好。這些受過教育的城市青年只在赤腳醫生和學校老師的位置上起到了農民無法替代的作用。但知青赤腳醫生與當地老鄉的關係比較微妙，普通知青只有跟老鄉的一般接觸，而赤腳醫生則有著更深一步的關係 [28]。他們同樣面對老鄉對城市青年的偏見，但他們不光是被照顧和說明的對象，同時他們提供了在當地極爲緊缺醫療服務。雖然一開始，村民對赤腳醫生的能力還是持懷疑態度的，年輕又缺乏經驗，再加上地方迷信和對西醫的無知，以及面對外來的陌生人。在我訪談中可以普遍地看出，知青赤腳醫生是在非正式的情況下融入老鄉生活的。有些是因爲他們花了很多時間和精力醫治病人，有的是因爲他們救好過危難病人，從而被當做是可以信任的人，甚至還有要把女兒嫁給赤腳醫生的 [29]。

其實農民嫁女是爲了讓知青赤腳醫生入贅，知青在鄉下無依無靠，自然而然要與女方家人一起，這樣也就有了自家的醫生。我所訪談的赤腳醫生和一些歷史研究都強調了赤腳醫生事實上比其他知青掙得要少，而且有時候還要自己花錢買藥。我認爲那些娶了農村姑娘的知青赤腳醫生可以更進一步地得到了

27 Stanley Rosen, The Role of Sent-down Youth in the Chinese Cultural Revolution : The Case of Guangzhou (Berkeley: Institute of East Asian Studies, University of California, Berkeley, Center for Chinese Studies, 1981). P. 67
28 Bernstein, Up to the Mountains and down to the Villages. P. 137
29 Interview Leng M and others

當地農民的尊重和賞識，這不僅僅只是簡單的經濟利益。在我的訪談中，女知青赤腳醫生也有同樣的案例，也是因爲救治病人，被病人家庭接納爲乾女兒。毛澤東的政策原本也是希望農民把知青當做自家的孩子來對待，但只有少數這樣的例子[30]。自願接受女赤腳醫生成爲家庭一份子的情況，說明農民對知青赤腳醫生的一種認可，尤其是在沒有婚姻束縛的條件下。很多人都是在治癒了病人之後，把她們認做女兒的。訪談中的上海知青張姓赤腳醫生就是這樣，她有了一位朝鮮族媽媽[31]。她去的村子朝鮮族集中的地方[32]，朝鮮族媽媽還給她做韓服。她在訪談時帶來了一件給我看，其顏色和質地都非常漂亮，即使今天看起來也顯得很昂貴[33]，可見這在文革中是多麼奢侈的禮物。這位朝鮮族媽媽已有幾個女兒，在中國這種情況再接納一個乾女兒是很少見的，她認爲這是一種被認可、接納和被融入的證明。在談到她這位朝鮮族媽媽的時候，她哭了，因爲老人家在幾個月前去世了。我很驚訝看到這一幕，通常隨著時間與距離的消失，知青與老鄉的關係會淡化。她是個典型的上海女人，她的衣服和化妝都顯示著她所居住的這個國際大都市的傲氣和習俗，但她卻爲一位生活在遙遠北方邊疆的老人去世而流淚，我和其他在坐的人都爲她有這種情感而驚歎。

另一個可以說明知青赤腳醫生與老鄉關係比較微妙的是赤腳醫生的選拔過程。眾所周知，知青是受當地農民管理的，他們有讓他們幹什麼的決定權。赤腳醫生原則上是由村裡幹部提名推薦的，我訪談的知青赤腳醫生大都提到，當赤腳醫生需要有好的表現和家庭出身，因爲農民對這類知青已有好感在先，

---

30 Bonnin and Horko, The Lost Generation. P. 279.
31 Interview Zhang XZ
32 Ethnic Koreans living in China
33 Traditional Korean dress consisting of upper garment and skirt

也就容易加深與老鄉的關係。但有些研究反駁了這個看法。Jung Chang 在她的回憶錄《Wild Swans》中寫到，她成為赤腳醫生是因為她農活幹不好是她們生產隊的負擔[34]。還有一位被我採訪的知青赤腳醫生講到，他成為赤腳醫生是因為他出身不好，在他下鄉的內蒙古，赤腳醫生工作因為太苦太累是沒人願意做的，常常需要騎馬數小時甚至數天跨過草原去給牧民看病[35]。雖說有些不同的例子，但總的來說，我認為赤腳醫生的作用與普通知青的不同點，就在於他們有更多的機會與老鄉直接接觸。

上面的例子也說明，無論知青下鄉的時間長短，出身的不同背景，造就了每個人都有他們自己不一樣的故事，而他們所插隊的地點，所交往的老鄉都是他們故事的源頭。從歷史上看，知青覺得中國政府虧欠了他們，應該給他們一個說法。而從政府方面而言，1949 年執政之後，中國共產黨有太多的歷史事件需要解釋，整個文化大革命都還沒有認真反思過，更何況知識青年上山下鄉運動呢？怎樣總結赤腳醫生問題，就更是一個未知的時間表。

從知青而言，他們的青春都有過痛苦的經歷，從城市到農村，從無憂無慮到揮汗田頭，少小離家老大歸。但他們這一代人畢竟影響過那個時代的邊疆和農村，給他們帶去了城市的文明和知識，特別是知青赤腳醫生在救治老鄉的過程中，做了大量的醫療衛生普及工作，對當時缺醫少藥的中國農村而言，其深遠的意義遠遠超出他們的想像，如果要說知識青年上山下鄉運動對中國農村有什麼正面的影響，那麼知青赤腳醫生的貢獻是不容抹殺的。

---

34 Jung Chang, Wild Swans : Three Daughters of China (New York: Simon & Schuster, 1991).

35 Interview Leng M

二、赤腳醫生與農民：從理想到情感

　　顯然，知青在「廣闊天地」成為一名赤腳醫生，就意味著要為農民提供衛生宣傳和醫療服務，但是眾所周知，在中國赤腳醫生的產生是離不開政治因素的。首先，赤腳醫生的出現，是對那些受過正規的醫療教育，高薪並帶著口罩的城市醫生的一種挑戰。其次，赤腳醫生還是傳播毛澤東思想的有利武器。

　　據發表在 2008 年 1 月 22 日《北京日報》的一篇當事人的文章回憶：1965 年 6 月 26 日，衛生部部長錢信忠向毛澤東匯報工作，說當時中國有 140 多萬名衛生技術人員，高級醫務人員 80％在城市，其中 70％在大城市，20％在縣城，只有 10％在農村，醫療經費的使用農村只占 25％，城市則占去了 75％。這樣一組數字使毛澤東震怒，據錢信忠回憶，毛澤東當時站起身來，嚴厲地說：「衛生部的工作只給全國人口的 15％工作，而且這 15％中主要是城市老爺，廣大農民得不到醫療，一無醫，二無藥。衛生部不是人民的衛生部，改成城市衛生部

或老爺衛生部，或城市老爺衛生部好了！」「應該把醫療衛生工作的重點放到農村去！」「培養一大批『農村也養得起』的醫生，由他們來為農民看病服務。」

後來毛的這些話被變成中共中央文件和毛澤東的「六二六」指示，要求農村培養一批「農民也養得起」的醫生，赤腳醫生成為政治進步的表徵。兩年後，毛澤東又在《紅旗》雜誌上發表的題為〈關於上海郊縣赤腳醫生發展狀況的調查報告〉上批示：「赤腳醫生就是好」，從此赤腳醫生由此開始走紅全國。

中共領導人毛澤東嚴厲地批評政府衛生部，埋怨現在的衛生機構只為在城市的官員治病，而不顧勞苦大眾的農民。這些高人一等的醫護人員的優越感，是違背共產主義的平等原則。毛還進一步批評了醫護人員所接受的教育是不必要的，延續為「書讀得越多越反動」的理念[36]。這也是毛在文革中反對教育思想意識的具體體現。這一點確實是如此，他認為城市醫生所學所用在農村是不適用的，離開了城市健全的醫院和設備，城市醫生是無用武之地的，在沒有醫療器械和藥品的地方，他們會立刻無所適從。一個引人注目的場景是：毛認為醫生帶口罩是把自己與病人劃分開，帶口罩是異化和高人一等的象徵。醫生帶口罩防止病毒的同時，也把他們與生病的勞苦大眾區分開來。

在偉大舵手的嚴厲批評下，衛生部出臺了一系列政策和措施，緊急培養一大批「農村也養得起」的醫療人員，一個執行6.26指示的龐大群體產生了：赤腳醫生隊伍。

但這些醫護工作者明顯地缺乏醫療經驗和培訓，他們大多數是憑著無限的熱情來服務於病患。讓西方國家學者所無法理

---

36 Mao, "Directive On Public Health."

解的是，當年比較有效地解決中國農村缺醫少藥的實際問題，居然最終源於政治機器。毛的6.26講話批評的是衛生部的高官，但影響的卻是整個中國，就像當時毛的很多政策都是從與對手的政治鬥爭中演變來的，影響的則是七億人民的生活形態。

無論如何，毛澤東的這個6.26批評產生了赤腳醫生這個群體，在當時的中國，每一個職位的產生都是受政治控制的，對衛生系統的批評集中在都市高級知識份子，也是建立在毛澤東思想和共產主義精神基礎上的。就好像知青這個群體也是一種政治產物，他們到農村接受再教育的行為完全是毛澤東思想政治動機的體現和實施。假如，如果文革中沒有讀書無用論的思想，那麼當時中國農村醫療問題是否會得到重視？我們，甚至那些歷史學家們，也許永遠沒有得到準確的答案。但當年毛澤東隨意的言論可以改變了中國數以千萬人的命運，的確是一個不爭的事實。

赤腳醫生雖然是在特定條件下產生的速食式速成品，甚至和普通農民一樣也要下地幹活，但他們防病看病治病的能力依舊受到農民的尊敬。跟那些城市醫學權威相比，赤腳醫生在農村獲得了更高的讚賞，有的甚至被稱作「神醫」。如從北京清華附中到延安地區插隊成為赤腳醫生的孫立哲，曾在窯洞中為數萬名農民診治病患，做了上千例的手術，不但被當地農民尊為神醫，而且被毛澤東欽點為全國知青先進典型。

這顯示出一種複雜的社會關係，既有醫患之間的尊敬和距離感，也有平等和歸屬感。其次赤腳醫生跟普通知青一樣，他們是現代文明的代表，他們把城市文明帶到了農村。但赤腳醫生還有著傳播先進醫療知識的使命感，可以進一步帶動當地的社會文明進步。面對與病人同甘苦共患難的艱苦落後的生存環

境，有時候赤腳醫生並不能完全依賴於西醫或是中醫知識，在有些非常落後迷信的地方，病患思想的愚昧落後往往限制了中西醫的運用，爲了治病救人，赤腳醫生不得不入鄉隨俗，甚至會利用一些迷信活動來取得病人對自己的信任。

學術文獻中，很少提到赤腳醫生的工作環境以及他們錯綜複雜的工作性質，凡是涉及到他們的具體工作經歷，都是泛泛地或是簡單總結性的。雖然一些學者提到了赤腳醫生的正面性和對當時公共醫療的影響，但由於缺乏那個時代的眞實資料，至今無法科學地證實[37]，而令人遺憾。西方學者也有正面評價赤腳醫生作用的，世界衛生組織也意識到並討論過在其它地區實施的可行性[38]，但對中國當時特定的政治環境和社會屬性並未提及。我認爲，赤腳醫生的政治社會作用是中國在那一個時代所特有的，是不可缺少的，也是不可複製的。

赤腳醫生的主要工作是提供醫療服務和公共衛生教育，同時也要預防流行病。也就是說，知青赤腳醫生要比普通知青需要更加認眞地貫徹黨中央的政策和理念，把政治和醫療統一起來，他們扮演著農民、醫生和紅色傳教士的多重角色。文獻大多只強調了他們對農村醫療普及的貢獻，卻沒有研討赤腳醫生對貫徹政策和教育的複雜情感。

通過訪談，我採集了知青赤腳醫生的政治傾向。我發現，雖然文革已經過去很久了，那種不可抗拒的神聖政治信條，其實還深深地存在於他們的記憶中。半個世紀都過去了，中國人至今仍需要很小心地議論那個年代，雖然我不能毫無顧忌地正

---

37 Ruth Sidel, Mark Sidel, and Victor W. Sidel, The Health of China (Boston, Mass.: Beacon Press, 1982).

38 Sydney D. White, "From 'Barefoot Doctor' to 'Village Doctor' in Tiger Springs Village: A Case Study of Rural Health Care Transformations in Socialist China," Human Organization 57, no. 4 (1998): 480–90.

面去問及他們的政治傾向，但隨著訪談的深入，他們偶爾也會流露出來一些。比如翁姓北京知青赤腳醫生，她幾乎把終身奉獻給中國農村的衛生醫療事業，清楚地記得農民對知青的混淆看法[39]。知青認爲他們是來接受貧下中農再教育並同時要宣傳毛澤東思想，而農民卻認爲知青是爲了躲避城市躁動的年輕逃亡者。

當知青抵達村裡後，他們才意識到農民對當代中國政治變革毫不知情。同樣是北京的劉姓知青赤腳醫生[40]，可以看出她並不是很關心政治，她只是講她插隊當赤腳醫生還是一個16歲的女孩時，是怎樣在夜裡翻山越嶺去給農民看病，那種辛苦和恐懼。可最後她的話震驚了我，她說當病人要謝她的時候，她卻說：「不要謝我，要謝就謝毛主席！這一切都是他給的。」我懷疑她說此話的眞誠度，可在她的故事講述中，一點看不出她有很高的政治傾向。要不是我很認眞地聽她講，我還以爲我聽錯了。她很認眞誠懇地講述著她作爲一個只有十幾歲女孩赤腳醫生的傳奇經歷，顯然，她當時說此話是發自內心的。她現在說「謝謝毛主席」的語調與她當年在漆黑的夜裡看完病人後的語氣有著同樣的影響力，對她而言，宣傳毛澤東思想就是她的任務。她的講述和其他知青赤腳醫生的回憶，證實了許多赤腳醫生當年的政治信仰是多麼的虔誠。

這就是事實，這就是當年被政治洗腦的具體描述，這似乎像是文革記憶深存於他們潛意識中不可磨滅一樣，你從他們的言談話語中，多多少少還能看出文革在他們身上留下的模糊烙印。當年，知青赤腳醫生對於他們政治責任就像他們每天的生活一樣，他們所用的語句、應答，以及個人情懷都無法擺脫當

---

39 Interview Weng YK
40 Interview Liu LY, Beijing Zhiqing Meeting

年的印記，所以在評論那段歷史時，他們謹慎、小心，措辭儘量中庸。相反，在談及治病救人的經歷時他們卻相當堅定，這讓我相信，赤腳醫生在擔當政治宣傳工具的同時，在治病救人上所取得的成績也被認可，才是他們真正寶貴的人生經歷，這也就是他們與普通知青的不同之處。普通知青在接受貧下中農再教育、戰天鬥地的同時還要宣傳毛澤東的思想，知青赤腳醫生除此以外還要運用他們的醫學知識治病救人。

　　雖說沒有必要來論證共產主義理論與赤腳醫生的關係，但赤腳醫生的所做所為正是毛澤東所宣導的，他們沒有把自己與農民劃分開來，沒有高人一等的優越感，他們是與農民同吃同住同勞動的，作為知青，他們的地位與農民沒有什麼不同。由於沒有經過嚴謹的醫療培訓，如 Hou and Xiao 所述，按理說赤腳醫生是不能給農民臨床看病的，只應做些輔助性衛生工作，因為他們的基層地位[41]。但是，在當時的條件下，他們什麼都要做。其實赤腳醫生是清楚的，醫療訓練的不足，使得他們剛開始看病的時候非常緊張害怕。在黑龍江建設兵團做赤腳醫生的趙先生，算是幸運的一個，他有三個月的培訓，但他說，更多的醫療知識和經驗他都是在實踐中學的。他是這樣開始他的故事的：「我們什麼都不會。一次給孩子打針，孩子不停地扭動，結果針斷在他屁股裡，不得不開刀取出」[42]，沒有周密的醫療培訓，他們不得不在病人身上練手藝。他們開始時很難得到老鄉的信任，但當地的現實情況又沒有更好的選擇。我採訪的知青赤腳醫生中，他們在一開始的時候，大都有著同樣害怕緊張的經歷。但他們都很謙恭，用當時的語言叫虛心學

41 Xiaoshuo Hou and Ling Xiao, "An Analysis of the Changing Doctor-Patient Relationship in China," Journal International de Bioéthique 23, no. 2 (June 2012): 83–94, 177–78. p. 84

42 Interview Zhao LY

習，他們沒有因為受過幾天培訓而自以為是，相反，他們都很低調，只努力地用最好的服務態度和能力去照顧農民病人。

我們可以想像一下當時的宣傳給我們留下的印象是兩個對比強烈的場景：一邊是一個身在農村的年輕人小心翼翼地給病人打針，態度和藹可親；一邊是城市大醫院裡穿著白大褂坐在舒適診室裡的大夫，帶著口罩，趾高氣昂地面對低三下四的病人。從某一層面上來看，至少從謙恭和責任心上看，毛澤東的赤腳醫生政策在當時是成功的。

在宣傳攻勢和赤腳醫生的自身努力下，文化大革命期間，赤腳醫生在中國農村所獲得的認可幾乎與一般的醫生相同，甚至在有些地方超過他們。當時在沒有其它的醫療情況下，老鄉不得不依賴赤腳醫生，儘管他們有時也懷疑赤腳醫生的能力。在我的採訪中，可以經常聽到知青赤腳醫生們提及在開始的時候，是如何贏得老鄉信任的。譚先生是青島知青，在他下鄉之前，只跟著他的親戚朋友學了一些簡單的醫療技能[43]。當他第一次給病人看病的時候，另一位鄉村醫生認為那個病人只是簡單的中暑，譚診斷後，認為是腦膜炎。他的堅持得到民兵連長的相信，立刻組織人把病人送到最近的醫院，不幸的是，病人第二天死於腦膜炎。他講到這裡，滿眼淚水，50年後的今天，他仍然對不能及時地挽救那個病人的生命而遺憾，儘管當時他也沒有治療的條件。後來，他還用針灸治癒了一個當地中醫的腹痛。由於這樣的經歷，他被當地農民開始信任，被稱為是「從青島來的大醫生」。

譚的故事證實了許多赤腳醫生是因為救癒當地無法解決問題而成名的，漸漸地被承認，被信任，他們是城裡人的特殊性也加強了這一點。無論他們是如何努力地與農民打成一片，融

---

43 Interview Tan GQ

爲一體，可在農民的心目中，他們畢竟是在城裡長大的，有知識，有見識。

知青赤腳醫生許多是通過關係利用回城探親的機會去醫院實習，再有就是想辦法弄到醫療手冊來學習[44]。不容置疑，他們的領悟性要遠遠優勢於那些農民。最關鍵的是，這些城裡來的赤腳醫生他們是要執行毛澤東爲人民服務的思想。強烈的求知欲使他們不斷學習進步，許多我採訪的赤腳醫生最後都頂替了當地醫護人員，也包括鄉村醫生和公社衛生院的醫生。

知青赤腳醫生本應與農民融爲一體，甚至要放低姿態向農民學習，可他們贏得了當地的認可與尊重卻又與他們是城裡人有關係的。毛澤東思想是要根除階級觀念，而農民和知青的思想相反，他們又在農村把農民與城裡人劃分開來，這無形中幫助了知青赤腳醫生，給與他們更多信任和尊重。

對於衡量赤腳醫生在農村醫療系統的眞正作用是很難考證的，但無疑，知青和赤腳醫生的進入給農村生活帶來了深遠的衝擊。大量年輕人的湧入和政治運動，在農村引發了思想觀念和文化生活的革命，這是可以與 18、19 世紀的歐洲醫療體制改革相提並論的[45]。赤腳醫生的出現代表了醫療服務從零散到相對普及的一個演變。在有赤腳醫生之前，地方的醫療服務多半是個別的老人，像產婆或是巫醫。偶爾會有些家傳幾代的秘方或偏方，但往往是很貴和無法驗證的。還有一些地方則是依賴廟裡的和尚尼姑。隨著文革的推進，破四舊，這些最簡單，最基本的醫療服務也就隨之被剷除了。

中國地域遼闊，各地都有自己的民俗，加上地方文化的複雜性，往往各個地方都有他們自己的迷信方式。這一點跟法

---

44 Interview Mai YJ

45 Michel Foucault, The Birth of the Clinic : An Archaeology of Medical Perception (New York: Vintage Books, 1994).

國大革命後很相似，Foucault 提到，醫生當時被當做是人體世界和神靈世界的仲裁人，因為神靈世界是乾淨超能的，可以拯救病痛[46]。雖然赤腳醫生並不迷信，但他們有時不得不順著這些地方迷信去解決問題。譚先生描述了他驅邪的壯舉[47]。面對一位極端迷信的病人，他只能大聲地高喊，他要把附體的小鬼趕出去，並表演了驅邪的程式，只有這樣病人才相信，配合治療，從而救治了那個年輕的女子。圍觀的眾人開始叫他「神醫」。當他再現這個故事的時候，可以看出，他是很高興並很欣賞這個神醫的稱呼的。在那些迷信的地方，這確實不同凡響，他可以像神靈一樣診治疾病。以前，他們只有依靠廟裡的和尚或是巫醫，並要付很多錢。有了譚赤腳醫生，一個年輕英俊的城裡人跟他們同進同出免費看病，自然要把他當做英雄或神仙。顯然，神醫要比赤腳醫生好聽多了，也難怪，譚先生很驕傲地講述這個故事。這裡，譚贏得了比城裡醫學精英更高的位置，他是神醫，是診治萬能的神醫。這與當初派赤腳醫生的初衷相反，他們本應要與城裡那些跟百姓隔離開的醫生相反。譚並不是唯一的一個被稱為神醫的，從某種意義來講，這不是他們的選擇，這是他們贏得的一種榮譽。

譚先生是一個在青島長大的知識青年，他根本不相信那些傳統的迷信。他笑著說，這事看上去挺滑稽的。可他很認真地說，當地老鄉是很虔誠地信這些鬼神，是不容置疑的。他說，他不能笑話他們，說沒有什麼鬼神，他必須要尊重這些習俗。

在很多方面，這種狀態是令人費解的：知青，是毛的跟隨者，他們是要想向農民宣傳現代文明和共產主義思想，破除迷信和舊思想，可同時，地方上強烈的習俗和迷信，使得知青又

---

46 Foucault, The Birth of the Clinic, p. 32

47 Interview Tan GQ

不得不向地方主義低頭。這樣，譚以及其他知青處在一個微妙的位置上，他們即是農民，又是醫生，還要扮演巫醫的角色來順應當地的迷信，才能完成治病救人的工作。

那麼，這些年輕人本是根深蒂固的毛澤東思想的追隨者，可為什麼又助長了這些迷信呢？而根除這些荒謬的舊習俗又是中國共產黨推動中國社會進步的一個重要步驟。知青赤腳醫生，至少我訪談的一些知青赤腳醫生，他們不僅沒有嚴厲制止農民的迷信活動，反而參與並默認了。也許這些年輕人當時根本就沒想那麼多，他們明知這不符合文革時期的政治理念，但又無可奈何。知識青年是學習毛澤東思想的積極分子，本應起到帶頭作用，為什麼他們不借助這個機會教育農民去破除迷信呢？從理性上看，沒有知青赤腳醫生像農民那樣，會相信鬼神的存在，他們相當清楚那只不過是文學作品裡的東西，根本不相信。但當他們要面對一個個活生生的人，朋友或同事的時候，特別是急需被救治的病人時，這種揭發意識也許退到了一邊，他們向純樸的農民妥協了。這也許正是知青赤腳醫生與其他知青所不同的地方，他們沒有那種激烈的共產革命的理念和鬥志。在治病救人的過程中，他們被生命中疾病折磨的疾苦所感動了，救死扶傷的工作多多少少消磨了他們革命的鬥志，他們認為能夠治好病人是高於一切的事，他們甚至因救助百姓而獲得神醫的稱號更讓他們歡欣鼓舞。他們畢竟年輕，革命理想和政治意識遠不及來自老鄉們疾病的痛苦更觸及他們的心靈深處，他們覺得能夠救助農民的疾苦遠比傳播毛澤東思想來得更加真實並有成就感。

Foucault 認為醫生是啓蒙運動的先鋒，他們很理性地挑戰了當時的鐵腕教會組織[48]。針對中世紀荒謬和不正確的人體

---

48 Foucault, *The Birth of the Clinic*.

解剖學，這個新時代的醫生開始了對人體生化樣本的研究，就如同對植物的研究一樣。上世紀六、七十年代，現代化的進步已經使中國的醫療體系向西醫傾斜，中國實際上採用了一條中西醫結合的道路，文化大革命對醫療體系的破壞不同於當時其他領域的「破四舊」。不但適當保留了傳統中醫的手法，經濟適用的中醫藥品也大大降低了農村合作醫療的成本，同時也使得農民容易接受。從中共 1949 年執政以後，開始對傳統的中醫體系進行改革，其中之一就是公開和普及中醫藥知識，尤其是那些中醫處方、偏方、秘方，這樣使得中醫藥品不再那麼神秘和昂貴。

由於醫療成本的問題，絕大部分赤腳醫生被鼓勵採用中醫藥治療農民。他們被要求走中西醫結合的道路。Marilynn M. Rosenthal 說：赤腳醫生事實上復興了中國傳統醫學 [49]。這與文化大革命中共產黨要求破除舊思想、舊觀念的理念有些背道而馳，後來毛澤東甚至又強調傳播中醫知識，使之成為中國當時風行一時的一個獨享的傳統特例。隨著中醫的受寵和正規化，赤腳醫生可以系統的學習中草藥、針灸和艾灸，Rosenthal 認為赤腳醫生推動了中國中藥的大批量生產，她還認為是赤腳醫生更進一步科學地解釋了中醫並應用到更廣闊的範圍。與啟蒙運動時法國醫生不同，他們是強迫實施現代文明，而中國赤腳醫生沿用了中醫並與西醫相結合的手段。今天，這種中西醫混合使用的方法在中國已經不多見，但這畢竟代表了它在現代醫學革命中的一個階段。

每個人的個體經驗常常有著天壤之別，方小平，則在他的英文著作中列舉了赤腳醫生抵制中醫而偏向西醫的論述 [50]。他

---

49 Marilynn M. Rosenthal, Health Care in the People's Republic of China : Moving toward Modernization (Boulder: Westview Press, 1987).
50 Xiaoping Fang, Barefoot Doctors and Western Medicine in China [electronic

在書中說，赤腳醫生是在中國首先把針劑、疫苗和藥片帶到農村的一群人。從理論上講，赤腳醫生採用中西醫結合只不過是要利用中醫來降低成本，方認爲赤腳醫生覺得西醫更容易學和應用，且效率高，打針服藥不過是幾分鐘的事，而上山採藥、製藥卻要至少幾個小時甚至一天的時間。到最後，對病人可能並沒有什麼作用，其苦澀的味道也倒胃口。方的觀點是，赤腳醫生並沒有完全依賴中醫，相反，他們是慢慢地將西醫應用到農村，使農村醫療走向西化。

但在我訪談的赤腳醫生中卻得到不同的結論，他們中的大多數，幾乎都應用了針灸和草藥，作爲主要的治療手段，其中幾個還有很典型的案例，他們用針灸治癒了癱瘓長期臥床不起的病人。許多知青赤腳醫生利用當地的資源採集並製作中草藥，絕大多數赤腳醫生是採用了中西醫結合的方式，西藥主要是防禦疫苗和消炎藥。一些沒用草藥的地方多半是因爲那裡沒有，像沙漠或草原地區。我不懷疑赤腳醫生是有能力使用西醫藥品的，像抗生素及疫苗製品，但許多都強調了當時西醫藥品的稀缺，那些更加偏遠的地方幾乎就沒有西藥。偏遠農村對赤腳醫生的依賴，多半是因爲貧困和交通不便，他們通常需要走很遠的路才能到醫院去看病，有的地方甚至要走幾天幾夜，西藥一片難求是可以理解的。

在延邊，張姓赤腳醫生只能用鐵飯盒在炕（炕，中國北方用泥土蓋的床，可用來燒火取暖）[51] 邊煮水給針具消毒。有的知青赤腳醫生還有用一根針頭給全村小孩打防疫針的經驗，因爲沒有多餘的注射針頭。除去西藥緊缺之外，其價格對於農村的合作醫療也是很貴的。譚，回憶到，努力辛苦勞動一年，他

Resource] (Rochester, NY: University of Rochester Press, 2012).
51 Interview Zhang XZ

既下地幹活又當赤腳醫生，不但掙不到錢，到年底反而會欠隊裡的錢[52]。因為他有時候還要用那點僅有的收入去買藥，並免費給病人。那麼用針灸治療就相對容易並無需額外費用，草藥也是可以從周邊採集並製成的。我訪談的知青赤腳醫生中就有一位從沒有使用過西藥，因為她所在的地方離縣醫院很近，她只需看一些小病，一些酸痛和中暑之類，用針灸、拔罐、刮痧和草藥就可以應付了。

這是我在訪談之前讀方小平的書所感到困惑的地方，知青赤腳醫生對中醫的折服或是說那些被他們使用中醫救治的案例與方的理論成了鮮明的對比。我認為方小平也許並沒有做全面考察研究，他只是在同一個村莊的診所工作了幾年，而這個診所曾是由家族私人擁有的[53]。他的結論之所以與我聽到的不同，也許是因為他只是用這個村子或是少數幾個地方做研究，而我採訪的物件是來自各個城市：北京、上海、青島、濰坊、淄博、連雲港等，還與內蒙古、延邊、新疆、陝西、山東、黑龍江等地的知青座談過。

當然，事情永遠有正反兩方面，也有兩位我訪談的知青赤腳醫生百分百地崇尚西醫，他們告訴我，針灸和中藥不是能真正治病的藥物，不管用，那些被治癒的病人大多是因為心理作用和自我感覺的好轉，並非是針灸和中藥的作用。這二位也是知青赤腳醫生中為數不多的幾個，在文革後繼續從事醫學臨床的，一直到退休。另外一位知青赤腳醫生，現今是哲學教授的，他也持有相同的看法，他不認為針灸是以一種健全的治療方法，但在當時的境況下，針灸也確實起到了輔助治療的作用。

在文革中，赤腳醫生的角色有著複雜的社會地位和政治

---

52 Interview Tan GQ
53 Fang, Barefoot Doctors and Western Medicine in China [electronic Resource].

期許，他們本應是現代文明和政治的宣傳工具，但他們並沒有直接履行他們的責任。作為個人，他們更多地扮演了人道救援的角色，他們用了一種他們的方式帶來了醫療系統的革命。Foucault 批判從非現代化到現代化的醫療系統改革，只是改變了治癒病人的地點。他強調指出，醫院的產生就像一個新的疾病，他說，「農民和工人他們的生命價值有一個順序：他們少有那種多變、複雜、混亂的神經性疾病，只是確確實實地生病、中風，或是簡單創傷而需要治療」[54]。Foucault 描繪了一個家庭治療和醫院治療的不同情景，一個只有簡單疾病的病人一旦進了醫院，就成了疾病的帶菌潛伏者和其它傳染病的受害者，這樣這個病人就有了自身疾病和醫院傳染病的雙重威脅。相反，病人待在家裡就診，他就可以避免醫院的疾病並得到只有家人才能提供的細心照顧。Foucault 把家庭治療，即病人在家裡得到治療並有親人在身邊，做為醫療烏邦托的理想狀態。Foucault 提到了一種可能性，就是要醫生去家裡看病人，來取代病人被迫來看醫生，這就要求執政者全力合作來維持一種高品質的醫療服務。

　　法國人直到現在，也沒有實現這個理想的醫療狀態，但當年的中國赤腳醫生卻做到了把疾病控制在農民家裡，並得到他們家人的幫助。這樣的一個體系，赤腳醫生們實際上避免了 Foucault 所擔心的在醫院疾病的傳播，事實上，他們就是在私人地方救治病人。而且赤腳醫生確實是由政府支持的，難道這不就是 Foucault 提及的理想的醫療模式嗎？不幸的是，這種他所宣導的理想的醫療狀態卻無法在中國延續，但它畢竟曾短暫的在中國實現過，我想他可以瞑目了。

　　綜上所述，赤腳醫生是一批最有能力和最有責任心去農

54 Foucault, The Birth of the Clinic, p. 16

民案頭床邊宣傳毛澤東思想的一個群體，但他們的所作所為實際上是有別於中共政府讓年輕人接受貧下中農再教育的初衷指示，他們在教育農民，努力服務於他們，並在衛生防疫和治病救人上獲得的極大的成就。

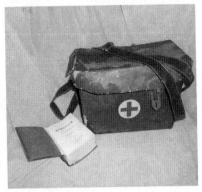

三、為人民服務：信念的堅持

在這裡我要強調指出文革對赤腳醫生產生的正面作用。從他們的記憶中，不僅展示了他們對毛澤東思想的理解和應用，並同時沿用這些理念找到了他們的自我價值，並作出貢獻。前面已經說明了赤腳醫生的不同經歷以及他們在農村合作醫療中的貢獻，其明顯特徵就是他們非強迫性的自我奉獻態度。

通常，上山下鄉過的知識青年，在談到那個年代時，都會講述他們在農村的痛苦經歷，但做過赤腳醫生的知青卻少有這種回憶，他們往往都是講到他們是如何掌握醫療經驗並服務於老百姓的。每一位我訪談的知青赤腳醫生都有著不同的醫療經歷，他們從用手術刀到針灸、按摩，從開胸、接生到手腳割破

的大小處置都有嘗試，但不管怎樣的治療經驗，他們在回憶中體現出來的幸福感和滿足感遠遠超過了其它生活方面的痛苦。不難看出，他們的這種感覺要歸功於他們當年堅定的信念和為農村醫療事業做貢獻的決心。在當年貧困，資源匱乏，以及艱苦的生活環境面前，知青赤腳醫生能夠戰勝這些，並愉快的從事他們的醫療工作，儘管他們會處於由於缺乏醫療設備和經驗甚至藥品的困境中。沒有一位我訪談的赤腳醫生有除工分之外的任何額外的收入，相反，他們常常還要自掏腰包去買藥。大多數知青赤腳醫生後來都脫離了醫療工作，但也有一些因為赤腳醫生的經歷而畢生從事了醫生這個職業。無論如何，我在訪談中發現，知青赤腳醫生大都能夠比較客觀地正視文革，並對於他們失去的大好青春有些不同意義的解讀。

這些知青赤腳醫生所在的地域決定了他們行醫的複雜性和艱苦性。北京知青赤腳醫生王女士，她所插隊的地方離縣醫院只有幾里地，所以她沒有手術和接生的經驗[55]，只是用一些簡單的針灸、拔罐和按摩給老鄉看病，她沒有那些驚險的救護經歷來炫耀，但她的確代表了相當一部分知青赤腳醫生所提供給老鄉最基礎和最常見的醫療需求。王女士的例子說明，她雖然沒有為農村醫療革命作出重大貢獻，但她的平凡依舊讓她有自我滿足感，而遠離抑鬱和對生活的幻想破滅。

相反那些去了更加偏遠並遠離醫院的地方，反而使許多知青赤腳醫生積累了許多經驗並從事更多的醫療服務。那些在人煙稀少地帶赤腳醫生甚至必須從事應該在醫院裡才能做的一些小手術，環境的因素在他們能力的基礎上，再加上他們個人的努力學習，使得他們從事了更多的疑難雜症和更危險的治療。

學者方先生，提到了另一個觀點，文革中，赤腳醫生總

---

55 Interview Wang SH

的來說是被讚揚和保護的一個群體[56]。S. M. Hillier 進一步論述道，在那種惡劣環境中，赤腳醫生的所做所為以及他們的冒險行為是值得讚揚的[57]。這與當年中國政府的宣傳是相吻合的：用農村自身培養出來的赤腳醫生來代替那些醫學精英和江湖術士。事實上，我在訪談中確實聽到許多令人震驚而不可思議的故事。因為嚴重的缺醫少藥，許多赤腳醫生不得不將病人分類處理。上海知青赤腳醫生麥先生，在新疆農墾建設兵團，因為沒有電，曾不得不在煤油燈下做手術[58]，他只有在醫院 6 個月的醫療知識培訓，就必須獨立做闌尾切除和胃切除手術。對於當年一個赤腳醫生來說，6 個月的培訓已經算是很久了，許多甚至是零經驗。即使如此，他的經驗在西方國家也是不可思議的。

北京知青赤腳醫生翁女士，下鄉到延安地區，她常常讓病人躺在自己的床上看病[59]。她回憶到當時的情景：「那是無法想像的髒，我床上到處都是跳蚤。」我訪談的赤腳醫生很確信地告訴我，他們多少都有會做一些消毒措施，但他們也說，有時候條件所逼，有一些赤腳醫生根本沒有任何消毒措施。對於今天而言，那簡直太可怕了。比如，用同一根針頭給全村孩子打防疫針，或是在黑暗中手術，在今天是會被嚴厲禁止並受到處罰的。

在某種情況下，赤腳醫生的這種冒險是一種無奈之舉，他們明知用同一醫具未經消毒診治許多病人是很容易交叉感染的，在無消毒的情況下，用同一跟針灸也會傳染疾病。但當時

56 Fang, Barefoot Doctors and Western Medicine in China [electronic Resource].

57 S. M. Hillier and Tony Jewell, Health Care and Traditional Medicine in China 1800-1982 (Routledge, 2013).

58 Interview Mai YJ

59 Interview Weng YK

確實有許多客觀存在的原因。許多被訪談者說，消毒最基本的是要有可以煮開的水，但有時候一個惡劣的條件就是沒水，有的地方嚴重缺水，連用水洗臉都是很奢侈的事情。正如每一位知青赤腳醫生都一口同聲地強調，60、70 年代的中國農村的狀況，擔當醫療風險是件微不足道的事情。醫生及醫療場所都是在很遙遠的地方，赤腳醫生爲了治病救人有時不得不採取一些冒險行爲。這也許正是因爲他們年輕而無所顧忌，其大無畏的精神也正是毛澤東 6.26 指示的具體體現[60]。

從另一個層面上看，赤腳醫生無所畏懼的精神與當地老鄉的鼓勵是分不開的，因爲爲人民服務首先是態度積極。要這些幾乎沒有任何醫學知識的城市年輕人去行醫本來就是冒險，可當他們被要求去接生去救人的時候，可以想像他們當時根本無法拒絕，只有去盡自己所能。現在是一家房地產公司老總的趙先生，他在東北做了許多年的赤腳醫生，是這樣闡述的：「他們如此依賴你，把他們的生命交給你。我們雖然只是個赤腳醫生，但在他們心目中，我們是無所不能的。」[61]

許多知青赤腳醫生面臨著的常常就是這樣一種毫無保留的信任，他們不能抹黑，爲了維護這個榮耀，他們必須勇敢必須診斷治療，即使在不確定的情況下，也必須想辦法做出基本正確的判斷。如果病人被治癒或恢復了，就歸功於赤腳醫生的醫術，如果沒有治好病人，老鄉們也會歸罪於衛生條件太差或是他們的命不好。赤腳醫生常常就在這樣一個非公正的治療環境中贏得了讚賞而避免了責難。

因爲如此，他們會自覺地鞭策自己，不辜負農民對他們的信任，也更加努力地實踐毛澤東「爲人民服務」的思想，正

60 Mao Zedong, "Directive on Public Health"
61 Interview Zhao LY

如他們所說的，「選擇這個工作，就要有道德心，這是最基本的」[62]，這句話對赤腳醫生有特殊的意義。因為不是所有的知青都可以被挑選為赤腳醫生的，有的是因為他們的出身，或年齡，有的只是因為他們表現好。也有例外的，我訪談的一位知青赤腳醫生是因為他的家庭出身不好才讓他當的，因為在他那裡是茫茫的大草原，絕大部分知青都因招工、進兵團或參軍離開了，只有他既無關係也無力量讓自己離開那裡，牧民們又沒有文化，而當赤腳醫生在那裡變成了收入少但又是最辛苦的工作之一，從一個畜牧點到另一個畜牧點要長途跋涉好幾個小時到好幾天。

但無論是什麼原因，他們一旦成為赤腳醫生，都責無旁貸地履行他們「為人民服務」的義務。有研究者在一些文獻中指出，那些自願成為赤腳醫生的知青是因為其輕鬆的工作環境[63]，因為至少可以在診所看病或是上門看病，在屋裡，總比常年在戶外廣闊天地裡幹活要輕鬆。但在我訪談過的幾十人裡，只有一、二位知青赤腳醫生是這樣的情況，絕大多數說做赤腳醫生要付出更多的時間和辛苦，比普通知青、農民更累。

雖然工作很辛苦，他們似乎很少有怨言，不介意工作時間長或是夜間出診，他們真心地認為他們是在為人民服務，重要的是他們可以盡其所能地去幫助別人。知青赤腳醫生的這種良好的道德水準出自兩個方面：一是因為這是做醫護工作者本應如此的態度，二是這份工作讓他們有成就感。另類的答案是：是毛主席教導我們這樣做的。

我還是忍不住問了一個我事先沒有準備的問題，就是他們是否對行醫真的有興趣。因為在聽他們講述怎樣成為赤腳醫生

62　Hou and Xiao, "An Analysis of the Changing Doctor-Patient Relationship in China."

63　Sidel, Sidel, and Sidel, The Health of China.

的過程中，讓我感到驚訝的是，很多都是被選擇成為赤腳醫生的，並非都是他們要求或自願的。比如趙先生說，他開始並不希望被選上去學醫[64]，因為當時中國與蘇聯關係緊張，全國都在備戰，他覺得好男兒理當去當兵，他選擇從北京去東北邊疆兵團，就是為了當兵「保衛祖國」。他稱自己是熱血青年，不想搞後方服務。但後來他還是成為一個出色的赤腳醫生，文革結束後還成為專業的醫生。他告訴我，農場赤腳醫生的工作非常艱辛：「但我們從來沒想過什麼回報，覺得那是我們應該做的……我們那時精神上都挺快樂的，可現在看起來，當時確實是很苦的。」

幾乎所有的被訪知青赤腳醫生都有一個同感：就是他們對於他們工作的自我滿足感。這體現在他們比其他知青付出更多的努力和辛苦。支持他們的不僅僅是他們的信念，與他們得到老鄉的認可和感激，從而感到自己個人價值的體現有關。

辛苦和勞累並不是赤腳醫生面對的主要問題，在當時的衛生條件下，交叉感染也是經常要遇到的大問題，赤腳醫生自己時時處在被感染流行疾病的危險之中。赤腳醫生張女士在診治幾起肺結核的病人時，她自己沒有任何保護措施[65]。她說她當時並不知道肺結核會傳染，自然也就無所顧忌。再加上她當時只有16歲，堅信毛澤東思想，認為沒有任何事情能打倒她。這是因為無知而把自己置於危險之中，而其他更多的赤腳醫生深知病毒的危險，可他們依舊要在沒有防護措施的情況下去看病治療，因為他們別無選擇，除了他們就沒有其他人能看病了。

病菌的傳染只是危險之一，知青赤腳醫生還要常常翻山

64　Interview Zhao LY
65　Interview Zhang XZ

越嶺，在漆黑的夜裡去看病。劉女士回憶到她在看病的路上經常會遇到狼和蛇[66]。而在內蒙古草原上的冷先生，則要在零下幾十度氣溫下迎著刺骨的寒風去走幾天幾夜，遇到狼是家常便飯。也許，正是因為年輕，加上一種信念，讓他們無所畏懼。

還令人驚訝的是，他們治病的成功率。有的接生過幾百個孩子，幾乎沒有任何事故，孫立哲為老鄉做過上千次手術，基本沒有失手的。張女士和趙先生曾在一個地方做赤腳醫生，他們曾診治了一個腦癱並長期臥床的孩子[67]，大醫院的醫生已經放棄了治療，但他們則堅持每天都去給她針灸按摩，最後，這個孩子竟可以下床走幾步路了，而且還能認出這兩位赤腳醫生。王桂珍是中國最早的赤腳醫生之一，毛澤東的 6.26 指示就是在一篇關於她的報導上批示的，她說她曾成功地用按摩為心臟病患者止痛救治[68]。麥先生在新疆當過多年的赤腳醫生，他接生過上百個孩子，沒有任何死嬰案例[69]。雖然這些情況我無法證實，但曾在美國 FDA 做科學家的翁女士提供了這樣一個理論：在那個時候，中國農村的疾病要比今天簡單的多。

這些訪談讓人們再一次回想起，當年文革期間中國的宣傳機器對赤腳醫生的政治宣傳。這些文章中講到赤腳醫生是如何不顧個人安危，為農村的醫療事業做出了巨大的貢獻等等。西方的媒體曾大肆批評過這種宣傳，認為是不符實際的喧染，但經過訪談這些赤腳醫生之後，我發現那些政治宣傳不能全認為是誇張的編造。如果我沒有進行這次訪談，沒有在這些赤腳醫生曾經工作的地方走一下，是無法見證赤腳醫生的功績的。雖然我們目前還無法用資料證實赤腳醫生為中國農村衛生醫療條

66 Interview Liu SL
67 Interview Zhao LY, Zhang LH
68 Interview Wang SH
69 Interview Mai YJ

件做了多少改變，但是至少赤腳醫生們大都驕傲地認爲他們已經盡其所能了，是實實在在地爲當地老鄉做了一些好事。

通過知青赤腳醫生的回憶，可以證實他們的所做所爲，並不完全是由那個荒謬時代的激情所致，還有一顆抱著爲人民服務的心，使他們將青春的大好年華獻給了農村這個「廣闊天地」。但從另一方面看，這也許正是心理自慰功能的一種體現，他們從小所受的教育被告知不能讓青春荒廢，要通過自己的努力而得到社會認可與讚揚。所以，即使過去了這麼多年，他們依然極力強調他們的存在是必需的，他們的工作是有貢獻的，也許他們是以此來迴避他們對青春年華遺失在鄉間的遺憾。這或許是那些在毛澤東思想教育成長起來的一代人的共性，也使他們有一種後代人無法理解的對那個年代留有很深的愛恨交織的感情。

我確定不是所有的知青赤腳醫生都有令人感動的經歷，也有對那個令其人生暗淡的文革持有回避的態度。在我訪談的知青赤腳醫生裡，就有不願意回顧過去那段經歷的，認爲忘掉那個時代或許是最好的選擇。還有一位希望不要公開她的姓名，認爲回憶往事是一種殘酷的折磨，她甚至還擔心這些回憶會給中共的下一次政治運動留下證據。但絕大多數知青赤腳醫生都坦蕩地給我講述了過去的往事，覺得那時雖然非常艱苦，可最終他們都很高興當年能夠有機會服務於農民。從在一個小城市有家族企業的王女士到在美國做科學家又返回中國成立了援助農村醫療的非政府組織的翁女士，不管他們後來的生活軌道伸向何方，他們都爲自己曾是一名赤腳醫生而感到自豪。

在文革中，翁的家庭出身不好，父母是高官，這意味這她要面對更加艱苦的處境，顯然，離開北京到延安當赤腳醫生，不但改變了她的生活境遇，也改變了她的人生軌跡。後來她考

上北京大學和到美國讀博士,都選擇了和醫學有關的專業。當談及她的感觸時,她說:「我很珍惜那段經歷。那是一個充滿艱難困苦,而有具有挑戰性的經歷,我不後悔。」[70] 她後來放棄了在美國舒適的生活回到中國,成為一個孜孜不倦普及提高農村醫療工作的志願者。她花了大量的時間與中國各級政府部門協調,探索運營一個專為提高農村醫療條件的非政府組織機構。

她告訴我,她在美國時,一次同事們讓她在生日時許願,她突然回想起自己 20 歲的時候,根本沒有過生日的可能性,只渴望能吃飽。讓她感慨的是,她現在的生日聚會上有生日蛋糕和足夠的食品給每一個人。說到此,她眼睛濕潤:對我來說,不管做赤腳醫生有多麼令人忘懷,文革畢竟還是令人感傷的。但感傷歸感傷,可她依舊對現在她所從事的與當年赤腳醫生有些類似的工作充滿無限激情。令我驚訝的是,當她講完她的故事,她突然間摘掉了她的假牙,靜靜地告訴我。「就是因為當年沒有飯吃,營養不良,使我這個年紀牙就都掉光了。」但使我更驚訝的是,一個文革時全家被支離破碎,下放到不同地方農村,甚至音信全無,連牙齒都掉光了的人,依舊對她赤腳醫生的經歷心存感激。事實上,被我訪談的赤腳醫生大都有這樣的情感,是那些被他們治癒的病人讓他們度過了那段艱苦的歲月,並體驗到他們的價值。

就價值而言,赤腳醫生有時侯要比那些在只在地裡幹活的知青更辛苦,又沒有任何額外的報酬,不但要在夜裡出診,而且第二天還要照樣下地幹活。青島知青譚先生說,他常常要走 5 公里路送血樣到最近的醫院去化驗,然後再要去一次取化驗

---

70 Interview Weng YK

結果[71]。但他掙的工分跟別人一樣，有時還要少一些，因爲他們出診不能全工下地幹活。除了掙的那些可憐的幾個工分外，赤腳醫生沒有任何其它收入。事實上，農村合作醫療在當時是很勉強運行的，許多地方連基本的配置和藥品都買不起，好幾位赤腳醫生還記得，每次在他們回城探親的時候，都是用自己或家裡的錢給生產隊買藥。雖說他們沒有任何金錢上的回報，但大多數知青赤腳醫生都得到過農民和病人的幫助，比如老鄉會幫他們幹地裡的活，有時也請他們到家裡，用最好的食物招待他們。這樣會讓他們感覺自己的工作也並不都是徒勞的，這些微不足道的幫助，常常會溫暖他們年輕的心，支撐著他們走下去。

　　儘管做赤腳醫生只是他們年輕時代的經歷，而且大多數人後來都沒有從事醫療工作，但這種經歷還是或多或少地影響了他們的一生。淄博的王女士下鄉前，報考的是中國著名的藝術院校，準備學習喜愛的舞蹈。但因爲文化大革命，大學的門對她以及絕大多數的青年人關上了。如果她當年能上學，也許今天就是一位著名的退休舞蹈家，可是由於時代的原因，她下鄉成爲一名赤腳醫生，後來返城開了一間美容院，用當年做赤腳醫生的經驗幫助客人按摩。

　　冷先生在內蒙古「插隊」了 20 年，當年赤腳醫生在他那個牧區絕對是個苦差事。他是我訪談的知青赤腳醫生中「上山下鄉」最久人的之一，但他一臉的淡然，歲月並沒有在他的臉上留下太多的苦難。他說至今仍有知青赤腳醫生遺留在農村，他能回到北京工作在一所正規的大醫院，已經很知足。我想也許正是當年的赤腳醫生的經歷和豐富的臨床經驗，讓他後來一生都從事醫生這個職業。

就像很難找到一些讓年輕人學醫的明顯理由，也同樣困難去釋解為什麼一些知青赤腳醫生後來成為一名專業的醫生。也許是由當時的境況和他們個人的性格決定的，但無論如何，他們早年赤腳醫生的經歷多多少少都影響了他們後來的人生軌跡。

知青對文革中赤腳醫生經歷的感情無疑影響到他們以後的人生道路，他們的艱苦經歷是當代年輕人無法理解和體會的。當年，他們小小的年紀就被迫遠離家園，一走就是幾年，十幾年，二十幾年，無論這些嚴酷的閱歷如何解讀，就普遍而言，這些做過赤腳醫生的知青依舊對那段歲月留有些許正面的記憶。儘管他們面對一個外國人講述這些往事時多少會有所保留，但我還是可以看出他們的那一份驕傲和自我滿足感，這在其他知青中是不常見的。

知青赤腳醫生們是有些資本來誇耀他們為農村做出的貢獻，他們可以一一列舉他們診治過的病人、接生的孩子。赤腳醫生則在艱苦體力勞動之餘又擁有了一技之能，他們有的至今仍熟知針灸的技法，並說可以為我免費做針灸，那些接過生的知青我相信他們今天依舊可以，不管他們現在是否還是醫生。我有幸親眼目睹了翁女士在火車救治被開水燙傷的乘客，雖說當時也有一位醫學院的學生在場，但他卻退後了一步，讓翁女士來救治病人。翁女士已有很多年沒有行醫了，可一旦碰到需求的時候，她很自然就出演了一位醫生的角色並很快控制了局面，這也許就是她的赤腳醫生經驗使然。知青作為一個整體通常被稱之為「被遺忘的一代人」，但我認為知青赤腳醫生自己並沒有被自己遺忘。

客觀上說，赤腳醫生實際上是冒著醫療風險來服務於百姓的。在他們在贏得百姓信任的同時，也用不規範的生命冒險

體現了他們的自我價值，這實際上是有別於上山下鄉運動精神初衷的。當大多數知識青年覺得他們荒廢了大好青春並對毛澤東思想幻滅的時候，知青赤腳醫生們則在當年政治鬥爭的夾縫中，找到了他們實現自我價值的位置。從今天的觀念或是現代醫學專業的觀點上看[72]，赤腳醫生是不應該行醫的，甚至是魯莽的。但由於特殊時代的原因和機會，赤腳醫生的產生和存在，成爲一個歷史的事實。他們的努力使之在當年當地贏得了農民們的信任與聲望，他們依靠自己的一技之長體現出赤腳醫生的價值所在。

結語

同樣作爲知識青年，同樣的上山下鄉，知青赤腳醫生同樣地背井離鄉到了艱苦生疏的地方。雖然他們對接受貧下中農再教育的遠大理念已經慢慢地模糊了，但他們作爲一個赤腳醫生的經歷依舊記憶猶新。從某種意義上看，知青赤腳醫生不但

72　C. C. Chen and Frederica M. Bunge, Medicine in Rural China : A Personal Account (Berkeley: University of California Press, 1989).

盡了所有知青該盡的義務，但又恰如其分地融入農村並帶為其
醫療衛生做出了貢獻。他們至少在口頭上把這一切歸功於毛澤
東，說是按毛主席說的去為人民服務。他們被教育要與那些穿
著白大褂的城市醫生走不同的道路，他們要成為老百姓自己的
醫生，有的甚至獲得了類似「神醫」這樣登峰造極的稱號，這
是那些城裡的醫生不可能得到的。在他們的回憶中，他們都認
為他們在當地扮演了一個不可或缺的角色。

不管他們來自哪裡而後來又走了怎樣的人生道路，但有一
點是共同的：那就是他們樂於助人的精神，或是說在病人需要
他們的時候，他們沒有也不願說一個不字。也就因此，他們成
為知青中的亮點人物代表，他們被農民接納並受到尊敬，從而
使他們願意暫時忽略當時那些負面的問題而任勞任怨。相對於
貫徹文革理念和毛澤東思想，赤腳醫生堅信一切都是貫徹為人
民服務的宗旨。憑藉著這種理念，他們找到了自我價值，並對
那段經歷戀戀不忘，至今仍懷有深深的印記。

但是，赤腳醫生畢竟是那個特殊時期的特殊產物，這種歷
史大概不會重演。知青赤腳醫生有著革命青年擁護毛的熱情，
同時他們又是地方上所需要的一個群體。沒有毛澤東思想的洗
禮，這些年輕人是不可能把他們的大好年華投身於艱苦的偏遠
地區，並毫無所求盡職盡責地工作。從法律和道德上看，這些
沒有任何經驗又不熟知當地情況的年輕人是不能從事醫療服務
的。赤腳醫生的出現完全源自毛澤東普世的理念和實施，加上
無產階級文化大革命大量的政治宣傳，促使他們在冒險中、在
實踐中得到承認。

赤腳醫生這個特殊稱號，很快隨著毛澤東的離世和改革開
放而消聲滅跡。鄉村醫療面臨著許多新的考驗，例如如何正規
化，人員編制的配備。農民病人又該如何正視這個改變，特別

是在那些公共醫療和基層診所不存在的偏遠地區。

今天，在沒有對赤腳醫生歷史進行充分的研究基礎上，對赤腳醫生的否定以及改革醫療體系不能認為是完全正確的一個步驟，因為至少現在還沒有資料表明改革後的農村醫療體系的正確性，我對文革歷史時期受政治影響所產生這一職務的研究匱乏而感到遺憾。目前農村醫療系統正規化的改革，意味著要選送大量的醫生和醫學院剛剛畢業的學生去農村，那麼這些下鄉的醫學專業人士又該怎麼面對農民對那些赤腳醫生的懷念呢？他們又能在農村待多久？

如果當初無產階級文化大革命只是在中國的城市裡上演，其影響力會弱得多，只有把數億農民捲進來，才能使中國人對毛澤東的崇拜白熱化。在這樣一個被激發得不能正常思考問題的群體中，赤腳醫生是否覺得他們也是被迫地要宣揚和傳播這些理念？他們對於他們當年所做的一切是真的僅憑理念，還是假裝隨大流來避免受到責難？我是帶著這些問題去訪談這些知青赤腳醫生的。他們中有的直率地回答了問題，有的則刻意迴避了，但我認為我還是得到了一些答案，但仍需在以後的研究中加以分析。

如我前面所述，無論是知青赤腳醫生還是普通的知青，他們都應該得到歷史學家的正視，他們的經歷應該讓當代中國青年乃至世界瞭解。雖說知青赤腳醫生中的大部分人後來沒有繼續從事醫療專業，但是他們依舊對他們年輕時的所做所為而感到驕傲。

在訪談結束時，他們有著一連串的問題：這些訪談會以什麼方式問世？他們是否可以看到任何結果？當我在中國的時候，作為一個在讀本科大學三年級的學生，我覺得我可能無法駕馭這些問題，包括他們對一個來自美國的大學生會關心中國

文革中的知青赤腳醫生問題感到疑惑。儘管如此，他們還是很大方並非常熱情地講述他們的故事，這些被訪談者和他們的知青社團友善、熱情、和藹可親的程度，完全超出了我的預料。他們不斷地問我是否還有其它問題，有幾位還邀請我去他們當年下鄉的農村，一位知青赤腳醫生還把他當年使用過的並保留幾十年的針灸和針灸盒送給我做紀念。隨著時間的流逝，赤腳醫生這個群體逐漸地在老去，應該儘快地引起近代史學者們的重視和注意，能由這些人親述文革歷史是多麼的難能可貴，因為也只有他們才能真實地展現那個時代的斷面。

　　我們仔細探討了赤腳醫生的個人經歷和他們的政治信念，還需要醫學統計和資訊來論證赤腳醫生對推進當年農村醫療體系革命的功效。目前關於研究赤腳醫生當年對中國社會所盡的責任以及他們所起的作用的研究文章，是非常匱乏的，這篇論文希望在西方世界能起到一個拋磚引玉的作用。我所看到的研究課題至少有幾個，例如，通過社會調查來論述赤腳醫生在中國農村醫療系統進程的作用，這會是個令人很有興趣的課題。另一個方向就是赤腳醫生的實踐經驗與政治宣傳的關係。在訪談中，他們提到了他們當中的模範典型有大量報紙報導並有電影記載他們的生活。這些赤腳醫生的典型代表即是宣傳毛澤東思想的標兵，又是完成那些幾乎根本不可進行的複雜手術的「神醫」。對至今仍留守在農村的知青赤腳醫生和鄉村醫生的比較研究會更有意思，當然找尋並訪談這些赤腳醫生會更困難，但其重要性不可忽視。赤腳醫生的醫德和醫患關係的研究也很吸引人，這就需要更多來自地方和病患的資訊。無論採取哪一個研究方向，都是對現有歷史資訊的大量補充，因為不但在西方這方面的研究基本空白，即使在中國也沒有太多的學者觸及。

　　最後，我衷心地表達我對於他們的敬意和感謝，他們的經歷讓我看到了另一種人生和歷史。赤腳醫生可以說塡補了世界醫療歷史的一個空白，不管最後史學家們如何定義這群人和這段歷史，最重要的是他們用青春實現了一個做人的最基本理念，就是盡最大的努力去幫助他人。

　　我鄭重地推薦他們的自述，讀完這些精彩的青蔥往事，你一定會掩卷沉思。

2015 年 4 月

完稿於美國北卡羅來納州杜萊姆市

作者爲美國杜克大學腦神經專業和東亞研究雙學位學生

原論文題目：

Barefoot Doctors of the Cultural Revolution:

Examining Educated Youth Experiences of Politicization and Remembrance

Anna Quian

Duke University

Durham, North Carolina, USA

翻譯： 金朝

1 梁勁泰訪談

　　我們約在了北京著名的商業街王府井附近見面，離聲名顯著的北京人民藝術劇院更是近在咫尺。周圍繁華而整潔，不遠處的中國美術館門口已經開始有人排隊，我們在一家賓館樓下的高檔茶館裡，臨窗而坐，很有一種鬧中取靜的意境……

　　在我剛到北京參加的一次知青座談會上，我就注意到他，他有著一般知青身上所少見的學者風度，雖然頭髮已經花白但身材保養良好，說話不緊不慢，話語中透著一種堅定和自信，侃侃而談的同時不失溫文爾雅……

安娜：這裡的環境真好，有大隱隱於市的感覺。

梁勁泰：本來應該請你去家裡談，但家裡面有一個老人，95 歲了，不方便，所以也就沒考慮在家裡了，好在這裡離家很近，交通也方便。

這裡原來是科學院社會學部的地方，後來是中國社會科學院考古所。你看那個紅門後面有一個兩層的樓，我考證當年袁世凱就住在這裡。最早這個地方屬於法源寺，法源寺很大，有西院和東院，東院就是這個地方。袁世凱住在這個地方，它的好處在哪裡呢？首先是離紫禁城很近，另外一些朝廷大臣也都住在這周圍。所以李敖寫法源寺寫錯了，它不可能在離市區很遠的地方，它一定是靠近當時的政治中心。王府井為什麼火？就是因為東華門以前有個規矩，東華門以內漢人是不能進的，所以東華門外就是一個學者、官商、太監，所有各類人物交匯的地方，就在這王府井，各種交易都在這裡進行，所以王府井當時就火在這個地方。

安娜：您原來在哪個中學上的？

梁勁泰：日壇中學。

安娜：您祖籍是北京的嗎？

梁勁泰：不是，老家是廣東的。但我是在北京生的，中間又在廣東上過小學，中學以後都在北京上的。那個時候學制比較亂，現在都是秋季升學，全世界大概都是統一的，但當時北京的學制改成冬季升學，跟年度是統一的，所以學制很亂。我按理說應該是 1968 年上的初中，1971 年初中畢業，1969 年我隨父母去了兩年湖南幹校，這樣高中又延了兩年，到高中畢業已經是 1975 年的年底了，1976 年初就到延安地區延安縣河莊坪公社小溝大隊插隊了。

我印象很深刻，是 1976 年 4 月份，因為我們走的時候，北京剛好發生了很有名的天安門事件「四五運動」。1979 年

考大學從延安鄉下走的，中間在農村待了三年多，所以我們這些人，跟那些老插隊的還是有一些區別的。

安娜：怎麼當赤腳醫生的呢？

梁勁泰：當時當赤腳醫生的原因是什麼呢？這要從前面開始捋了，北京是 1973 年還是 1972 年我忘了，中學都不讀書了，大學也不辦了，當時大的政治背景是，初高中要進行教學改革、教育改革，學習毛澤東的教育思想。他的教育思想的核心是：實踐出真知，真正的知識是從實踐裡面來的，不是從書本裡面來的。當然他這個實踐出真知也沒有什麼錯誤，關鍵是他把知識和實踐對立起來了，這個到現在也沒有人去好好的理清這個問題，也不知道為什麼，我作為當學者的，也很困惑。

當時教育這樣一改變以後，很多高中就開始結合實踐，現在應該叫開拓、拓展班，當時叫學工班、學農班。這種學工、學農班在高中的時候就開設了一些，根據學校自己的情況，學一些木匠，學一些農業機械，還學一些所謂機械知識，就是直接和應用有關係的，有點把職業教育的東西放到高中裡面。當時我們那個學校也是一個教育改革試點學校，我們班主任老師是醫科大學畢業的，本來他也是要去下鄉的，因為他有老母親，就不願意下鄉，留在城市裡到高中當老師了，因為他是醫科大學畢業教生物的老師，所以他對醫學很內行，結果在他的宣導之下，把我們那個班，改成一個學醫班，除了高中的一些基本課程之外，主要學醫。

當時高中的課程被大大壓縮了，都很簡化，包括三角函數、求證之類的，都給壓縮了。這樣課程壓縮之後，大量的教學時間就變成所謂的實踐課，所以我們就到醫院學習。因為當時沒有大學了，大學還沒有恢復，醫院裡面基本都是青黃不接，我們一去以後，當時學習環境還挺好，一個人跟一個大夫，大夫們也很熱情，現在的實習醫生未必能做的事情我們當時也

能做。當時的大夫都是所謂的知識份子，都是比較受壓抑的，請他們講課，他們都是免費給我們講。當時他們給我們講的一些事情，我到現在印象都是很深的，那些醫生都特別嚴謹。

比如來了一個痔瘡病人，他說你去看一下，我說行，他說你準確的告訴我這個病人痔瘡是幾度，是一度還是二度？我就告訴他，他說你再告訴我它在哪個位置，是錶盤幾點幾分的位置？我只好又去看，他不斷的督促你，你必須很認真的做這件事情。那麼一年左右，跟著這個老師，有時也跟醫院裡的其他大夫，大概就是學針灸、內科、外科，一些基本的常見病的知識，當時我覺得還挺有收益的。尤其當時醫生很認真的精神，確實讓我們覺得特別受啓發。

安娜：在北京城裡？

梁勁泰：就在城裡，二龍路醫院。因為我們是中學生，而且都沒有見過這些病人，第一次看見病人都很難受的，醫生他不管你，你就得認認真真的，不能因為你沒有見過或者是第一次接觸，就感到怎麼樣。我覺得是因為我有這樣一個挺好的基礎，1976年下鄉的時候，很自然而然的成了赤腳醫生，就是這樣一個過程。

赤腳醫生在當時農村來說應該說是比較受重視的，我記得很清楚，是文化大革命所謂的新生事物，新生事物有很多：工農兵佔領上層建築啊，紅衛兵啊，上山下鄉啊，其中赤腳醫生就是文化大革命新生事物中的一個。而且當時不斷反覆強調文化大革命不可否定，那時候已經有點問題了，不可否定的是說它產生很多新生事物，之一就是赤腳醫生。赤腳醫生為什麼會有？又得回溯到一個敏感問題，毛澤東有一個所謂626指示，當時意思就是說衛生部都是才子佳人、帝王將相，不改善勞動人民的缺醫少藥，乾脆改成才子佳人部等等，說他們將衛生工作都放在城市，不如改成城市老爺衛生部，意思就是說你不應

該這麼做，當時提出的口號是把醫療工作的重點放到農村去。這樣一來，很多醫務人員就必須到農村去工作，包括我們的老師，他醫科大學的，他應要按照這個到農村去，但他不願意去，就留在城裡當了老師。當然也有好處，我們也得到了很多知識。

在這樣的一個大環境下，我們下到農村以後，當時每一個大隊，就是一個自然村，必須要有一個赤腳醫生。像幾個重要的人員，如獸醫、接生員、赤腳醫生，按要求這些都是要配備的，但是這些人是不能脫產，要跟所有人一樣，都是要下地幹活，當然你可以在離村裡近的地方幹活。雖然是這樣說的，但是在當時的條件下是很難配齊的，所以有很多地方都是一人兼任好幾個職務。我沒有當過接生員，因為我們那兒有接生員，獸醫倒是有時候兼著幹一點，誰家的豬發燒了，要過去給豬打針，耳朵後面打針，很有意思。

赤腳醫生作為一個體制，當時也有一些培訓，一年下來做一、二次培訓，集中開一些會，傳達一些精神，同時做一些短期的醫療培訓，這些也還是有的。

安娜：做赤腳醫生以後，您一共參加過幾次培訓？

梁勁泰：沒有，我沒有參加過一次培訓。我知道有這個培訓，但是沒有輪到我。我知道當時有些地方是有這種赤腳醫生的培訓，它的經費來源主要就是合作醫療，我們現在也沒有搞清合作醫療的經濟基礎，實際上我覺得它是失敗的。為什麼是失敗的呢？你從村子裡面每個人收一定的費用，來作為醫療基金，你收的多了大家肯定交不起，收的少了肯定不管用，這樣靠一個村子的力量做合作醫療，而且又是所謂自願的，肯定行不通。後來果然就不了了之了，因為這是不可能成功的事情，在當時來說，這種合作醫療必須有一些補助的管道，比如知青在的地方，有一些政策傾向，這樣下面的衛生站才可能會得到

一些支援，撥一些錢、藥，才可能維持。

延安當地為什麼對去陝北的北京知青比較熱情，因為北京每年都給老區很多捐助，知青在的地方還可以得到一些藥品，這裡很多都是北京支援的。北京的知青與延安之所以保持很密切的關係，是因為北京和延安之間有一個比較特殊的關係，這個特殊的關係是 1973 年的時候，周恩來有一次回延安，當時延安的老百姓說了一個問題：毛澤東在延安待了 13 年，意思就是說毛澤東應該回來看一看。毛澤東 50 年代、60 年代到過河南，甚至到過西安，就是沒有回延安，究竟他為什麼沒有回延安？誰也不知道。但是 1973 年 6 月 9 日周恩來回去了一次，雖然只待了 22 個小時，但在當地還是非常的轟動，而且周恩來說我就是代表毛澤東去的。

老鄉都非常的熱情，但是談到當時延安的情況，周恩來覺得很痛苦，痛苦在哪兒？因為這個地方還是這麼窮，1973 年延安有 14 個縣，130 萬人口，當時農民人均糧食不足 250 斤，年人均收入不到 50 元。周恩來說，他都很愧疚，他說：「延安人民哺育了我們，使我們取得了全國革命的勝利，但是延安的農業還很落後，我們對不起延安人民。」

後來就傳說有一個以毛澤東名義的電報，我不知道是不是毛澤東寫的，有一個以毛澤東名義寫的覆電，就是給延安人民的覆電，意思就是說延安對中國革命的貢獻很大，要盡我們最大的能力來回報延安。

這樣一來延安的知青就多了一層色彩，多了一層政治上的背景。跟山西的知青，或者跟四川的知青，或者雲南的知青，或者跟黑龍江兵團的知青相比，就有一些不同的地方。當然，今天到延安插隊的北京知青很活躍，也是因為現在的領導人也是當年在延安插隊的北京知青。

當時在這樣一個社會的背景下，當地的老鄉對北京的知

青是很歡迎的，為什麼他很歡迎呢？我們去了以後，就等於也帶去了很多中央為了還願的、還債的物資。因為當時有一個政策，按現在來說應該叫捆綁政策，有點像商業捆綁，就是說哪個村有北京知青，我就按照北京知青的點發放大量的物資。我們去的那個隊，手扶拖拉機、發電機啊，電泵、電線、平板車，還有燈泡，所謂當時稱之為戰略物資的東西，都是因為知青而撥給的。

因為這些原因，我在那兒當了三年赤腳醫生，也是比較受歡迎的，感覺也比較好，老鄉有病還是喜歡找我，就這麼做了三年的赤腳醫生。

再具體來講，就是防病、治病，比如說到夏天的時候弄一些草藥去預防腹瀉，到冬天的時候熬一些中草藥，預防感冒。因為當時有一個口號，農村的醫療工作是以預防為主，所以我們也做一些。包括飲水裡面消毒，我們在那兒把機井重新拿混凝土封好，讓井臺乾淨一些，要不周圍都是很髒的。

有時候還要發動知青幹，因為重新砌一個井臺不可能是赤腳醫生一個人做。夏天也有時候做一些獸醫的工作，比如這個時候天熱了，該割麥子了，麥子割完之後馬上把地耕一遍，種上秋莊稼，這個時候一面收莊稼，一面種莊稼，牛的體力勞動比較高一些，就給牛灌一些蛋糊，就是蛋清，拿牛角給牛灌進去，這樣牛就不容易生病。在陝北也有一些特殊情況的赤腳醫生，像孫立哲那樣可以做各科手術的，他是個案，主要是他插隊的村離城裡很遠，必須要做一些外科類的，因為有一些疾病路遠沒辦法送醫院，必須就地治療。我去插隊的地方好處在哪兒呢？離城比較近，一般碰到重病人我都勸他們到醫院去，不冒這個險，一看發高燒了，或者所謂急腹症、一些急症，我就說你到醫院去，我們也只能做一些簡單的，比如說降溫、止疼這樣的處理，也不可能做別的更多的處理，老鄉也知道這個利

害關係。

安娜：他們自己去醫院嗎？

梁勁泰：他們大都自己去，有時候我也會陪著去，幫著掛號，幫著找醫生。因爲我們那兒離城比較近，副業搞的還不錯，一般的病，農民還是可以負擔的起。如果負擔不起，大家，知青有時候也會借點錢給他們，或是隊裡貼點錢，先把病人給治了再說。當然很嚴重的病也沒有辦法，比如像癌症之類的，也就去看一看，之後就回來了，回來之後也沒有什麼辦法。有一個癌症病人，看完回來後，讓我每天給他打一針，抗癌幾號，當然我也不懂那個藥究竟是什麼成份？打完管用不管用？但最後還是走了，到最後走的那一天我還在給他打，輸著輸著液體就輸不進去了，人已經沒有氣了。

安娜：您剛才說合作醫療是失敗的，那時候您的感覺呢？

梁勁泰：當時合作醫療弄起來很困難，當時的主導思想，就是降低成本。比如我給你弄個針灸，那個成本很低，你哪兒不舒服，就給你扎一扎針，喝點兒草藥熬的湯，基本不怎麼花錢。

農村赤腳醫生，咱們說句不好聽的話，實際上還要兼一些巫醫的色彩，兼一些遊醫的色彩。比如我接觸很多農村的病人，其實他們很多是心性的疾病，比如農村的一些婦女她心眼很小，一生氣以後她痙攣，口吐白沫，那個在醫學上應該叫癔病，歇斯底里。那種病不是吃藥能好的，她相信你就能好，她不相信你，你給她吃什麼藥也沒有用。

我有時候，就先給她針灸一下，再順著杆兒用很多好話哄她，你別說，還眞就治好了幾個。因爲她首先相信了你的醫術，之後就開始從心裡把你神化了，情緒自然就穩定下來，好了一後，家屬鄰居就說開了，北京來的赤腳醫生很厲害如何如何，醫術很有一套，甚至以後也有人連看病帶算命之類的事情

都來找你，他們相信你多少會點兒那個什麼，英文有句詞叫Witchcraft，對，巫術，是有點巫醫的感覺。他們認爲你不是一般的人，他認爲你是有法力的，因爲你的來源就不一樣，你本身就是從北京那邊來的，天子腳下來的，來救他們的。李白過去有一個說法叫謫仙，半個仙人。在陝北有些農民眼中，這批知青就不是一般的人，帶有點神性的人，真就是這種情況。

所以說，農村合作醫療的成功或失敗，有時候還不單單是由制度來決定的，也涉及到金錢，同時還要看具體的執行者和具體的對象。所以那天我們座談的時候，我就問另一位赤腳醫生，你在你們那個內蒙地區一定是個神醫，他說就是這樣的。所以實際上，陝北最著名的赤腳醫生孫立哲也是黃土高原的神醫，不是開玩笑的，一個沒有進過醫學院的赤腳醫生，診治病人過萬人，大小手術上千例！陝北農民真的就認爲他是神醫。聽說孫立哲離開陝北以後，又到了國外，延川的農民還是把他作爲一個神來供奉的。

赤腳醫生作爲一個制度來說的話，作爲當時普及推行的一個制度來說，也很難用一種成功或者失敗來講，你所謂失敗是因爲有的地方沒有組織好，他們沒怎麼重視這個問題，自生自滅。所謂成功，是有的地方組織的比較好，做的有聲有色，產生了一定的影響，而且在老百姓心目中有一定的口碑，這個我覺得是所謂成功的。

到了後來，由於整個政治大環境沒有了，我們這些人就不可能再待在那個地方了，赤腳醫生沒有了，只能又恢復到過去農村衛生員、衛生站這樣的，當然我不知道現在是一個什麼形式了，因爲很多農村已經城鎮化了，但邊遠的地方我不知道該怎樣。

當時來講，赤腳醫生的問題是一種運動，一種特殊時代的產物。我認爲這個東西，我很客觀的來講，也不可過高的給予

評價，但是它確實是在歷史上出現過的，最可惜的是什麼呢，沒有人去總結它，沒有人去歸納它，沒有人做這個東西和以後農村社會發展的關聯研究，起碼我知道國內目前還沒有人去做這個事情。尤其改革開放之後，所有的事情變得非常的急功近利，把原來的很多東西政治化，就貼個標籤，以前是從政治化的角度，完全肯定、完美無缺；現在又把它從另外一個角度，從反政治化的角度，把這個東西都給否定了，所以這是一個很可惜的事情。

安娜：赤腳醫生對推動當時中國農村衛生醫療的普及，不是一個很大的貢獻嗎？

梁勁泰：赤腳醫生和知青運動，是通過上層的政治力量，不是一種自然的力量，通過一種政治的行為，一直推及到縱深的農村地區，這在當時是實際的，也是有實效的，可以說對於後來農村文明的發展，確實起到了比較好的效果。

因為現在我們再回到原來插隊的地方，在他們年齡大一點的人嘴裡，我們都成故事了。可見在他們看來，在他們的生活中，城市的文明，由於知青一下子變得很近。他們也從我們身上看到了很多所謂他們認為的城市文明的一些特點、一些東西。很多知青為什麼有一種情結，實際上他們當時都受到理想主義的鼓舞，他相信這個東西，不但相信它，而且覺得應該有一批人去實踐它，去完成它。所以這裡面多少帶有點宗教的色彩，但是他們不一定承認。

當了學者之後，對很多我們當時經歷過的一些問題，解釋就不一定了，有可能更加準確，也可能偏離原意，這是沒有辦法的事。我自己一直認為我們國家太政治化了，這些本來不應該屬於政府行為的，而且政府不應該去完全承擔政治責任的事情太多。舉一個最簡單的，咱們街道上有一個很好的東西，叫居民委員會，居民委員會等於是老頭老太太先自發的去做，

自己去管理，自己去組織。後來我看了美國所謂的社區管理，其實我感覺到跟咱們的居民委員會管理是很像的，他管理日常的環境、衛生。但是我們居民委員會也有不好的地方，很快就成爲一級政治組織，甚至有了行政級別。這個我覺得太政治化了，失去了社區居委會存在的原意。

回到你的問題，赤腳醫生對推動當時中國農村衛生醫療，肯定是有貢獻的，但是不是一個很大的貢獻？不一定，分什麼地方。

安娜：您在赤腳醫生裡面算是佼佼者了，能像您這樣走到學術領域的多嗎？

梁勁泰：那有，也不少。有時候回過頭來想，總覺得那一段的生活，不是從我個人的角度，應該從社會的角度有一個反思。問題是現在把這個東西和文化大革命攪合在一塊了，弄得有口難言了，不知道怎麼去陳述這個事情。後來覺得這個東西很糾結，就不大願意提這個事了，尤其我去西藏以後，我在西藏工作了 10 年。

安娜：你當時自願去的嗎？

梁勁泰：我是自願去的。當時我們畢業的時候，當時那種情況，當然和去過延安插隊有一定的關係。因爲我去延安之後，我感覺到農村有什麼啊，沒有那麼可怕，很多城市人認爲農村和城市差別特大，好像城市很奢華似的，覺得農村非常艱苦，艱苦的簡直就不是人活的地方。我去了陝北，待了三年之後，我覺得也沒有什麼，實際上，當時的城鄉差別也沒有那麼大。

安娜：這種行爲是抱著理想主義行爲？因爲 1983 年很多人選擇了留在北京、上海這些大城市。

梁勁泰：這個要具體來講，到農村、邊疆去，有些人從思想到身體是不適應，但如果你去過那些地方，你在你的體力，

以及你的感覺還能夠適應，你在邊疆或農村裡面就感覺到沒有那麼痛苦。後來我總結兩條，一個人在任何情況之下，只要能吃、能睡，任何環境之下他都能夠生活的很好。如果不能吃、不能睡了，可能在同樣的環境之下，這個環境對於你來說就是地獄了，人的適應性其實是不一樣的。

安娜：您是哪個大學畢業的？

梁勁泰：西北大學哲學系。從哲學的意義講，我覺得在邊疆、農村生活很自由，那裡的人都太好了，淳樸、真誠。你在那種大自然環境裡面，尤其我們一早起來，在山裡面，霧靄靄的一片，扛著鋤頭在山裡面，聽著花香鳥語，在那兒鋤著地，這種生活其實很田園，陶淵明講的《歸去來兮辭》就是這種生活。

你生活在城市裡面，其實更多的是紛紛紜紜的干擾，你又得到了什麼樂趣？所以，我到過陝北以後，心有點野，後來我大學畢業是可以回北京的，我是北京學生嘛。但我當時很想去西藏，因為我覺得那個地方很神秘，有一種嚮往。我們當時有個歷史系老師，講印度佛教史，講了很多，當時我很天真的覺得西藏的佛教可能是真傳，我說我要到西藏去。當時政策規定，援藏八年之後可以回原籍，可以回北京，可以增加一級工資，並享受高原補貼，當時叫 11 類地區，11 類地區工資比較高，北京是 8 類地區。八年後能回北京，工資待遇也不錯，又能去那麼一個獨一無二的，很多人想去的地方，那何樂而不為呢！再一個，我就根本不覺得那個地方會有多艱苦，尤其我去了陝北之後，陝北也是高原，我不認為那個地方會有多艱苦，我說無非就是吃的差一些，當時我就比較自信，我的感覺告訴我那個地方不會有多苦。

我剛才說的很清楚，人在生活中的痛苦或者不痛苦，其實就是歸納起來，看你能不能吃、能不能睡。有一些人晚上睡不

著，比如陝北有一個特別典型的東西，就是跳蚤，有一個人天天晚上抓跳蚤，抓的很老練，一抓一個，他就很痛苦。我這個人可能不敏感，咬了我也照樣睡，包括現在也是，在家裡面我跟我媽住在一塊，老人畢竟有點味道，招蚊子，我晚上照顧老人，蚊子好像不大咬我，有時候早上起來也有包，但不會睡不著覺。吃飯也是一樣，我是再爛的飯，再不好的飯，我都能吃一點。比如在西藏吃生牛肉、聲牛肉，我也能吃，雖然也吃不多，但是能維持一個生存的基本需求。我剛去西藏的時候覺得酥油的味道很大，那個蒼蠅嗡嗡嗡嗡的，但是還得喝。

安娜：您還是很有理想主義色彩的。

梁勁泰：也不是完全的理想主義。我覺得理想主義還帶有一種意志的成份，好像我一定要犧牲掉某一些東西，實現某一種東西。有的人認爲我這是犧牲，我這個犧牲是要得到回報的，但是我不這樣認爲，比如到西藏那種艱苦環境，沒有必要用意志去克服什麼東西，我覺得這樣的生活還挺好的。實際上我去了陝北之後，最大的收穫是認識到自己能在一個什麼樣的環境裡面生活，就是知道自己有一個適應性的底線，我認爲最大的一個好處就在這。

很多東西你沒有去的時候，你沒法想像。我們在城市裡面長大，你不知道農村是怎麼生活的，所以我去農村之後，我就感覺到沒有什麼，農村的生活沒有什麼，我並不認爲在北京有多好。你如果有了這樣的思想，你還害怕什麼東西呢，所以我在西藏待了十年。

安娜：在西藏也在社科院？

梁勁泰：不是，我在自治區黨校，所以我不是很想回來，當時。

安娜：真的？

梁勁泰：嗯，我很想待在那兒，我覺得那個地方太好了。

安娜：在拉薩什麼地方？

梁勁泰：在拉薩北面，在旅遊局那個地方，在山腳下。

安娜：視野很好？

梁勁泰：從我們那個地方就能夠看到布達拉宮，它的海拔位置比市區要高一些。我有一次，是夏天，下完雨之後我出來，我看到一個景象把我震驚了。當時手裡沒有相機，我看見下完雨之後，那個雲慢慢的裂開，裂開的同時陽光從雲縫裡面射出來，一道光，啪地打在了布達拉宮上面，壯觀極了。我一看太漂亮了，趕快回去拿相機，那時候還是用膠捲的。等後來拿出來的時候，那個景象已經沒有了。我說我要是拍到那個，當然還得好相機，如果我當時能把那個景致拍下來，肯定能獲獎。

安娜：這個需要機遇。

梁勁泰：真沒有幾個人能從那個角度看布達拉宮。

安娜：您後來還是回到北京了。

梁勁泰：後來也是沒有辦法，一個是孩子教育的問題，還有一個照顧老人的問題，當然還有就是自己有個葉落歸根的思想。有些事情不是人能夠完全左右的，尤其有了孩子之後，你的想法就變了，因為你可以留在那個地方，但孩子的教育就要受到限制，西藏和北京的教育水準還是有很大差距的。老人身體日益衰老，需要兒子盡孝，老有所養嘛。

他們很想留住我，說你很喜歡西藏，我確實很喜歡西藏，我講課，藏族學員、漢族學員都喜歡，而且講的都是最敏感的問題，如宗教問題。後來他們說你就別走了，我說我不能不走，因為我孩子的教育問題，不能耽誤他，因為孩子是無辜的，我說我們都是受過教育的人，我們也希望自己的孩子也受到良好的教育。

安娜：那些藏族幹部孩子怎麼辦？

梁勁泰：為了解決這個問題，後來在內地辦了很多西藏中

學，但能上西藏中學都是走關係，天津的、紹興的、北京的、西安的，都有，但以我的位置，我孩子上這些學校是不可能的。

老援藏幹部跟我們一塊聊天時，說過一些發自內心的話，他們說我們最大的教訓是什麼呢，倒不是在西藏吃了多少苦，也不是說在西藏受了多少罪，這些都不用說，我們最大的一個無法彌補的損失就是和孩子的關係，他們說為了教育我們把孩子放在內地了，放在親戚家，等孩子長大之後，跟他們培養感情的這一段過程喪失了，怎麼也彌補不回來。當時我聽完這個以後覺得很有感觸，我們這些外交部子弟也是這樣，所以外交部子弟有時候跟父母親的關係不是特別好，因為父母親長期在國外工作，那時候又不能帶家屬。這樣下來之後和孩子之間有隔閡，而且幾乎無法溝通，因為能溝通的時機錯過了。所以那些老西藏就很感慨的跟我說，你再累再辛苦，孩子要自己帶。所以我下決心回北京，把孩子帶來北京上學，於是就回來了，等於最後又回到了這裡。

安娜：人生像一個圓圈，您畫得夠大的。謝謝您的時間和經歷，我很感謝。我這裡有一個《知情同意書》，需要您簽一下字，因為我們這次錄音談話的文字資料，會用在今後的研究報告中，也會用在出版的書裡，您是學者，您懂的，您同意就簽在這裡。

梁勁泰：沒有問題，我簽字。你還挺仔細的，我們現在很多的研究人員，都忽視這些法律問題，他們沒有這個意識。你還有什麼問題嗎？我這一聊就說散了，天馬行空，想到哪兒就說到哪兒。

安娜：沒有，沒有，非常好。十分感謝您的寶貴時間。

梁勁泰：客氣。

（結束）

＊訪談時間：2014 年 5 月 24 日、2014 年 6 月 13 日上午
＊訪談地點：北京市西城區月壇賓館、北京市東城區王府
　　　　　　井地區社科博源賓館

2 王桂珍訪談

　　她被中國媒體稱之為「赤腳醫生第一人」，也是我這次最
希望找到的人，但是直到我到了上海，都無法聯繫到她。

　　她生長的上海市川沙縣江鎮大溝村已經不復存在，被繁
華的上海浦東新區所替代。由於時代久遠加之歷史和政治的原
因，人們幾乎將這位與中國赤腳醫生有著緊密關係的人遺忘。
如果說 1965 年 6 月 26 日，毛澤東在對衛生部部長彙報工作
時的怒言：「應該把醫療衛生工作的重點放到農村去！」即
「六二六」指示，做為中國赤腳醫生的開端。那麼，毛澤東在
1968 年 9 月 14 日對《人民日報》上一篇文章上的批示：「赤
腳醫生就是好」，則是第一次將「赤腳醫生」這個名詞定義出

來，從而掀起了中國大規模的赤腳醫生運動，而這篇文章的主
角就是她。

從此她的名字廣為人知，當時發行量最大的電影《春苗》，
即是以她為原型所拍攝的故事片，使她從一個普通農村女青
年，以赤腳醫生第一人而受到重視和重用，曾一度被調到中央
擔任副部長一級的領導職務。

由於文化大革命的結束和新時代的開始，她被逐漸地淡出
人們的視野，我自己和我在上海的朋友費盡九牛二虎之力，都
沒能找到能聯繫到她的方法……如果不是到浦東偶然地參加了
一次上海知青的聚會，如果不是偶然地詢問了一個當地的工作
人員，她又正好是她家的近鄰，我幾乎與近在咫尺的她錯過：
她居然就住在離我們聚會處不到二千米的地方！

當我們把她從午睡中叫醒時，一位健康、熱情、親切的老
人出現在一幢典型的上海郊區農戶的門口時，我一下就喜歡上
了這位飽經風霜的老人……

安娜：您是怎麼開始學醫，做赤腳醫生的？

王桂珍：我開始學醫的時候是 1965 年下半年，當時江鎮
公社要辦一個醫學培訓班，培養農村自己的不脫產的衛生員。
條件是要「根紅苗正」的，就是要貧下中農家庭出身的，你們
美國人可能不懂這些。那時學赤腳醫生的時候，每個大隊只出
一名，每個被選上的人都覺得很榮光，要抽貧下中農的子女，
一定要好而且進步。我因為是貧下中農出身，又是生產隊的保
管員和衛生員，思想比較上進，所以就被派去參加學習了。

安娜：那個班有多少人？培訓多長時間？

王桂珍：有 28 個人，全公社的，學習了 4 個月左右。課
安排得特別多，要修物理、化學、生理學等多門課，但我只上

過小學，有相當的難度。比方那些化學符號，還有什麼「大於」、「小於」……老實講，一下子眞搞不懂。那時候我自己挺能吃苦，學得挺認眞。老師讓晚上9點熄燈，我拿個小的手電筒在被子裡看到12點。我們住在公社衛生院，學習之餘，就到各村讓每家人家往井水里加漂白粉，消毒預防疾病。

安娜：據說「赤腳醫生」這個詞是從您開始的？

王桂珍：我們這裡都是種水稻，所以都赤著腳下地，我下地時和大家一樣，只是多背了一個藥箱，和以前那些在醫院裡的醫生不一樣，農民說話也不講究，所以他們都喊我赤腳的醫生，就這麼叫開了，被記者寫進文章裡了。

我當赤腳醫生的時候，我們家很窮很窮。我家有三個哥哥，一個弟弟，上面死掉了三個，都是破傷風死掉的，接生不講衛生嘛。我媽媽是十幾歲生的小孩，那時候她自己還是個孩子。那時候農村蠻苦的，我媽媽嫁給我後來這個爸爸，他的妻子是小產流血死掉的。我媽媽嫁到這個村的時候，年輕人很少，所以嫁給一個結過婚的，生不生小孩無所謂。我媽媽嫁過來的時候，我的大哥兩歲，後來又生了兩個哥哥，一個弟弟。一個哥哥五歲的時候生病死了，另外兩個哥哥得破傷風死掉了。所以我生下來的時候，大家都不相信，我媽媽還能生小孩，因爲是她自己給自己接生的，沒人知道。鄰居問我哥哥是不是又生了個弟弟，哥哥說，不是，是個妹妹，所以我是我們家唯一的女孩。

做赤腳醫生後，我就告訴自己，一定要爲貧下中農做好，爲老百姓服務，我會想起我媽媽因爲缺醫少藥，受了很多苦難。我們做赤腳醫生的儘管風裡來，雨裡去，很辛苦，但每家人家的病人都需要我們。

安娜：在鄉下行醫應該很辛苦，您是怎麼堅持的？

王桂珍：這就要靠毅力。比如村裡有個老人家從不洗澡，

她頭髮長得很，身上很髒的……我就幫她洗澡，幫她把頭髮剪掉，那身上的蝨子特別多，農村人不洗澡嘛。我當時想，如果我娘也是這樣，我也必須這樣做。對於那些七、八十歲的老人，看病時一方面照顧、體貼、關心，還要像親生子女一樣哄好他們。

記得有一位阿嫂，大便拉不出來，她就叫我。我也沒有別的辦法，藥少嘛，我就用手幫她摳出來，一下一下挖出來。

安娜：那時您多大？

王桂珍：那時候我二十多歲。大便挖出來後，阿嫂不停地感謝。那時候，我真的一點不計較，不怕大便，就是想幫她摳出來。你想一想，假如是我幾天拉不出來大便，是老痛苦的，我必須要千方百計地減輕病人的痛苦。因為當時缺醫少藥，所以後來就開始種草藥，有時候用中草藥給病人看病，因為那時候確實沒有藥。比如用蒲公英清熱解毒，幹農活手腫的時候，把草藥洗乾淨，貼上去，特別是對無名腫毒，像一個中藥貼，我自己腳腫的時候也用。我們講，草藥不吃是苦的，吃了就是個寶，還有車前草也是清熱解毒的。

安娜：您是怎麼學會種草藥的？

王桂珍：以前在公社衛生院老師上課教過我們，我記下來了。老師講每種草藥治什麼病，我就在本子上記下來，後來就都用上了。

老師教我們學針灸的時候，讓我們先在卷起來的報紙上試驗，再用胳膊去試。通常學醫要學幾年，我們當赤腳醫生只學了四個月，所以理論是沒辦法跟人家比的。比如有人牙痛，我先在我身上扎了給你看，然後再給病人扎，病人扎了就不疼了。所以我們是在自己身上練，是靠實踐經驗。

在農村老百姓需要醫病的時候，到哪裡去找正規的醫生？那時候不可能，沒錢，一般的病只能找我們，不要他們的錢。

我們靠的是豐富的臨床經驗，比如有一個燙傷的病人，我去了之後，我們沒有醫院才備的燙傷膏之類的藥，怎麼辦？我叫他家人去拿米粉，然後用米粉蓋在上面，很快就不疼了。這是民間的偏方，實踐證明這個土辦法是蠻好的，特別是剛燙的時候，捂上去很好。在我們農村，經常會被蜈蚣咬，傷口有酸性，我就用洋蔥搗碎，把洋蔥汁兒敷在傷口上，這些都是經過實踐檢驗的土辦法。

我們在學醫的時候，老師經常強調要理論聯繫實踐。比如有一個病人是風濕性心臟病，老師會讓病人先講發病原因和狀況，然後老師會講怎樣判斷病情和用藥，然後再叫我們用聽診器去聽老師講的判斷特徵，理論聯繫實際。別人要在醫學院學書本知識幾年，而我們在實踐中學，我們一共學了四個月，四個月後就直接回大隊看病了。我一邊勞動一邊看病，跟老百姓一起插秧、一起灌溉、一起割稻子，誰有毛病就叫我，我立刻就能過去處理。

安娜：您覺得赤腳醫生對農村有什麼影響？

王桂珍：對於農村這是很重要，因為赤腳醫生就是可以做到無病早防，有病早治，而一般的醫院醫生是做不到的。我們把衛生知識普及到鄉下，教群眾掌握，很多流行病都是可以得到極早的防治，早發現早治療。比如夏天病菌多，我們教老百姓多洗手，家用毛巾要隔離用，不要混用。發病高峰期間，用菊花、金銀花、決明子等燒水給村民喝，既有預防作用，也有清熱解毒的功能。我們那時候主要用草藥，當然原因是西藥比較少、比較貴，但用草藥這個方法還是比較好的。那時農村沒有抗生素，在農村只有用土辦法。

安娜：後來聽說您做了衛生部的領導，您做了多久？

王桂珍：只做了四個月就回來了。那是 1969 年 9 月 14 日，毛主席在寫我的故事那篇《從赤腳醫生的成長看醫療教育的革

命方向》的文章上做了批示，表揚了我們赤腳醫生，報導之後，很多人來我們這裡參觀學習，就出名了。「赤腳醫生」就是從我們這裡開始叫的。

　　1969 年 9 月，我接到通知，到北京去參加新中國成立 20 周年的大慶。此前我連上海市也很少去。到北京後，受到了毛主席的接見，後來，我又見過他五、六次。第一次在國慶觀禮上，我跟他的距離就像我現在跟你的距離一樣。後來都是在很多會議上見的，那時候，開會的時候，腦子裡總是想著要怎麼好好地跟毛主席握手，心裡非常激動，但當時的紀律是不許隨便握手的，就像你們也不能隨便跟總統握手一樣。我 1969 年 9 月到北京的時候，是周總理在人民大會堂接見的。我從赤腳醫生調到中央衛生部做黨組成員是中央第 49 號文件。

　　（王桂珍指著牆上所掛的她與中央領導人的照片，並一一介紹。）

　　我 1976 年還見過你們的總統尼克森，那是他第二次訪問中國。

　　到北京後，不習慣，北京氣候不好，太乾。我以前雖然幹過江鎮公社黨委副書記、川沙縣衛生局黨委核心小組副組長，但從來不去辦公室，大部分時間還是在村裡當赤腳醫生，給農民看病。到北京後，不下田了，也覺得不習慣。我在衛生部還有一個不習慣，就是吃飯困難，沒有錢。我雖然有三個職務：衛生部黨組成員、川沙縣衛生局黨組副組長、江鎮公社黨委副書記，卻從來沒有拿過一分錢的工資，還是由大隊記工分。一個工分 7 分錢，一年三千左右的工分，一年的收入也就二百塊，要養一家人。我在衛生部一天只補貼 5 毛錢，我只能揀最便宜的菜吃，像菠菜、豆腐，中午吃兩個窩窩頭。即便如此，也不夠，開會喝茶也要交錢，有時家裡寄點兒錢也不夠，尷尬極了。鄉親們覺得我在北京很風光，可我是北京最窮的副部長

級幹部，肉都吃不起。

安娜：聽說電影《春苗》就是以您為原型拍的？

王桂珍：他們拍之前，電影製片廠是找過我，他們先選了一個女演員，和我一起生活了一段時間，很長一段時間，同吃同住，體驗生活。後來因為她戴眼鏡，就把她換成了李秀明，那個時候，哪有戴眼鏡的赤腳醫生？李秀明演得蠻像的，人很好，現在還和我有聯繫，她在做生意。

《春苗》上映後，其實也給我帶來一些麻煩，每天要接待全國各地來的領導和參觀學習團。有時候，我正在水田裡勞動，就有人來喊我去見某個參觀團；正在接待某地參觀團和領導的時候，就有人來喊我去給農民看病。一天到晚的忙，休息不好，快累病了。

安娜：請問您今年多大了？您還在看病嗎？

王桂珍：我今年 71 歲了，老了。現在基本上不給人看病了。

安娜：您要多保重身體！對於赤腳醫生的那段歷史，您就是一個活檔案。另外，我跟您的這次談話能否用在我的學術研究文章或出版書籍中？

王桂珍：嗯，可以。我們兩個交個朋友，我以前是不接見外面人採訪的，要來見我的人，我一般都推掉了。上次北京醫科大學校長帶了八個人來找我，要求採訪，要不是他們帶了上海衛生局局長的條子，我也不會見。一般來找我的，我家人都會說我不在家。今天要不是她（帶我們去她家的朋友）帶你們來，我也不會接待你們，她是我從小看著長大的，她媽媽是我在做赤腳醫生時候的採藥工，就是因為這層關係，我們才會見面。

（結束）

＊訪談時間：2014 年 6 月 7 日下午

＊訪談地點：上海浦東川沙江鎮大溝村王宅

3 冷明訪談

　　第二次和冷明約的時間正好接近北京的下班高峰時間，穿過大半個北京城開車去幾乎是無法想像的事情，因為北京是世界上塞車最嚴重的城市之一，十公里的路開車走兩個小時是非常正常的。於是我只能擠進人山人海的地鐵裡，並被這海水一樣的洪流從城北沖向城南的北京郵電醫院……

　　這位曾在內蒙古西烏珠穆沁旗插隊的北京知青，清瘦而幹練，黝黑健康的皮膚和嘎巴脆的北京話絲毫看不出他曾經經歷過的苦難，看上去很容易接觸，卻不像大多數北京人那樣喜歡自顧自地神聊，基本上是問一句答一句。對他的訪談是在一間彌漫著淡淡福爾馬林味道的辦公室裡進行的……

冷明：我是六七屆的初中畢業生，北京五十一中，宣武區的，1968 年 8 月去插隊。（沉默，彷彿陷入沉思）

安娜：您可以隨便說，就像聊天一樣的。

冷明：我當赤腳醫生是從 1969 年開始的。

安娜：您到哪兒插隊的？

冷明：在內蒙西蒙西烏旗，全名叫西烏珠穆沁旗，簡稱就是西烏旗。內蒙有西烏旗，東烏旗。

安娜：你們那批應屆的都去內蒙了嗎？

冷明：不是，去哪兒的都有，我們那撥就趕上了，趕上去內蒙插隊，我就去了。我們家正好當時一直在挨整，我父親是解放之前的老地下黨，1958 年左右被打成反革命了，就挨整了。家裡也一直特別困難，都沒工作，我父親後來被勞改，因為被打成反革命和出身不好。

安娜：您才十五六歲。

冷明：我走的時候 17 歲。

安娜：1967 年走的？

冷明：1968 年 8 月份走的，六七屆畢業。我當赤腳醫生是 1969 年春天，大隊推薦一批看著稍微老實點的，因為當時正好有一個內蒙古醫學院附屬醫院巡迴醫療隊在我們那裡，裡面有一幫老醫生。文化大革命前地方上根本沒有什麼醫院，只有一些喇嘛醫生，實際上就是蒙古中醫，在牧區都叫喇嘛醫生，很像藏醫，但都給打倒了，他們基本不行醫了。當地也是人煙稀少，二個衛生院之間相隔幾乎要上百里地，牧民要看病就要走上百里地，特別不方便。我們插隊那個公社根本沒有衛生院，我們當時在東半部四五個公社才有一個衛生院，只有中心公社才有一個衛生院。所以那時候各大隊特別需要培養醫生，我們大隊就推薦我去了，我跟著巡迴醫療隊學了一兩個月，他們騎馬到處給牧民看病，我們就跟著。這些老教授都挺

有意思的，牧民也老實，教授給我們講什麼，牧民就躺在那兒，衣服解開，教授拿個筆就在牧民身上畫，說這是胃，這是心跳，這個那個……什麼病……怎麼怎麼樣……都在病人身上比劃，所以教學是很簡單的。

安娜：我訪問別的知青，他們說因為家庭出身不好，不讓當赤腳醫生，您當時沒遇到這個問題？

冷明：我沒遇到過。在牧區插隊的時候，我是因為出身不好，很多好事是攤不上我的，比如推薦上大學、招工。但這個赤腳醫生是要在當地扎根一輩子的，實際上是特別辛苦，人們最後發現，赤腳醫生其實是特別苦的差事，一個是工作苦，另一個是還不掙錢，收入還不好。北京知青能在那兒真正扎下根的不多，我之所以幹那麼多年赤腳醫生，也是因為我走不了，家裡出身不好嘛。那時候推薦工農兵大學生，第一條你得出身好，所以我根本沒有這個份兒。

安娜：您在牧區赤腳醫生算是苦的，一跑就是幾十公里？你一直在牧區？

冷明：對，在內蒙牧區，都是在牧區。

安娜：您做牧區赤腳醫生是不需要放牧的，是嗎？牧區知青做赤腳醫生的多嗎？

冷明：對，不需要放牧。做赤腳醫生的不多。因為沒有幾年，我們那裡過了兩三年內蒙古建設兵團就來了，大多數知識青年都上兵團了，剩下的就開始有上大學的，有開始辦病退的，四、五年慢慢的都走了，真正留在牧區的特別少，沒有幾個了，可能就有兩、三個，三、四個吧。

安娜：您做赤腳醫生是怎麼開始的？

冷明：做赤腳醫生一開始還是按照當時全國的標準，你赤腳醫生，就是不脫產的，但又不能讓你去放牧，有時候也讓我們跟著打過石頭，也挖過井，幹點零活，因為牧區除了放牧

也沒有太正經的活，偶爾的幹幹。實際就這樣我也幹不了那個活，他們也發現了，我幹活也不行，也就是看病。那時候還稍微鑽研鑽研，在牧民裡面算是有點文化，而且肯鑽研一點，拿本書肯鑽研，大夥逐漸認可了，有什麼病都去找你了，基本就脫產了，後來兩三年之後就完全脫產了。

安娜：你們是叫旗，還是叫隊，最小的叫什麼？

冷明：最小的叫隊，牧業大隊。

安娜：多少人？

冷明：五百人左右。

安娜：就您一個醫生？

冷明：對，就我一個，一開始還有一個女知識青年當赤腳醫生，她兩年以後到兵團去了，就剩我一個。

安娜：那就是事很多？

冷明：多，關鍵是得到牧民認可。因為我一開始跟巡迴醫療隊學的就是西醫，西醫就得真刀真槍的動，尤其那天座談會談到了接生，接生是牧區的第一難關。我當赤腳醫生前只學了兩個月，那年正好18歲，第一個病人就是為一個婦女接生，處理的還挺好。她產後出血、子宮乏力，打的藥，那時候用的麥角新城，那時候沒有縮宮素，用麥角新城，孩子出來的挺好。回去跟醫療隊那個老師一說，挺好，挺好，你處理的挺好，挺有信心的，還行，所以牧民也逐漸的認可你。

安娜：您以前從來沒有接生過？

冷明：沒有，十七八歲，中學畢業了，文化大革命，1966年開始文化大革命，實際我們就上了一年多點的中學，就開始胡鬧，到處打架了、瞎跑了、玩，一幫小夥子到公園裡瞎鬧騰，就是這樣。到那兒是實在沒有辦法了，生活最後逼的吧，知識青年逐漸的也都走了，我們一家子被轟到農村去了，我父親、母親、弟弟妹妹轟到四川農村，也沒有吃的，沒有喝的。我倒

要爲他們著想了，想著掙點工分、掙點錢，貼補他們，因爲他們沒有吃的就有可能餓死，這是具體的。

安娜：您父親祖籍四川的？

冷明：對。

安娜：之後來到了北京？

冷明：不是，他從小就在那兒，我爺爺在清末民初就到北京了，我爺爺還是一個民國的將軍。

安娜：父親自己其實是北京人。

冷明：對，實際就是北京人，因爲我爺爺死的早，家裡面就逐漸破落了，解放前頭幾年我父親參加地下黨，參加共產黨地下黨。一解放，在公安局又待了幾年，還是老偵察員，那時候政治偵察員，反間諜，還是挺好。結果，可能還是有些領導看不上他，加上當時有一政策，要對參加地下黨的人逐漸淘汰，更要把他們淘汰出公安系統。再加上有一些人誣告的，有一些人嫉妒的，有的人早年還被他抓過，於是他們就這個那個的，說他貪污了、特務了，雖然最後調查都沒事，沒事也不行，你也得離開公安系統。離開以後他到工廠，工作一開始也挺好，最後也是因爲跟廠長鬧點彆扭，現在想都是很小的事，最後就被打成反革命了，一下就完了，實際說起來很簡單的事，但一生很痛苦。

安娜：您在做赤腳醫生的時候，日常的病種都要看？

冷明：都要看，所以我當赤腳醫生爲什麼很快能得到牧民群眾的認可，內外婦幼沒有不看的。婦女病不用說了，第一接生，很快的，我雖然很年輕，但是大夥很快信任我了，包括那些都是年輕的媳婦，孕期的體檢。因爲我年輕，也不愛跟他們逗笑話，比較正經，他們就比較信任我，和牧民關係挺好的。包括具體接生，處理這些難產，因爲我老看書，各種難產案列都看，在運用到實踐處理還挺好的。比如說胎盤滯留了，要是

蒙醫或者當地的醫生就不知道怎麼辦了，只能等著，或者是出血，或者運到一二百里地。冬天，那時候什麼車都沒有，只能是牛車和馬車，很危險，所以以前死產婦是經常的事，經常有，很多小孩沒媽了。

從我當赤腳醫生後，我們那個隊產婦再也沒有死過，起碼在這方面我還行。還有那裡傳染病特別多，因為牧區不太講衛生，一個一個的蒙古包，牧民又喜歡串門，到你們家也吃，到他們家也吃，那時候最多的傳染病就是麻疹、百日咳。現在我們知道怎麼免疫、打疫苗，而且基本上消滅的這幾種傳染病，但那時候常常大流行，特別厲害。一兩年一個大流行，小孩，包括成年人，那疹子出的啊，高燒不退。那些當地的醫生他沒經驗，也不知道怎麼辦，在我看來就是對症治療，一般的高燒後容易感染肺炎，我那時候發現，從臨床上我就發現了，最好的藥就是抗生素，雖然很貴，但沒有副作用，而且是立竿見影。真是感染肺炎了，輸點液，打點抗生素，三天馬上好了。所以牧民也特別佩服你，這麼重的病，小孩都快死了，馬上搶救過來了，也就很容易得到牧民認可。像輸液扎針，我很熟練，拉痢疾了、腸炎了，我給你補點液體，就很容易好了。

安娜：什麼科都做？

冷明：什麼科都做。

安娜：手術呢？

冷明：在大隊的時候當然做一些簡單的，比如長個膿腫，包括有的婦女乳腺發炎了，那個沒有治，只能是排膿了，看個書怎麼切開，切開做個引流，很容易也就好了，身上長個膿腫，這些都沒問題，簡單的。

安娜：闌尾呢？

冷明：闌尾是後來我到衛生院以後做的，手術沒做，做不了，因為那個還是比較什麼的。

安娜：有人說在內蒙他們習慣在外面生孩子。

冷明：對，一開始牧民是有那個習慣，牧民婦女生孩子以前都不在蒙古包裡面生，都要在蒙古包外面，有一個接牛犢的圍子，拿柳條編的，特別大的，這麼高，可以圈成一個圓圈，接牛犢用的一個圈，拿這個圈擋風用的，下面鋪點爛毯子，擋點風，甭管冬天夏天都在那裡生。我們去了以後，包括巡迴醫療隊也做了一些好事，使勁宣傳：說哪能不把婦女當人看，好傢伙，那麼冷，會生病的啊，都讓她們到蒙古包裡生，包括到我在那時候也是這樣宣傳的。說如果在外面生，一句話我們不管，你在外面我們就不管，當然那是不可能的，真在外面生我們還是得管。好在牧民都比較聽話，後來都挪到蒙古包裡生了。當然在蒙古包裡生要在緊邊上，下面鋪上舊毯子。

安娜：聽說還有風俗是生孩子不讓醫生看。

冷明：對，一開始是這樣，是不讓人看，尤其是婦女看你年輕，一個小夥子，她一開始也不認可，是不讓看，用大蒙古袍給蓋著。實在快生了，我說快生了，你趕快脫吧，褲子脫了，實在快生了，羊水破了，胎頭都開始露了，這才讓看。包括有些難產的，她生不出來的，沒辦法了，就讓你下手，都是這樣，逐漸的在接受你，一開始不讓你看，最後逐漸的慢慢就好一點了。包括有些難產的，要用胎頭吸引器，胎頭吸引器看似很簡單，實際很解決問題，有些他就是出不來頭，你要做點側切，用胎頭吸引器，把胎兒給吸出來。像這些事情後面就好多了，牧民也是大夥互相傳，說他接生挺好，你看那誰媳婦生不下來，他怎麼怎麼樣，就生下來了。開始時，誰家要生孩子了，他們就著急，牧民們趕快騎著馬，要到一百里地以外的衛生院去請醫生，你想請醫生回來得什麼時候了。所以大多數情況下那兒已經準備快馬請醫生了，這邊兒產婦的情況也實在沒轍了，只能讓我動手處理了。最後通過慢慢的，牧民一看我做

的還挺好，大部分都能搶救過來，所以他們也認可了，也都對我另眼相看了。

安娜：知青下去以後改變了牧民的習慣和想法，比如他們的衛生，或者他們以前的習慣，是不是有改變？

冷明：這肯定是有，這個改變一個是知識青年到那兒，然後兵團又去了很多人，解放軍、兵團戰士，包括巡迴醫療隊，去的漢人很多了。因為以前牧區特別封閉，牧民一句漢話都不會，全部都是蒙古話，完全不懂衛生是怎麼回事。

安娜：您怎麼溝通的？

冷明：去就得學，一句一句的學，反正我就是急用先學，我需要什麼，學什麼。

安娜：用蒙古話溝通沒有問題？

冷明：溝通沒有問題，你讓我長篇大論的說我說不來，溝通生活常用的語言還可以。

安娜：您在那兒待了幾年？

冷明：我在大隊待了 11 年，一直到 1979。

安娜：待了 11 年？

冷明：11 年赤腳醫生，赤腳醫生就是從頭做到尾。

安娜：11 年是很長的時間。

冷明：當然很長了。1979 年十一屆三中全會開了之後，我父親的問題才平反，我們一家子回到北京，知識青年那時候也開始落實政策了。但是回北京也很困難，因為我娶的是當地的媳婦，這種情況的知識青年都是在當地給安排工作。我在當地當赤腳醫生稍微有點名氣，各個醫院也樂意要我，好幾個醫院說你要樂意來都可以來，中心衛生院什麼的，這個那個的。我說算了，我插隊那個公社叫白音花，我說我就到我們那個公社算了。現在白音花是一個比較大的煤礦了，現在叫蘇木，我們那兒是公社，後來也叫蘇木了。後來我就到那個衛生院了，

在那個衛生院又待了11年，在內蒙一共22年，1990年才回的北京。

安娜：1990年退休以後？

冷明：不，1990年國家又出了一個不成文的規定，像我這樣的情況可以回京。在1990年以前，我孩子也比較多，我有三個孩子，上小學都送回北京了，我父母在這兒給照顧，就我們兩口子在內蒙，我在醫院。

安娜：孩子都在北京工作？

冷明：對，1990年我們戶口都回來了。

安娜：您那時候有這麼多孩子的很少。

冷明：對，但是牧區還是有，我們那邊有兩三個孩子的好多。

安娜：您夫人是蒙古人嗎？

冷明：我愛人不是蒙人，是漢人，她是農區的，有點距離，離我們那兒二百里地，巴林左旗。我去白音花公社衛生院的時候，那個衛生院也是後來成立的，有一個院長也已經癱了，也有病，只有一個復員軍人，有兩個剛中專畢業的醫生，他們的醫療經驗，還不如我這個赤腳醫生呢。我去了以後，很快就把這個衛生院打開局面了，上面很快讓我當了院長。我把衛生院建設成了我們當地的一個各種手術也都能做的衛生院，什麼闌尾炎啊，絕育啊都能做，影響也挺好的，有十來個人了，十來張床，牧民也樂意找我。病人多的時候住不上醫院，我們就在衛生院前面搭一排蒙古包，給他們臨時住，各地的牧民都喜歡找我看病，我跟牧民的關係一直挺好的。改革開放之後，我們家養了不少牲畜，最多的時候養了一百多頭牛，收入也不錯，工資雖然很低，這個收入還是挺好的，跟牧民關係一直都挺好的。

安娜：羊有嗎？

冷明： 也都有，別的就不多了，羊有幾十個，牧民們幫著放。

安娜： 牲畜是你管還是太太管？覺得苦嗎？

冷明： 太太管，後來她管不過來，還要雇人。赤腳醫生那一段經歷，假如說生活，赤腳醫生那一段是最苦的，包括各地的赤腳醫生也是，掙的工分都是特別低的，就是不會給你整勞力的工分，像農區有很多會給你一點補貼，比如你幹農活可能10分，一天給你3分、5分的補貼，像我們專職的也難掙到全工分10工分，一般七八個，八九個，就是這麼給的。

安娜： 10分是多少錢？

冷明： 我們牧區那時候收入還挺好的，10分像我們大隊能掙一塊五毛錢。

安娜： 那很高了，聽說那時候很多地方都是三毛錢。

冷明： 是高，我為什麼要在那兒待那麼多年？因為這個工資我要養活一大家子，包括我父母弟妹，我們一大家子都靠我這個活著呢。

安娜： 您是老大？

冷明： 我有兩個姐姐在北京，我下鄉，弟弟妹妹都到農村了。

安娜： 後來都回北京了？

冷明： 後來都回了，平反了，都回來了。

安娜： 您在做赤腳醫生的時候有沒有什麼比較好玩的經歷，或者記憶深刻的經歷？

冷明： 我那時候就是整天要騎著馬。

安娜： 那騎技一定很好？

冷明： 那是！我有五匹馬，因為一年365天整天要騎在馬背上，在牧區馬是赤腳醫生唯一的交通工具。

安娜： 就是馬背上的醫生。

冷明：是，每天都要走，不間斷的。

安娜：最遠的病人要走多遠？

冷明：至少要走一百多里地。冬天走場的時候，牧民要搬到二三百里地以外，我也跟他們走，住在牧民家，跟著一塊走。

安娜：那您得走兩三個月？

冷明：對，三四個月呢。

安娜：牧民經常要轉移草場？

冷明：對，雖然不是年年轉，但經常走場。遇到下大雪的季節，就是在我們西烏旗這裡下大雪了，牲口待不住了，沒吃的了，我們就往東南方向，叫扎魯特旗那邊走場，那是別的旗，很遠了，那邊雪比較小，牧民們整個家都搬過去，過一冬，然後清明過了，再回來。

安娜：您跟他們一起走？

冷明：我跟他走。

安娜：您也有一個蒙古包？

冷明：沒有，我就住在牧民家。

安娜：也就是說整個大隊人馬是流動的？

冷明：對。

安娜：您在西內蒙古還是東內蒙古？

冷明：在西內蒙，錫林郭勒，我們那兒叫西烏旗，那天有一個說待 25 年的，他是東烏旗的。1977 年冬天內蒙是最大的雪災，百年不遇的大雪災，那一年牧民也是走場，要走到兩三百里地以外，那年我跟著。有一個牧民小夥子，20 多歲，最後也不知道什麼病，發高燒，高燒不退，十幾天，我在蒙古包裡每天給他輸液。按說輸液後發燒一般的都會好點，但結果他好多天也不好。那時候什麼車都走不了了，那場雪，糧食都要靠解放軍用飛機空投，什麼車都走不了，大馬力拖拉機也都走不了。那個時候牧民們也實在沒辦法了，他們也是比較信任

我，就說我們就信任你了，你看著辦。牧民這麼說，我只能盡全力了。那年冬天我們走了十多天，從我們那兒實際上每天走不了多少路，也就三四十里地，牛車特別慢，雪特別深，有的地方雪還要鏟，很久才走到紮魯特旗一個林場。好在他們林場有一個衛生室，有一個大夫，經過一路的治療，最後這個牧民總算保下了一條命。十幾天高燒，最後也不知道他是什麼病，真是挺危險的。內蒙的冬天那個冷啊，每天我帶著輸液用的藥，輸液的大瓶子，拿大皮褥子包起來，再擱在箱子裡面，但怎麼包都不行，到一個地兒住下來以後，一打開那個瓶子都成冰坨了，要把這個冰坨瓶子擱到火邊慢慢烤化了，再給病人輸液。剛才說的那個病人那十來天每天輸液，都是這樣烤化了才給他輸液，而且每天量著體溫，一直個高燒 40 多度，挺怪的，最後也不知道什麼病，那時候也沒什麼水準。

安娜：最後活了嗎？

冷明：最後活下來了，走了十來天，到扎魯特旗一個林場，有一個衛生室，有一個大夫，他們稍微有一點好的藥，又輸液打針，這才好。那次挺危險的，包括我們跟著走的人也都特別危險，那個雪特別的深，什麼車都走不了。

安娜：藥都是大隊買的？

冷明：像我們那會兒赤腳醫生能幹下去，原因之一就是我們的收入還可以，相對農業區，牧區比較有錢。我也聽很多赤腳醫生說過，他們也就是拿點草藥配配給病人喝，拿針灸扎幾下，說點難聽點的就糊弄糊弄。沒有醫生，只能糊弄糊弄，是死是活就是他了，你要腰疼腿疼扎上就好點，但你真正要治病還必須得大隊有錢，有錢才行。像我們那兒大隊也知道赤腳醫生的重要性，他也知道別的醫生指望不上，大隊總要出點錢，出那麼幾千塊錢，讓我們出去到醫藥公司去買藥。一開始說是合作醫療，實際合作醫療根本沒成功過，它的錢特別少，大夥

吃藥打針根本不夠用。比如他給我兩千塊錢的藥，這個藥你想想，我在馬背上叮朗哐當的，這些藥片最後都成藥面了，該扔的扔，注射的藥也都震碎了，加上有的牧民還不給錢，有的個別賴帳的，怎麼合作醫療？牧民們雖然比別處有點錢，但他也還是沒有錢，都要靠年底再還帳。所以兩千塊錢的藥，過一段時間就沒了，最後跟大隊說沒藥了，大隊總的來說還不錯，再給兩千塊錢，你再接著買藥。就是這樣，我們赤腳醫生必須在大隊有投入下才能進行下去，要不根本進行不下去。

安娜：合作醫療出的錢不可以？

冷明：合作醫療就辦了一兩年，那個根本就辦不下去。一開始名字叫合作醫療，比如大隊出兩千塊錢，牧民們自費一部分，說是合作醫療，但是這個錢你根本就收不回來，個人也不愛給，這個藥也損耗特別大。但是大隊能養活，把赤腳醫生給點工分養活下去很不容易了，也就是在牧區。很多農區我後來也聽說了，根本不行。要是沒有投入，靠我採草藥收入，那是胡說八道，那根本不能治病，一個也來不及。包括針灸，一開始我也學過針灸，偶爾扎扎，最後一看這個針灸也不過是糊弄事，你真腰疼、腿疼、頭疼扎扎還管用，別的根本不行，有的傳染病、疾病、肺炎，包括感冒發高燒了，根本沒有用。

安娜：涉及到細菌病菌的病沒有用？

冷明：是，根本就沒有用。

安娜：您主要還是用西藥？

冷明：對，主要還是西藥，草藥只不過對外宣傳是可行的，那時候中國就愛對外宣傳，赤腳醫生用草藥產生什麼奇跡了，是對外瞎宣傳，實際上草藥不行。包括現在對中醫的一些看法也是。

安娜：聽說那個針灸麻醉表演，說是打了麻藥？

冷明：對，包括大醫院麻醉都是，都是捻著這個針灸，但

起碼都打了麻藥，大醫院都做假，說是針灸可以麻醉，實際都是假的。爲什麼後來都不用了，很多都是假的，都是瞎吹的。包括現在對中醫的一些看法和爭論也是，眞眞假假。中醫中藥是中國的一個大產業，你要都給它否認了，那麼多人就沒活路了，涉及的人太多了。

安娜：中醫還是扮演中醫的角色？

冷明：對，實際上很多中醫療法大多數是心理層面的，包括牧民，包括咱們現在看病也是，我要找一個好大夫，沒看呢，就先好三分了，大夫一說沒事，馬上心理就好了。當時我們在牧區很多時候也是扮演這個角色，牧民他信任你，讓你一看，沒事，你這個病沒什麼事，你怎麼怎麼著，他心裡馬上就放鬆了，覺得眞是神醫。牧民挺有意思，好醫生他們都叫神醫，就是菩薩醫生，他們也背地裡管我叫神醫，找我看病的越來越多。

安娜：那時候你接生過多少孩子？幾百個？

冷明：幾百個肯定是得有，具體數我也沒記，幾乎當地的接生都要找我，他們都還信任我，包括後來到衛生院以後也是，那些學校畢業的學生也根本不行，偶爾有些大夫技術眞是不行。

安娜：衛生院是幾個大隊的？

冷明：衛生院一共是四個大隊的，有兩千多人。

安娜：那時候很忙吧？

冷明：那時候忙，衛生院等於就是政府設的公立醫院，那個忙。所以我那時候幹的，我說我再也不想當大夫了。在大醫院，你可以值夜班輪流的，在我們那兒，就你一個人，就得白天黑夜的搶救別人，就你一個人幹，那個太累人了。赤腳醫生那時候是沒辦法，我最多的一次七天七夜騎著馬在看病，一家看完了，緊接著一家再找你，看完接著走下一家，又累又困，

人真受不了了。最後到一個牧民家搶救一個小孩，那個小孩搶救活了，也挺好的，他們就把我藏起來了，把我的馬藏到棚裡面，別人看不見，看不見就找不到我，把我藏起來，休息了一兩天，特別那個。

安娜：後來再回去過嗎？

冷明：回去過。

安娜：他們還認識您嗎？

冷明：認識，我去年還回去了，剛回來的時候回去過兩次，間隔了好多年沒回去，我去年回去過一次。

安娜：現在通火車了嗎？

冷明：有拉煤的火車，直接到不了那兒，我坐車先到巴林左旗，我親戚開著車去接我。

安娜：這次去了之後感覺怎麼樣？

冷明：現在作為具體鄉下沒有什麼太大的改變，但大多數牧民現在都集中到城鎮了，到縣城了，比如生孩子不允許在家裡生，都要到縣城婦幼保健所，集中生。上學校也都集中在縣城裡面的學校，小孩也不用到處跑了，所以就好多了。但你真正在鄉下得病還是不行，鄉下的醫院還是很遠的，因為牧區人煙稀少，不可能為你設置什麼。現在所謂鄉村醫生在牧區也幾乎是不存在了，因為鄉村醫生，包括以前，包括現在，他都是不掙錢的，你靠國家的定價，根本維持不了最基本的生存。我們那裡最早有一個赤腳醫生是當地的牧民，人家最後不幹了，就一心放牧，改革開放以後一心放牧，都發財了，過的特別好，真正靠赤腳醫生還特別窮，真不行。一個牲畜能賣多少錢，一千、兩千的，赤腳醫生一年下來才掙一千多塊錢，所以那個是沒法比的，太差了。鄉村醫生到現在也很難發展。

安娜：他們牧民還在走來走去嗎？

冷明：沒有，現在牧民沒有遊牧了，把草場都分了，你們

家就是這塊，還拿網圍欄欄起來，我們家是這一塊，他們家是那一塊，根本就走不了。牲畜也定數了，也不讓你多養了，你五口人，最多就養一千頭，不能超過太多，他是多少，五百就是五百，還是不一樣。當然比以前的生活還是好多了。

安娜：那得分牧到戶了？

冷明：對，現在都是自己的了，以前是大隊，以前為大隊放羊，都是集體的，現在牲畜都是個人的。

安娜：放牧是個重體力？

冷明：是個重體力，太辛苦了。尤其我們在那兒的時候，常人受不了那個罪，冬天刮著暴風雪，根本就看不見，冷的說心裡話我都不知道我是怎麼熬過來的。其實那時候我也瘦，也怕冷，但是人到這時候就沒有辦法了，也得受，我那時候臉上凍的都流膿水，凍的，給馬備鞍都根本備不了。好在我幹這個醫生行當，牧民一個個很尊敬你，因為你是來給他們救命的，他們也特別照顧你，來了之後牧民會把馬鞍子給你弄好了，馬兜袋給你繫上。我印象深刻的是，冬天我備上馬鞍子，給馬戴馬嚼子，我這個根本戴不上，手只要一暴露在空氣中就僵了，我手一僵就容易休克，我有這個毛病，失去知覺了，所以我就怕這個，就戴不上這個馬嚼子，兩下戴不上，牧民他們最後也知道。最後慢慢的我也有點資格了，到哪兒了，往人家家一坐，也不管了，牧民都給你弄好了，那個冷是根本受不了的，太可怕了。

安娜：最多零下 40 度？

冷明：夜裡肯定得有零下 40 多度，迎風走，凍的啊，根本沒法忍受。我要走就是先看好哪家到哪家最短距離，有幾千米或者幾里地，從這兒趕快跑到那家，趕快下馬進去烤，把鞋脫了烤腳，這種冷是最可怕的。當然衛生什麼也是，到那兒都不顧了，穿一個大皮的，就是羊皮縫的大蒙古袍，到哪兒它也

當被窩了，裹起來，上面再壓幾個大皮的，就是這麼睡覺。

安娜：那時候回不了家的？

冷明：對，身上長滿了蝨子。

安娜：牧區蝨子很多？

冷明：多啊，那時候特別多，那時候身上隨便一摸就摸出一個蝨子。

安娜：頭上都是蝨子？

冷明：對，滿頭都是蝨子。

安娜：它真是咬你，真是吸血？

冷明：對，蝨子跟別的寄生蟲不一樣，你們不知道，蝨子多的時候真是不咬，感覺不是太出來，蝨子咬人不疼。像我也對什麼不太敏感，也不過敏，所以也無所謂，那些牧民也習慣了，可能越髒的人越不過敏，它不像蟣子、跳蚤，扎完了，又癢癢，那個過敏，那個難受，還有臭蟲也是。牧區沒有跳蚤和臭蟲，只有蝨子，蝨子不咬人，它有這個好處，那個還可以。除了髒，看著噁心，偶爾回到自己屋裡，回到自己家裡面脫下來，拿開水燙。

安娜：您沒教他們如何講衛生？有知青說在鄉下教小孩怎麼刷牙，怎麼洗澡，這個有沒有？

冷明：洗澡牧民那兒根本沒有條件，只有剛出生的小嬰兒洗。小嬰兒怎麼洗呢？走場的時候，當然走場的時候水更缺了，拿點雪，化出來一鍋水，拿著喝茶吃飯的小瓷碗，一人一小碗，這就是你早上洗臉的。人家牧民舀那麼一小碗，媽媽吸一口水到嘴裡面，給這個嬰兒光著屁股，這麼一提嘍，噗一下，往身上一噴，連頭到身上噴這麼幾噴，就洗澡了，這就行了，一擦就行了。大的根本不行，小嬰兒要搬家走場怎麼走，就是把一塊皮子上面縫點布一類的東西，上面是沙子，用鏟牛糞的小鐵鏟，放在牛糞爐子裡面，把鐵鏟燒紅了，再拿這個鏟子在

涼沙裡面反覆的和，這個沙子就熱了，摸摸正好溫和了，把沙子鋪平了，把嬰兒放在沙子上面躺著，拿皮子一包，拿繩子一勒，小嬰兒就這麼老老實實的躺著，露著一個小臉，放在篷車裡面。那個牛車有篷車，毯子圍起來的篷車，倒不透風，稍微暖和一點，嬰兒就放在那裡。

安娜：您的小孩也是這樣嗎？

冷明：不是，我沒說嗎，放牧這種事誰也受不了這個罪，我們那時候說心裡話，到哪兒還是吃現成的，只不過凍的跟什麼似的。我們成家都住在大隊房子裡，都是固定的，走場是牧民的生活。後來成家以後，說句難聽的，蒙古包能不住就不住，因為那種冷實在受不了，那種冷，那種髒。

安娜：您現在還騎馬嗎？

冷明：現在是不騎了，這麼幾十年沒騎了，哪敢騎啊。而且騎馬是最累人的，顛啊。

安娜：您說他們得肺炎或者感冒，沒有做預防的？

冷明：沒有，當時牧區為什麼傳染病特別多，那時候赤腳醫生也有任務，打預防針什麼的，但是沒有這個條件，一個是交通不行，二是藥品供應不足。而且藥拿來以後，那時候人也認識不到，比如他拿這個麻疹疫苗來了，春天拿來了，我5月份開始打了，過半個月、一個月再打第二針，牧民又集中不起來了。好容易這次集中三個孩子，下次沒准就來一個，下次又找不到了，你這一個疫苗，一支疫苗打開之後，比如一個大隊30個孩子，只給你五支疫苗，你見五個孩子打五針就沒有了，所以這個條件根本沒有。而且這個又不掙錢，牧民又不集中，根本沒法做。那時候傳染病為什麼特別多就是在這兒，現在好了，都集中到縣城去了，強制性的生孩子必須上我這兒生，牧民也知道了，好像都不要錢，說生孩子都不要錢，照顧他們，上學也是。

安娜：那天是您說的還是誰說的？一個針頭打一村的人，打疫苗。

冷明：不是我說的，我那時候打針還稍微講究一些那個，我會拿好多針頭，用小鐵盆，會給他們煮了，或者一人一個，起碼第二個人我拿酒精擦擦。眞是有這樣的，一個針頭，好幾十個人扎下去了。

安娜：那時候也很少有病的？

冷明：對，有病就傳染了，那時候條件就是這樣，太簡陋了。

安娜：您孩子有繼承您的嗎？

冷明：沒有。

安娜：一個都沒有？

冷明：沒有。

安娜：都沒有學醫？

冷明：沒有學醫的。

安娜：現在您是反聘的？

冷明：對，這是醫院反聘我。我回來以後是在豐台勞動局，豐台勞動局那幾年醫療保險需要人，懂點醫務的、醫療知識的人，後來我就去那兒了，退休也在那兒。在這家醫院也是管醫療保險，比較熟。

安娜：您當時做赤腳醫生是不是對醫學有興趣？

冷明：沒有，說實在也沒什麼興趣，純粹爲了混一口飯吃。因爲像我這樣體力活也幹不了，放牧更放不了，放牧那種苦根本不行，所以只能當赤腳醫生。

安娜：您還是那麼認眞的做醫生，有的人說我沒興趣，我就隨便做。

冷明：這個怎麼說呢，包括到衛生院以後，也沒有什麼別的能力，既然幹上這一行了，倒是肯吃苦，訂了好多雜誌、醫

學書，那時候也有錢買，全靠自己學習，通過考試，醫師資格考試，都是這麼學下來的。

安娜：還是非常勤奮的。

冷明：所以我一回北京，說心裡話北京這點活兒跟玩似的。

安娜：現在的醫生知識很窄？

冷明：對，像我們這裡都是大學畢業，但是他們很多理解能力跟實踐能力還是很那個，尤其是吃不了苦。

安娜：您做醫生的時候孩子是哪一年生的？

冷明：大女兒是 1976 年生的。

安娜：那時候還在隊裡？

冷明：對，三個孩子都在大隊生的。

安娜：現在都有孫子輩了？

冷明：都有了，三個都有了。

安娜：現在感覺跟過去完全天翻地覆？

冷明：那當然，他們過的都挺好。

安娜：您過的也挺好？

冷明：對，我也挺好。

安娜：沒想到會有今天這樣？

冷明：那當然，那真是沒想到，真是天翻地覆。包括很多知識青年，我們朋友、親戚都認識我，他們說沒想到，我等於從地獄一下上天堂了。因為我現在過的，說難聽的是我們所有認識的知識青年裡面，假如以我公社為例的話，是過的最好的，這是他們沒想到的。很多知青回北京很早就回來了，到工廠當工人，但是早早的就下崗了，失業了。

安娜：聽說很多回來沒有工作？

冷明：對，沒有工作，找不到工作，好容易有個工作，爹媽下去頂替，但是早早下崗，提前退休，很多這樣的，都是挺慘的。包括有幾個工農兵大學回來的，也是不行，到企業裡面

去，都是不行。

安娜：您命好。

冷明：說起來成笑話了。

安娜：這是您的命運，很多事情是自己掌握不了的。這有個文件需要您簽一下，一個《知情同意書》，就是您同意我用您的訪談資料做研究資料或出版，同時也說明這個故事不是我編的，您也不是在被強迫的情況下講的。

冷明：行。

安娜：想想您眞是不容易。

冷明：那是，我們這一代人。

安娜：這些話跟孩子講怎麼樣？

冷明：他們不太愛聽我們，他們當然也知道點，他們有他們的生活，都各過各的。

安娜：您有沒有想把這段歷史寫下來？

冷明：我出版過一個小說，因爲我手頭沒那個書了，所以也沒法給。

安娜：下次給我。

冷明：叫《爲了你走遍草原》。

安娜：是用您眞名字寫的嗎？

冷明：對，一上網就能查到。一個長篇小說，七八十萬字。

安娜：沒有寫個回憶錄，應該寫個回憶錄。

冷明：我在新浪有個博客，也是我的實名博客，有些回憶錄在那上面寫的。

安娜：好的，那太麻煩您了。

冷明：沒事。

（結束）

＊訪談時間：2014 年 5 月 24 日、6 月 16 日

＊訪談地點：北京市西城區月壇賓館、北京市宣武區北

京郵電醫院辦公室

4 劉蘭玉訪談

　　我從北京飛到連雲港是從北京南苑的一個軍用機場出發的，據說這家航空公司以前是由中國空軍經營的，因為連雲港在中國不算大城市，所以從北京飛去的航班不多。她很熱情也很客氣，我與她通過多次電子郵件，非要和先生一起到機場去接我，說一個小姑娘自己坐車不安全。當走出連雲港機場，看到兩位年近古稀的老人站在自己面前時，我還是被感動了。

　　當然，更多的感動還在後面，後來在連雲港和蘇北贛榆縣的訪談旅程中，他們既是我的導遊也是我的司機，像老爺爺和老奶奶一樣，細心地呵護著我這個從異國他鄉來的大學生……

安娜：您是在哪裡插隊？

劉蘭玉：我是江蘇省連雲港市的知青，到江蘇省贛榆縣黑山口鄉插隊的，去了不久就幹赤腳醫生了。我是 1970 年才下鄉的，下放的比較晚，是文化大革命開始之後。因為連雲港市 1968 年開始武鬥，武鬥打起來把部隊的槍炮都弄出來了，真槍真炮地幹上了。當時連雲港武鬥兩派在北京談判，周恩來總理親自主持調和，後來兩派 1970 年才達成停火協議，成立市革委會，成立革委會辦的第一件事情是把我們知青都下放到農村去。

我記得是 5 月 3 日下去的，我們是第一批插隊的。當時走的時候在南廣場那邊，敲鑼打鼓，很熱鬧。一個大貨車，90 多個人都站在車廂裡面，拉到贛榆縣那邊去。那邊公社裡來人帶隊的，當時是公社革委會副主任，是個女的，幫助帶過去。到公社去以後，在公社裡面吃的中飯，吃過中飯之後，每個村把我們帶到村子裡面去，我們那個村一共 6 個知青，3 個男的，3 個女的。當時我和我愛人在一個村，我們是一個學校的。

安娜：你們以前認識？

劉蘭玉：我們是一個學校的，他是六六屆，我是六七屆，他比我高一屆。因為文化大革命期間，打亂了班級界限，都是以個人的觀點，分成了幾派。後來革命委員會奪權之後，又有七派造反派，反正派很多。我們兩個人都是屬於保守派的，當時對我們學校裡面的黨委書記被打成走資派有看法，他實際上是抗日戰爭時期的革命老幹部，行政是十三級，級別挺高的，把他打成走資派，受的那罪、被鬥的那樣子，我們都看不慣。我們說，你造反有理也得講道理，他有錯誤你批評錯誤，不能動手打啊，我們對造反派的行為都看不慣。

當時學校裡面主要形成兩派，我們兩個是一派的，保守派。到後來保守派就不行了，毛主席親自發動的運動，又說造

反有理，人家搞革命就都不要我們保守派了，所以我們在家裡屬於逍遙派，就逍遙了。那時候，有一個海州醫院的醫生，現在有 70 多歲了，當時還只有 20 多歲，同濟大學醫學院畢業的，畢業之後正好在這邊實習，也成了文化大革命的逍遙派，反正醫院裡面也不正常上班了，我愛人和幾個同學就跟著他一起學針灸和醫學知識。他們在解放路找了個教室，學校都不上課了，教室都空著，他們幾個人在那裡學。後來這個人當主任醫師了，在連雲港是內分泌科專家。

他們邊學邊對外看病，誰要願意就試試，也不要錢，就是實驗性質的，都是義務的。有些病人也願意，特別有些小毛病，感冒啊，就去針一針，弄一弄。我在家裡面沒事，學著做衣服、做裁剪，還有些人學木工、做木匠、打傢俱。我愛人因為家裡父親也是所謂的走資派，膽子比較小，不讓他學木匠，因為學木匠的木頭，要到處找，比如外面有大字報專欄，有些木頭都是從那架子上拆下來的。他家父親不讓他去，拆大字報專欄，被抓到以後肯定會被打成反革命，那就麻煩了，所以他爸絕對不許他學木匠，他就學針灸了。

學針灸之後，過了一段時間，後來有些人就在他家門上貼一個對聯：廟小妖其濃，水淺王八多。這是罵人的，王八就是鱉、妖怪，烏合之眾。他家裡人看過之後就害怕了，以為是造反派找他們的事兒，所以後來就連針灸都不敢再去學了。實際上，後來知道是同學跟他開玩笑貼的，但那個時代大家活得都是謹小慎微的，走資派更是戰戰兢兢的活，反正他就不學了。

當時武鬥打得厲害，有很多傷患，他們被叫到醫院裡面幫助護理傷患，當然也就趁機可以學學護理，學學護士那些事情，跟著醫生、護士屁股後面屁顛屁顛的搞搞服務，就在現在的連雲港市第一人民醫院。我當時就在家裡學學裁剪，買點布，自己給自己做個衣服穿穿，就是閑著沒事，也無聊，沒事

找事。

這種情形一直持續到 1970 年 5 月份下鄉的時候，我們到農村去了。我們所在的大隊當時有 5 個 149 醫院的解放軍軍醫在巡迴醫療，我們就跟他們學針灸啊，採集中草藥什麼的。因為我們下鄉的地方是山區，山上草藥不少，我們採過小柴胡、丹參、黃芪、益母草、茵陳等中草藥。解放軍帶著我們學，這個是什麼草，那個是什麼草，採來以後這個草是什麼功能，可以做什麼，就這樣教我們。

我們還用草藥防病治病，農村裡的廁所都是在地上挖個坑，裡面有數不清的蒼蠅、蛆，髒的不得了，所以我們就用小毛莨眼，天天撒在那些地方。有時候熬一大鍋藥湯，防治肝炎，用茵陳熬湯以後，每個生產隊裝一個大桶，弄到地裡以後叫大家來喝，能預防一些傳染病，像肝炎啊，感冒啊等等。

當時村子裡面有一個老醫生，姓徐，那時候他已經 50 多歲了，在村裡開小衛生室也開了很多年了，所以跟村子裡面的人也很熟。文革開始後說他是地主分子，解放軍醫療隊比較左，說農村的醫療權怎麼能讓地主分子把持著呢，就要把這個鄉村醫生趕走，要成立貧下中農自己的衛生室，由貧下中農來掌管。當時就是這樣的思維方式，因為文化大革命嘛。解放軍一那樣，我們知青當然跟解放軍的觀點是一致的，就把他趕走了。

貧下中農接管了衛生室，但總得有自己的人管吧？於是就在村裡培養自己的赤腳醫生，第一個是楊洪彥，他當時很小，才十多歲，上沒上中學我不知道。剛十多歲的孩子，就讓他跟著醫療隊學，也到公社裡學過。然後在我們這些插隊知青裡面再找一個，我們那個莊子裡面沒有一個高中生，插隊知青裡面也只有我和我愛人兩個高中生，而且我愛人又學過針灸，對於人的穴位都比較熟悉，解放軍醫療隊覺得他還行，讓他也來當

赤腳醫生。我們在那裡幹活確實表現也不錯，也不是調皮搗蛋的人，解放軍醫療隊推薦，隊裡同意，所以就幹了。解放軍在那裡待了幾個月，後來醫療隊就撤走了。

撤走以後就把我們曬在那裡了，當時我們也比較傻，也不知道靠攏大隊幹部。解放軍醫療隊走之前，晚上都要開會學習，每次開過會之後，大隊書記都要私下找幾個人問你們今晚開什麼會？什麼內容？有一次問到我愛人，他沒講，他覺得解放軍開會，跟你無關，沒有必要跟你說，就沒說。就是因為他沒說，人家別人都跟大隊書記說了，這邊開過會，那邊去彙報了，所以大隊書記就認為你不是我的人。

我們本來插隊知青在那裡也就沒有任何關係，村子裡面只有兩個大姓，一個姓楊的，一個姓謝的，還有個別其他的姓，只有一家半家的，很少，那個地方掌權的都是姓楊的。我們去了既不姓楊，也不姓謝，本來就是個外地人，農村裡面那種舊的觀念，排外是很厲害的，正好又有了這個問題，大隊書記就拿我愛人來開刀了。雖然我愛人的父親是南下幹部，但是到文化大革命的時候翻出他夫人是富農分子。檔案都在公社裡面，書記就拿著這個，晚上開會的時候說，有些人靠著解放軍尾巴翹上天，你不摸摸自己屁股乾不乾淨，你屁股不乾淨還想怎麼弄，話就是指我愛人了。就是說話帶鉤子，你到農村來，讓你接受貧下中農再教育，你要好好改造，你改造不好我就可以批鬥你，就是這樣來整他。

當時在那段時間裡面，我因為是根紅苗正，我什麼也不怕。我父親是革命幹部，1942年參加革命的，我家是下中農，我母親是佃農，你查我祖宗八代，都是無產階級。我愛人就很害怕，而且當時我們在那裡還沒有結婚，只是戀愛對象。有些人就在我跟前吹風了，說我傻，應該找個家庭出身好的，革命的，不要鮮花插在牛糞上，怎麼怎麼樣。我愛人當時他也確實

害怕，一個是大隊書記整他，怕到時候眞把他鬥了，眞是受不了；再一個他也怕我不跟他了，跟他吹了，因爲一劃清界線的話，你挨鬥，我憑什麼跟你，所以當時思想壓力很大。天天吃不下飯，睡不著覺，沒辦法了。當時我們雖然是以戀人關係下去的，但是我們平時很少接觸，在農村裡面有那種農村封建習慣，男女授受不親。他住在生產隊餵牛的牛棚裡面，跟人家一起住，我跟幾個女知青住在房子裡面，一般是他幹他的，我幹我的，晚上天天開會，學習文件，根本就沒有時間去說話，去交流。那天我們專門請了一天假，我們還不在一塊，他找他的隊請假，我找我的隊請假，請過假以後，早上天一亮，太陽還沒出來，我們就騎車到塔山水庫去了，把事情談開了，給他一個定心丸。

安娜：挺浪漫的。

劉蘭玉：現在看來是挺浪漫的，但是當時壓力是很大的。我當時自己有個自行車，推著自行車，路好騎的時候就騎著帶著，不好騎的時候我們就推著走，圍著塔山水庫轉了一圈。我說現在我們已經是最下層最下層了，知青農民了，他們能最後怎麼鬥你？怎麼治你？他能開除你地球的球籍啊？你撤職沒有職可撤，你開除沒有地方開除，開除還是種地，還是農民，有什麼可怕的，無所謂的事情。

我反正是這樣子，我既然跟你談戀愛了，而且處了這麼長時間了，我也不是那種見異思遷的人，我不會變心。一直走了一整天，到晚上天黑了才回到村子裡，基本把他的思想顧慮打消了。我說你要是不相信，咱們拿結婚證吧，拿了結婚證你就放心了吧。我當時雖然是出身好，再怎麼樣，我的前途也就是個知青，也是個農民，我也不可能遠走高飛。最後結果，我們拿結婚證，結婚了。

那年 12 月 26 日領的結婚證，結婚時什麼也沒有，什麼也

沒弄，我父親給我一百塊錢，他父親給他一百塊錢，就是二百塊錢，買了三抽桌，三個抽屜的桌子，21塊錢，買了一個盆，買了一個鋪板，9塊錢，就是木板，買了一個床頭，也是9塊錢，說還得弄幾個箱子，錢不夠，沒辦法，只能找木頭，找同學打成兩個箱子。買點漆抹一下，本來要抹紅的，我說就抹黃的，紅的怪那個的，反正我不喜歡，農村結婚都是喜歡紅的，那時候說革命化什麼的，我不要紅的，就抹成橘黃色的。又買了幾斤糖塊，買了兩條菸，在農村裡面把糖塊撒一撒，大家抽點菸，就這麼辦了。

安娜：這個就是目前所謂的裸婚。

劉蘭玉：是，絕對就是裸婚，什麼也沒有。結婚當天的中午吃飯是我自己做的，下的是麵條，也沒葷的吃。到後來我想起來了，我們應該利用結婚的時候請個客，把大隊書記幹部請來吃一頓，他保證以後對我們好了，但是我們就是不知道，沒有這個意識，想不起來這個東西。就這麼結婚了，該幹活的幹活，就是結婚那天沒出工，第二天又到地裡幹活了。結過婚以後不同的是，我們兩個人有了自己的家了，有自己的房子了，兩人說話方便了。不像過去的時候，他住在那邊，我在這邊，他在那裡幹活，我在這裡幹活，根本沒有機會交流說話。

結婚以後，當時大隊書記把我愛人的赤腳醫生拿下去了，又找不到合適的知青接替，最後只好讓我幹。衛生室和我住的房子就是一牆之隔，農民看病找我也方便，不管上班下班，你只要到那個地方，反正我就在隔壁。正吃飯的時候，病人一喊，我也可以過去給他處理；晚上睡覺的時候，他們喊一下，我也可以去，可以處理。

我們村農活特別重，早上天一亮就要到地裡幹活，幹兩個小時以後回來吃早飯，吃過飯以後再去幹活，出去幹活都是一邊走路一邊梳頭，那時候紮個小辮子，因為在家裡沒有時間，

爬起來，趕緊弄水擦一把臉，就走，辮子一邊走路一邊梳。人家別的農民家裡有人做好飯，到家就吃飯，我們怎麼弄？我們回家以後就趕快燒火、趕快做飯，一個燒火，一個做飯，做好以後趕快吃、趁熱吃，吃完以後馬上就得走，一點時間都沒有。

　　早上是這樣，中午也是，中午下工回家，在地裡幹活累的，回到家根本就不想吃了，躺下渾身都癱了，躺在床上歇歇，再做飯吃飯，下午再去幹活。我以為人生就這樣下去就行了，1972 年 3 月生了女兒以後，大隊讓我等到滿月到學校當老師。當時我還愁得慌，因為帶著小孩子，小學老師晚上還要備課，白天上課，很愁得慌。說實在話，我當時上進心也挺強的，不甘心在農村裡面和其他農村婦女一樣，不管怎麼樣，老師、赤腳醫生，還是個工作，對於我來說是個事業，我不想放棄。最後楊翠英她媽是婦女主任，說你把小孩放到我家，我家人多，替你看著，你去上課。於是弄個大筐，樹條編的大圓筐，裡面弄些草，上面鋪上小被子，把小孩圍在裡面，每天早晨我把筐背到楊家，我再去上課。到學校以後，才知道，實際上學校裡面是要我愛人當老師的，大隊書記不同意，不讓他去，才讓我去的。

　　安娜：因為他與書記關係不好？

　　劉蘭玉：是，因為大隊書記覺得他不是自己人。那時候村子裡面只有我們兩個高中生，所以只好讓我去。後來才瞭解到，大隊書記之所以讓我去當教師，實際上是把我赤腳醫生的位置讓給他家侄兒，我做月子的時候，他家侄兒已經在衛生室上班了，正好是一箭雙雕，既打擊了我愛人，又給他侄子騰出了位置。

　　安娜：您女兒還記得當年的辛苦生活嗎？

　　劉蘭玉：記得，有些事情她記得，有些事情她記不得了。當時無論是做赤腳醫生還是做代課老師，都還要下地勞動，一

天七個工分，十分才三毛錢，不幹年底就沒吃的。上地裡幹活時，也是弄二個筐挑著，這邊小孩子放在裡面，那邊放著工具，到地裡去，小孩在地頭，農村小孩也潑辣，沒有那麼嬌慣，往地頭一放，他自己在那裡玩土，我一邊幹，一邊離著也不遠，可以這麼照看著，就這麼過來了。

安娜：現在這一代人是無法理解的。

劉蘭玉：是。那時候也是沒有辦法，你有什麼辦法。到後來慢慢的境況好一點了，因為我們村大隊是先進單位，所以要經常整理很多先進事蹟，公社來人要我們大隊寫出來，大隊裡面沒有人能寫得了，最後怎麼辦啊，就只能讓我愛人寫。因為他會寫有文化，能幫大隊書記寫材料，他確實幫他寫了不少。到後來，村裡的人連入黨申請書，結婚申請書等都需要他幫忙寫。白天在地裡勞動，晚上加班給他們寫，加班都是白幹的，什麼東西都沒有。

他幹什麼事情特認真，不管幹什麼事情，只要交給他的，特別是領導交給他的，一絲不苟，晚上加班也得弄出來。為那些入黨的寫入黨申請書很可笑，大隊書記說這個可以入黨了，你給他寫一個，那個可以入黨了，你給他寫一個，村裡十幾個新黨員，都是他幫助寫的入黨申請書，他填的表，支部大會討論、決議、記錄也都讓他寫，反正所有動筆的都是他的，但是他自己卻不是黨員。

寫了這麼多入黨申請書，後來他自己也想入黨，自己也給自己寫了一個入黨申請書，一直寫到最後，也沒批准。他是 1974 年走的，去了徐州煤礦下井當礦工。當時走的時候沒敢讓大隊書記知道，怕他知道之後攔住不讓走，就麻煩了。因為他經常寫材料，與公社裡面的人都很熟悉，天天在一起寫材料嘛。後來他先找到公社的幹部，把煤礦招工表先蓋了公社的章，然後再找大隊蓋章，大隊一看公社都蓋章了，他能說什麼，

這樣才走的。如果當時從大隊按部就班走程式的話，很有可能走不了了。因爲我們那個大隊書記就是那樣子，我們在那兒幾年，當兵的、招工的，寧願找個聾子去，他也不讓知青去，所以我們知青在那個地方沒有一個上大學的，那時候是推薦，他根本就不推薦你，你有什麼辦法，我們知青在那裡沒有一個上大學的，沒有一個當兵的。你說他多狹隘啊。

安娜：農民意識。

劉蘭玉：是農民意識，思想確實閉塞，在一個山區裡，很偏僻。有的地方，很多知青被推薦上大學、當兵，很多，但是我們那裡一個也沒有，我們全公社 90 多個知青，一個上大學的也沒有，就是不給你這個機會，你有什麼辦法。

我愛人走了以後，就剩我一個人帶著女兒在農村裡面，又待了將近兩年，他是 1974 年 3 月份走的，我是 1975 年 12 月 25 日離開的那個地方，差三個月兩年。我一個人帶著孩子在那裡幹活，在地裡幹，跟那些婦女們一起抬土，夏天太陽那個熱，加上勞動強度很大，特別累。因爲有小孩子，還要餵小孩子，一個人有時候眞是沒有辦法。特別到秋天的時候，忙死了，我們那個地方種地瓜，就是山芋，幹完活以後，就在田頭分地瓜，一個人幾百斤，一家一家的秤，休息的時候把它切成地瓜乾，在地裡撒好，切完之後再幹地裡的活。到晚上收工以後，前二天曬的地瓜乾又乾了，再收起來，再挑回家去，天天一直就是這麼連軸轉。

我到地裡都要挑對筐子，把小孩子放在筐子裡面，這邊是小孩子，那邊是一個鐵鍁鐝頭。有時候，有些農民確實也不錯，推車子送糞的，有時看我可憐，把小孩子放在他車上，坐在糞筐裡面，幫我把小孩子帶一段路。還有楊翠英這樣的朋友，因爲她媽是婦女主任，而且是解放前入黨的老黨員，地位是比較高的，大隊書記也怕她幾分，我女兒經常有她幫我照看，替我

看著，替我哄她玩，確實翠英那時候給我幫了很大很大的忙，到現在爲止，我跟她關係一直還是很好，她也很尊重我，我也很感激她，包括她家裡面。

當時去贛榆農村確實是準備扎根的，我們做夢都沒想到還能回城裡，眞的。我們自己花錢蓋了三間房子，也養過好幾頭豬。

安娜：您做赤腳醫生培訓過嗎？

劉蘭玉：沒有，當赤腳醫生的時候，實際上我也沒學過。但是我愛人學過，家裡有一本農村赤腳醫生手冊，他當時自己買的，他就教我，我就看那個書。針灸原先我沒學過，我愛人也會，衛生室裡另外那個赤腳醫生有時候教我，回家我愛人也會指點，自己學著在自己身上試，一些常用的穴位很快就掌握了。

村民們最多的病是腰疼，在這個地方扎兩根以後，讓他活動活動，扎腰痛穴，就好很多。發燒、感冒，針灸不管用，必須打針，他們也會教我，在屁股上面劃個三分之一，扎上面三分之一，而且扎在外面，不要打到裡面，不要打到坐骨神經，就沒有問題了，還有要把針裡的空氣排光了等等。我這個人你可能也看出來了，膽子比較大，我敢動手，他們說有衝勁，學得很快，就是這麼樣。有些歲數大的老年人，知道我剛學打針，他說你給我打，我不怕，人老骨頭硬，你在我身上試。當時眞的就是這樣子，針灸也好，打針也好，都有人鼓勵。有時候打靜脈，女的不好打，男的好打，有些男的老頭子就說，蘭玉，你來，你先給我打，我來給你試，我不怕。一針不行，再扎第二針，第三針⋯⋯我現在想想眞的也很感動，農民都很善良。

安娜：您接生接過嗎？

劉蘭玉：接生？沒接生過。

安娜：那您幾乎沒有進過什麼正式的培訓班？

劉蘭玉：有過二個禮拜吧，公社醫院裡面辦的，就講醫療衛生知識，反正就是基本的東西，也包括一些針灸，什麼東西。實習的時候，當時有一個女的坐骨神經痛，針灸針環跳，扎什麼穴位我都忘記了，還有尾中、承山穴。躺在那裡我就下針了，這麼長的針，環跳都要弄這個大長針。針過以後，再拿酒精烤烤針，增加感覺。

村裡的人一般都是頭疼腦熱的病，感冒發燒的，都是給些藥，反正藥給病人之前，我都先看看說明書，瓶子上面都有說明書，就按照說明書來。另一個赤腳醫生比我小，但是他知道的比我多，他受過比較系統的培訓。像有些急救藥，他會給我講，一般不要亂用，如腎上腺素，那些都是急救的，他也給我講一些其他的。遇到問題我就去問他，反正基本上就是頭疼腦熱的，還有一些是胃疼的比較多，用硫酸鋁治就可以了，就照著說明書那麼來。反正那些農民，他也很容易相信你，我們自己心裡面有時候也很忐忑，但是他們看不出來，總覺得你是有文化的。

安娜：從一開始他們就比較相信您？

劉蘭玉：是，所以他們就說拿我身上試，在我身上學，真的就是這樣子。後來有一個村民也是坐骨神經痛，疼得不能走路。我看到書上寫的可以打封閉，哪個地方疼扎哪個地方，後來我說給你打個封閉吧，針灸了多次也不管用。在她疼的地方，弄針普魯卡因，針頭比較長一點，戳進去了，推了一半，她就說不疼了。後來還真好了，普羅卡因本來就是麻醉的，可能正好讓我碰巧了。所以，後來她到處說我有辦法，治疼痛有辦法，打了一針就好了，後來好幾個人找我給他們打封閉。但是我自己知道這是瞎貓碰到死耗子，碰上了，我自己都不知道為什麼，農民們很容易相信他們體驗到的事情。

安娜：那些藥是你們買的，還是政府給的？

劉蘭玉：到公社領的。那時候，我們那邊農民看病都不要錢，什麼錢都不要。我們說什麼藥需要，到時候就報計畫，批了就到公社去領。我扎針灸用的那盒針是我愛人的，是他學針灸的時候買的，裡面長的短的都有。

那時候打針用的針，靜脈注射針，不像現在都是用一次性的。那時連注射管子，都是反覆用，用過以後都要刷洗，洗完以後要煮半個小時，在鍋裡面煮，有一個專門的藥盒子，就像飯盒子一樣，都放在裡面煮。煮完以後針都放在裡面，紗布也放在裡面，用的時候拿鑷子鑷出來，放在小盒子裡面，拿這個給病人打針，每天都要消毒，很麻煩的。

安娜：您一天只消一次毒？如果剛打完一個人，下一個人中間會不會再消毒？

劉蘭玉：我一消毒一盒子，裡面有好多備用的，有七、八個針和管子。

安娜：有的赤腳醫生說，他們有一針打全村的經歷。

劉蘭玉：我們不是，那絕對不可以。我是每個人換一個針頭，針頭打過以後我就放在一邊，下次洗過以後再消毒，一天一次消毒，一批一批的。

安娜：您的條件比較好。

劉蘭玉：我們不是最好的，但還可以。起碼針頭很多，針頭有十幾個，針管也有七、八個，輸液的橡皮管子不是太多，但是也有三、四個。每次把皮管子消毒以後，專門弄個紗布，四層的，把它包起來，然後裹起來，纏起來，打吊針的時候再拿出來。基本上一人一個袋子，你打的時候我把這個袋子拿來，打完以後就往那兒一放，再來一個人就用另外一個袋子，我們還是比較講究的，真的。

安娜：您教過農民衛生嗎？比如刷牙？

劉蘭玉：那時候農村裡都不刷牙，開始時，我們知青在那

邊刷牙，那些農民都當景兒看，他們根本不刷牙。只教過他們消毒，告訴他們在廁所裡面怎麼消毒，這個事幹過的。

我們大隊只有兩個赤腳醫生，也幹不過來，但每個生產隊都有衛生員，可以帶著生產隊衛生員一塊去。每家消毒要靠我們兩個人的話根本不可能完成，都是他們衛生員幫著做，但是怎麼弄也是我們教給他們的。給他們講怎麼做，而且他們工作的事情我們指導他，這些事情都是他們做，四個生產隊，每個隊一個，四個人，我們帶著他們一起幹。

安娜：灑消毒水？

劉蘭玉：一開始不是，一開始都用小紅眼，一種草藥，有毒的。到山上割來，淌的像奶一樣的，白白的，割來後用鍘刀鍘碎了，拿個筐背著，每家的糞坑裡面灑一點，灑完以後蒼蠅就死了。一開始都是那樣子消毒的，到後來也用消毒水，也噴過敵敵畏，但是大部分都是用那個草藥。因為我們是山區，那個東西比較多，到山上用刀割，割來就行了。而且割來以後可以放在那裡曬，曬乾之後鍘碎，水一泡，到各家一去，毒性還有，效果挺好的。

安娜：非常感謝您的故事，我們這次的談話可能會用在我的研究報告中，也可能會用在將來的出書中，您同意我用嗎？

劉玉蘭：同意，同意。你一個小姑娘這麼老遠的跑到我們這裡，真的不容易，現在的年輕人像你這樣勤奮做學問的人太少了，你以後有什麼問題，阿姨還會幫助你，別客氣。

（結束）

＊訪談時間：2014 年 6 月 3、4、5 日

＊訪談地點：連雲港市中心賓館、黑林鎮衛生院、石溝村

5 陳文玉訪談

　　我們的訪談約在了一家上海餐廳裡，她和藹熱情，像鄰家老奶奶那樣絮絮叨叨地給我倒水，勸我多吃，給我講這些年北京的變化，給我介紹這家坐落在東城區東四十條的滬香滿樓餐廳的菜系。最驚訝的是，我們在聊天中居然發現我們有一個共同認識的朋友，這位朋友幾個星期前剛請我吃過飯，而她卻已經幾十年沒有見過這位朋友了。這個世界很奇妙，人生則更奇妙。這位曾在吉林省嫩江地區扶餘縣插隊的赤腳醫生，並沒有像大多數下鄉知青，把艱苦歲月的滄桑留在了臉上，而是保養得很好，紅潤而健康……

安娜：您做赤腳醫生是偶然的？

陳文玉：不是。我們那時候在北京已經有條件參加培訓了，因爲我們是主動要去下鄉，而且我們確實覺得下鄉要做一番事業，不能說是到那兒真是修地球去了，所以我就去報名了參加衛生培訓，下鄉前。

安娜：您從頭說一下，文革時您是哪個學校的？

陳文玉：以前叫河北北京中學，前身爲順天高等學堂，一百多年歷史了。

安娜：在石家莊嗎？

陳文玉：在北京。

安娜：現在沒有了嗎？

陳文玉：現在叫地安門中學，原址好像現在改成教師幹部進修學院了。

安娜：您是初中還是高中畢業去插隊的？

陳文玉：我是初中畢業，六八屆的，我們去插隊的是六八屆的高中和六八屆的初中兩撥人。我當時是在插隊前，去北京鼓樓中醫院參加的培訓，當時鼓樓醫院正好有一個赤腳醫生短期培訓，學習針灸啊，按摩啊，我們插隊那撥兒一共有六、七個人，都參加過這個培訓。

安娜：是您自己報名嗎？

陳文玉：自己報名。經過培訓以後，因爲要做這方面的準備，所以自己也買了這些聽診器、針灸的針啊，還有裝針灸針的盒，都是自己縫的針灸的盒，然後就下鄉了。

到那兒去的時候，其實挺有想法的。但是到那了以後，開始我們什麼農活都不會，跟老鄉在一起幹農活。但是你幹農活以後，還要承擔赤腳醫生的事兒，就是給當地農民打針、看病。當時當地有個鄉村土醫生，他行醫不是非常規範的，所以他打針的針頭從來也沒看他消毒過，就是擦一擦。我們覺得這樣不

是特別好，我們用的針都是要消毒的，當時我們集體大家輪流做飯，男生、女生輪流做，誰輪到做飯的時候誰就負責消毒針頭針管，消毒完之後，輪到誰，誰就給老鄉去看病，去打針。

大家不管是多苦多累，到了那兒之後就覺得，給老鄉看病是我們的責任，一定要這麼去做。我剛才說過，我們那裡的那個鄉村醫生，他打抗生素從來也不做皮試，有的人就這麼莫名其妙的去世了，當時我們也搞不清楚。有一次是我們親眼看到，他打抗生素不做皮試，就說你打抗生素得做皮試，他說青黴素不做皮試也沒關係，我們說那不可能，你要不做，萬一要是出了危險怎麼辦？所以我們執意要他做，他就生氣走了。他走了以後我們就給病人做皮試，一做完果然真還是問題。通過這個事，我們覺得不能讓他繼續這樣，我們要抵制。

我在農村裡插隊了五年，而且是在農村裡面幹活整整幹了五年，後來在農村裡當婦女隊長，後來做公社婦女主任，再後來我幹到縣婦聯常委，一直就讓我在農村，扎根農村幹革命。因為我比較認真，生產隊長常把一些得罪人的事讓我做，比如說農村分個蘿蔔、土豆什麼的，有些長蟲子的，有的人就挑挑揀揀，說這個我不要，那個我不要，就不好分，像這種活就讓我做，讓我給人家分，無形中就得罪人了。

最嚴重的就是看瓜把人給看得罪了，而且把那些當地的村長、大隊書記得罪了。我看瓜時，幹部也不能隨便去吃瓜，人家根本就不能理解，說你怎麼這樣？我們是幹部哎，你真是歪瓜劣棗，誰見誰咬，你是怎麼回事？所以後來冬閒的時候，特別冷，我們好多人都回家了，當時就剩下我和一個女生了。我們在屋子裡正睡覺，半夜裡有人喊讓我到大隊聽電話會議，那時候對外聯繫只有電話。我就趕緊穿上衣服戴上帽子出去，剛一出門的時候閃過一個黑影，沖著我就來了，我一躲閃，那個棒子就打到我腦袋上了。我其實也挺害怕的，就趕緊喊抓壞

人，我就沒回屋，直接往生產隊裡跑了。那個人可能也害怕，所以他也跑了，他這一下子，他的鐵鍬棒打我腦袋上了，把棒打折了，結果那個鍬頭掉在地上，東北的地，凍地，可砸了這麼深的坑。然後縣裡公安局就來人了，到凍地上拿蠟畫取證據，然後就挨家挨戶比那個鍬頭。結果我們生產隊那個車把式的鍬頭被對上了，是他弟弟打的，他弟弟是大隊的獸醫，他打的我，他打完我也害怕，就跑了，他把鍬棒扔在那兒了。

安娜：後來抓起來了？

陳文玉：抓起來了。當時村裡的人就說，知青嘛，打一下就打一下吧，還護著他。後來是因為我表姐給縣裡寫信，就說不處理就要鬧出人命了，這樣縣裡才抓了。我當時真是準備扎根農村的，我們又是先進知青，常常被樹典型，要扎根農村幹革命什麼的。後來讓我參加縣裡推薦上大學考試，我這邊要大喇叭廣播扎根農村，那邊又要參加大學考試，我就特別抵觸，說的和做的不一致，那不是我的性格。要不是一個到縣裡的吉林大學教授勸我，我後來也不可能上大學去。他也不知道怎麼著就認識我父親，因為我父親也是延安的老幹部，他是解放戰爭的時候在東北待過，是團中央的幹部。這個教授就勸我讀書，就幫我複習考試，我雖然也沒心思，心想反正考什麼樣就什麼樣吧，就考試了。考完後成績也不太理想，心想還是回去當我的農民吧。但是當時正好發生張鐵生交白卷的事，考試成績已經不重要了，領導說你就上學去吧，你願意上哪兒？因為我父親是癌症去世的，我說我還是願意搞醫，後來就給我分到吉林醫科大學，現在的白求恩醫科大學。

安娜：剛才您說您和沈曉平是一個學校的？

陳文玉：對，沈曉平是我們同學。他好像在美國波士頓，我美國那兒還有同學，李新華和董大海，應該都在美國。

我們是七三級工農兵學員，一部分是插隊農村的，一部分

是工廠的，還有一個是部隊的。我們上大學後，先進行文化補習，學校那時候正是文革期間，政治活動也特別多。上課以後都要到醫院裡面從護工做起，又到農村當赤腳醫生，又到長白山去採藥，又去製藥，我們什麼都學。雖然我們是醫療系，但是針灸、按摩也要學。還要去農村給孕婦接生，給孩子扎頭皮針，進行危重病人的搶救。那時候我記得我們還有耳針治療，用耳針給病人進行治療。

那時候，反正病人比較相信我們，我們幹事也比較認真，病人找到你就特別認認真真的給他看病。比如有一次，我們在海龍縣當赤腳醫生的時候，有一個病人高燒不退，我就整夜看著，用酒精給他降體溫，不斷地給他擦身上，病人特別感激。當時我們沒有任何想法，就是覺得這個病人有病，我們得給他治好。像還有一個老人他尿不下尿來了，急的跟什麼似的，我們給他扎針，針灸以後，攙著他在院裡面溜達，不停地遛，最後就尿出來了。還有產婦難產，如果是順產當地都有接生婆，就接了，沒事了。但是她難產的時候就要找你，我們同學都是三個人一組，我們那組正好兩個男生，我一個女生，那時候人家就找你，你怎麼辦啊？你也得去接生啊。孩子下不來，就給打催產素，我現在都覺得那時候怎麼膽子那麼大，還真的就給接下來了，嬰兒和產婦還真是安全。還有小孩也是，他發燒以後給他輸液扎頭皮針，都是土炕，吊瓶只能吊在窗簾上，給孩子扎頭皮針要很仔細。那時候工作起來，真沒有時間概念，隨叫隨到。

安娜：畢業以後沒再回村嗎？

陳文玉：我在學校的時候回過，畢業以後我就直接回北京了。我們上學那時候又趕上了唐山地震，地震以後我們又去前郭縣，在那兒實習。我們上一段課，就實習。像我們到長白山去採藥也是，大家就是認藥品，每個藥品什麼樣。我採藥那些

標本，因爲老搬家，都不知道在哪兒了，如果我找到標本的話我給你照下來，通過郵件給你發過去。

安娜：您插隊了五年，赤腳醫生做了幾年？

陳文玉：我們一下鄉就做赤腳醫生。這是我的赤腳醫生證，是我上大學以後才有的，在海龍縣實習時給我們發的赤腳醫生證。那天開會座談的時候，不是有延安地區的知青嗎，他們是下鄉以後進行培訓，我們是在北京進行培訓以後，再下的鄉。

安娜：當時在村裡是掙工分嗎？

陳文玉：掙工分。

安娜：10分？

陳文玉：男勞力是10分，我們是8分、6分，我們那時候少。

安娜：大部分時間還是在做農業活？

陳文玉：對，赤腳醫生是副業，有病了，老鄉來找你。而且我們還養雞、種自留地、醃菜、下醬，都是我們自己做。

安娜：這些知青都要做？

陳文玉：知青完全都是自己自立。我們那時候沒有錢，拿著雞蛋到生產隊合作社換鹽什麼的。

安娜：那藥是你們隊裡買還是公社撥的？

陳文玉：大部分藥都是我們自己從家裡帶過來的，然後送給病人。如果病人還缺少什麼藥，回不去的時候就叫家裡把藥給寄過來，給病人吃。

安娜：隊裡沒有錢嗎？

陳文玉：有一點錢，但都被隊幹部把持著，也不夠用。人家生產隊把你作爲赤腳醫生，但我們是要幹活的，天不亮就要下地。實際上就是現在所謂的志願者。

安娜：當地人還是喜歡找你們？

陳文玉：當地人就找我們。他們認爲我們比較地道，認爲

我們做事認真，又是從北京來的，十里八村的他們都來，我們有時候在地裡還幹活呢，他們就來了，說聽說你們是從北京來的醫生。

安娜：非常相信？

陳文玉：北京來的嘛。說聽說你們治好了什麼什麼病，都找我們。當時缺醫少藥，我們手裡的藥也特別少，什麼最管用呢，針灸，中國傳統的針灸最管用，一針下去就見效，所以他們都說聽說你們扎關節炎特別好，農村關節炎特別多。

有時候我們正在地裡幹活呢，他們就來了，說你們是不是北京來的醫生啊？我說我們不是醫生，我們是知青，我們是赤腳醫生。他們就說我們這兒聽說你治好了誰誰誰的病，他們就傳，互相傳，慕名而來的。我們八個人，一共八個赤腳醫生，七手八腳的就上去了，你扎我扎的，就經常是這樣的。很多的腰腿疼，針灸是最好使的。

針灸、拔罐相當好使，咱們幹事比較認真，所以也能得到人家的信任。而且人家全身心的信任你。比如有人產後大出血了，我們正在地裡幹活呢，一聽說了，馬上我們都去了。當時也沒有醫療條件，也沒有血庫，也沒有化驗設備，只能用病人本身的血漿啊，拿她的血跟你的比對，你想那哪有准啊？結果還真對上了，然後就我和王木章倆人一人各抽了 300 毫升。

安娜：治病還要獻血？

陳文玉：對，獻血。那時候覺得是應該的，那個病人到危機的時候，你到哪兒找血去？必須趕緊的獻血。你獻完血以後，沒有說得吃點兒、補點兒，沒有。後來常獻血，營養跟不上，低血壓，到現在血壓也沒上來。那時候，就沒想過什麼東西是我的，給人家獻血是無私的奉獻，是應該的，這就是那時候的想法。後來那產婦人真是得救了，她特別感激我們。後來她生了重病，不治之症，不行了，他老公就問她還有什麼願望，

她說就想再見我們一面，很樸實，而且我們也特別感動⋯⋯

安娜：後來您回北京也從事醫療工作？

陳文玉：我是因爲文革以後四人幫倒臺了，家裡平反，就回來了。我父親也算老幹部，文革中受迫害，也是到農村去了。那時候那樣受迫害，也很執著的得抓緊一切學習機會，特別珍惜這段時間學習，我們是醫療系，什麼都學，什麼都幹，而且當時就準備著畢業以後回農村，眞沒想著還能回北京。文革以後，有這麼一個知青政策，我就回北京了。

安娜：你們工農兵大學生學制是三年？

陳文玉：三年零八個月。我們是 1976 年的年底畢業的，四人幫倒臺了，回北京以後我分到北京市第六醫院。

安娜：在什麼地方？

陳文玉：就在交道口，北京市第六醫院，我在那兒一直幹到退休。

安娜：當時是做什麼科？

陳文玉：我做眼科。我在農村幹了五年，什麼病都沒有，我身體特別好，但是我進學校門的第一天就生病了。我記得特別清楚，進學校門的時候我就發燒，就得急性喉炎，說不出話來。當時大家都是工農兵學員，後來還到校醫務室去看，跟人家也沒法溝通，說不出話來，特別著急，就想怎麼這麼好的機會，來了以後怎麼會這樣。但是那樣生病我也不能耽誤上課，在這個過程中我又得肺結核了。

那時候就是想抓緊一切時間學習，而且還要實習好。我們學校算是比較嚴格的，都要參加病例討論，做病例分析。我們每個病人都要認眞準備的，而且每個病人都檢查。那時也不知道自己已經得了肺結核，後來就低燒，咳血，發燒 39 度多，居然我還在手術臺上給人家做闌尾手術。當時有個口號：一不怕苦，二不怕死，所以我也沒休學。

安娜：您是發燒做闌尾手術的？

陳文玉：對，我發燒 39 度多。

安娜：這在美國是不允許的。

陳文玉：那時候主要是不知道自己得了什麼病，只是覺得這種機會不能錯過，覺得應該抓住一切時機學習。回北京分到六院，當時眼科缺人，就給我分到眼科了。我們上大學這一段生活確實挺豐富的，特別是實習，在每個地方，見著病人進行搶救，都是口對口的呼吸，做人工呼吸的。我們到前郭爾羅斯縣醫院，正趕上唐山地震，唐山地震那些傷患都分到全國各地醫院，我們立即被分到各個臨床醫院去幫助他們，從生活護理到治療都得做，很累。

那時候毛主席有一段語錄，叫：「下定決心，不怕犧牲，排除萬難，去爭取勝利。」我們在農村的時候，第一年水土不服，蚊子叮了腿以後全都起包，起包以後就化膿，化膿完了之後就爛。我們去參加勞動，去修大堤，別的生產隊派的都是男勞力，我們生產隊派的是女勞力，派知青去。我們早晨早早的就起來，你想想腿都爛的跟什麼似的，拿草紙把腿給包上，穿著秋褲，我們就得早走。到松花江邊上還要過一個草甸子，趟水，到那兒也要幹活。下工以後，我們是最後走的，因為大家都咬著牙去幹事。後來沒有水喝，地下挖一個坑，滲出點水，就喝那個水。

安娜：真了不起，能有這樣的經歷。

陳文玉：我覺得人可能各有各的經歷吧。

安娜：謝謝您和我分享您的經歷！請您簽一下這個文件，是《知情同意書》。以後我可能會用您的錄音材料做研究或出版書籍。

陳文玉：沒有問題，希望我的經歷能對你有幫助。

（結束）

＊訪談時間：2014 年 5 月 24 日、2014 年 6 月 16 日上午
＊訪談地點：北京市西城區月壇賓館、北京市東城區東
　　　　　四十條滬香滿樓餐廳

6 譚國慶訪談

　　從北京到山東淄博，再到濰坊，再從濰坊坐長途汽車到平度縣明村，面對到處人山人海的火車、汽車交通，對我來說如同愛麗絲歷險記中的情節。我與他相約上午在明村鎮汽車站見，為了我本次的訪談，他還特別邀請了幾位知青從青島專門趕到平度接待我。但當日從濰坊發車到明村鎮的長途車全滿了，我的前面還有四百位乘客在排隊等，我幾乎絕望了……在用非正常方式登上前往明村鎮的長途汽車後，我開始想像他的模樣。但當我在下車後看到他時，完全顛覆了我事先的想像：聲如洪鐘，面色紅潤，體健壯碩，根本無法與一位年近古稀的老人聯繫起來……

譚國慶：我是在青島高中畢業後來到平度下鄉的，文革初期我姨媽被遣返到山東無棣縣，她沒有孩子，就和我母親商量，讓我到她那兒去。有什麼好處呢，一個是我可以照顧照顧她，另外她是骨科大夫，是青島的骨科「四條龍」之一，老孫、老汴、老玉，她姓石，都是青島著名的骨科大夫。她讓我去當赤腳醫生，除了跟她學正骨外，我有一個妹夫是青島市一家醫院的西醫大夫，我也跟他學習簡單的西醫診斷知識和用藥知識。同時我還跟著我姨的一個老同事，就是四方區醫院一個老中醫大夫，學了三個月的針灸。

安娜：三個月？

譚國慶：對，學了三個月，當時為了快學，在我身上試的針，自己扎自己。

去了之後，當地的村幹部也得考察考察你是不是行，光說你會，其實我心裡也打鼓，學的時間太短了。那時候上進心特別強，而且腦子也好使。事兒又巧，民兵連長的一個孩子住在果園裡，當時的一個村醫在給他治病，扇扇子，幫他退燒。我到那兒一看不行，這個孩子是腦膜炎，根據他的體徵、體表、腳心一劃，我斷定是腦膜炎，趕快送醫院。連長也奇怪，他相信，不敢耽誤，不相信，更不敢耽誤了，萬一是怎麼辦。結果趕快地帶著，套上馬車，我們一塊到了縣醫院，一診斷是腦膜炎，第二天小孩就死了。

安娜：第二天死了？

譚國慶：對，治晚了，那時候農村醫療條件不行。孩子在家裡耗著，村醫也不懂，他認為是中暑了，只會給他搧扇子。這個事奠定了我的基礎，連長和村民對我很信服。於是我就在村裡幹赤腳醫生了，給村民接骨、正骨。開始打針我還不會，肌肉注射不會，不會也得學，那個地方醫療條件很差，老百姓生孩子，就在炕上放上細土，把嬰兒放在上面，當尿布，拉了

尿，把土挖出來，再把乾土放在上面。

冬天的時候，用個布袋，院裡放個鍋，鍋上放個破桶，把細砂放在上面炒，炒到有溫度了，把它裝到袋子裡，暖和了，把小嬰兒放進去，給他兜著屁股，大小便都拉在裡面了，換的時候把孩子拿出來，把土倒出來，眞是土孩子。

有一次，把我赤腳醫生根基扎的深了，眞是巧了，有一個大夫，公社醫院的一個老中醫病了，住了七天院，胃痛，沒治好，住院了。他們把我叫去了，我是第一次出山，叫出診，也是我的第一次出山，我給他針灸，根據老師教給我的，從這邊扎到那邊，主要穴位，配合我練的氣功，結果給他治好了，一次就輕了。然後名聲大震，都說青島來了一個大夫，會扎針，扎針不花錢，不但本村的扎針不花錢，外村的扎針也不花錢。在這個當中我還治了一個青年，尿炕的，治遺尿。

安娜：晚上老尿床？

譚國慶：對，我給他治好了，後來他還當了兵。

安娜：怎麼治的？

譚國慶：就是用針灸。那會兒也下工夫，也年輕，我看的書也多，願意幹。

安娜：什麼病都看？

譚國慶：什麼都看，從小病到手術，包括人腿，馬腿斷了我都得接。那時候馬是壯勞動力，每個村裡下地最大的牲口就是馬和騾子，是個大勞動力，如果它的腿折了，不給它治好，全村人就要哭了。

安娜：赤腳醫生不但要治人，還要治牲口？

譚國慶：是，給人打針、給馬打針、給豬打針，都是我自己幹，注射。

安娜：這在西方無法理解，看動物就看動物，看人就看人。

譚國慶：那個時候農村很落後，不可能一個村配上一個獸

醫，你只要能看病就人畜一起看，就行了。那時候貧窮，我們下鄉的時候吃什麼？地瓜乾、地瓜麵。

安娜：沒有赤腳醫生以前那個馬怎麼辦？

譚國慶：他們就沒辦法，就哭。那邊往西一點，白安區，靠德州、濱州，比較窮、比較苦，鹽鹼地。就一季糧食，就是海灘當年淤積成了鹽鹼地，長莊稼很困難，原來是大海。

我除了針灸不錯，還有正骨也挺好，有人打球的時候胳膊不能動了，有時候大人背著孩子，胳膊環掉下來了，就是脫臼，找我接上就回去了。這叫復位，都是跟我姨媽學的。

我真正的培訓，就是在四方區醫院培訓的三個月，就是這個教教那個教教，針灸、搭脈、把脈、中醫把脈。趕緊突擊，突擊了三個月就到農村當赤腳醫生了

那個時候，赤腳醫生大多數都沒有比較系統的學過，醫療條件也馬虎，他們也不講究，打預防針，常常一根針打半個村，不換。

安娜：不消毒？

譚國慶：不洗、不換。當時醫療條件非常非常短缺，但是人也健康，那會人身體也健康，也沒有愛滋病，也沒有肝病，就是一個針頭拔下來，再打。最多用棉球擦一擦，用酒精消下毒，但是裡面洗不乾淨。我們有時候條件差，在月亮下面輸液，沒有燈，我就幹過。

安娜：在月光下面？

譚國慶：靜脈注射，扎針都幹過，不可想像哈。我為什麼後來幹的比較出色？辦了幾件事兒，其中一個事就是口對口救了一個老人。我當時在那個群體當中，我的文化程度算高的，當時的老高中畢業生比現在的大專生都強。

但是也辦了一個比較遺憾的事，這個事在我後來的朋友當中知道的很少，他們都不知道，我也從來沒講過。為什麼呢，

這是一個終身遺憾的事，這個病號是我經手的。我當時去了以後，這個病號家裡有三個孩子，都不大，我診斷是敗血症，敗血症得需要到醫院抽血化驗確診，那個症狀像敗血症。為了謹慎起見，我找了公社衛生院的大夫，我把症狀跟他說了一下。他說是瘧疾。我說老師你再去看看吧，他說你看了我就不用看了，然後他給開了處方。我說老師您再謹慎點吧，我怎麼看著不是瘧疾呢。他說，不用，我負責，就把藥給病人開了。結果死了，拉下三個孩子，誤診。這藥像龍葵、奎寧，不是瘧疾不能吃，吃多了容易死。

當時那個診斷條件太差了，太落後了。那時候生活也比較困難，家裡條件確實比較差，農村來了一個大夫，都包餃子吃，白菜餃子或者韭菜餃子，沒有油就放幾粒花生米當油。他們都叫我國慶哥，80歲的老爺爺也叫我國慶哥，小孩叫國慶哥，爺爺叫我國慶哥，孫子也叫我國慶哥。村裡有些病號沒時間沒錢，為了化驗，需要化驗血的話，都是我給他抽了血，裝在褲兜裡走八華里到縣醫院，帶到醫院給他化驗，都是這樣做的。因為那個時候生產隊只有兩輛馬車幹活，你借不到，自行車也很少，只能靠兩腿走。我跟一些老鄉的關係很硬，也加上我醫術也比較高超，我在我們村還是幹的不錯的。

在自學方面，我把一些基本的基礎課，中醫的、西醫的、基本課的一些書我都看了，我的舅舅在新疆是大學的教授，給我寄了十幾本書。因為那時候年輕、好學，自己又願意幹，再一個一出點成績覺得很高興很高興，特別他們把我叫成國慶哥，我覺得很自豪，很親切。

我幹赤腳醫生從1969年秋天開始幹，一直幹到1973年的春天。1972年的秋天，那時候青島醫學院搬到白寨那邊去，縣裡給我留了一個名額，讓我去進修，讓我去上大學。為什麼呢？縣安置辦公室一個主任，他弟弟結婚，借了一匹馬，把馬

腿卡斷了，當時一匹馬值上千塊錢，上千塊錢可了不得了，一個月的工資才二十、三十的。我和我姨把馬腿接好了，他非常感謝我，是有這個關係。第二層關係，有個縣委書記回家養病，我天天給他量血壓、打針，處得都不錯，他們說挺好，幹的不錯，就推薦我去上大學，我沒去。為什麼沒去呢，因為我出身不好，當時我不敢去，當時工農兵大學生出身得好，我怕上學的時候有事。那時候後顧之憂太多了，那時候的社會背景就那樣，可能你不理解，天災人禍都趕在一起了，所以老百姓非常貧困。

所以農村治病不能完全依靠科學治病，老百姓都一點迷信，特別是病了的時候。其實中醫也講周易，不是迷信，但有點迷信色彩。有一次我在田裡勞動，赤腳醫生還得勞動。有一個人說，國慶哥，王杰的媳婦病了，讓黃鼠狼附身上了。就是神經錯亂了，他們叫黃鼠狼附在身上了，說你趕快去看看吧。我隨身帶著藥箱，裡面都有針，針灸的針。我剛到她大門口，她就說國慶哥來了，我走了啊，國慶哥來了，我走了啊。就這麼吆喝。那會也年輕，很快鞋都沒脫，接著就給她針灸，邊針灸邊隨她叫，我說你往哪兒跑？你往哪跑？再敢不敢了？奇跡發生了，她立刻好了。凡是能下的穴位我全給下上了，當時下了六個穴位，好了，再沒犯過。

另外一個也是，隊長的老婆赤身裸體在街上跑，他過來叫我，說國慶哥你趕快看看，病了。我往外走的工夫她就往家裡跑，關上門以後，敲門她不開門，說國慶哥，你走吧，你走吧，國慶哥，你走吧，你走吧。後來我在她大腿這邊給扎了一針，邊扎邊假裝幫她撞鬼，然後又下了藥，也好了。你說在農村，有時候完全依靠科學是很難給這類人治病的，因為她們得的是心病。

我看過一篇雜誌文章，說為什麼人會迷信，是因為有些

自然現象我們還沒有破解，現在科學家還沒有研究到能解釋一切的程度。黃鼬，還有狐狸，它身上都有電波，有磁場。它的磁場，它的微波，和人身上的磁場有沒有感應？沒有人能說清楚。

　　既然農民的腦袋有點迷信色彩，我就利用他們迷信的特點，用一種迷信的實際上是一種科學的方法幫助治療他們的病，該怎麼治就怎麼治，但是說話當中隨著她們說，就好像和它交流，和它接茬似的。你的目的是治好病嘛。

　　就這樣，慢慢的我就幹起來了，我在村裡面的威信，還是不錯的。不忙的時候，我就到縣醫院去幫著值班，值班看藥，雖然沒有處方權，但是可以抄處方。所以我們這些赤腳醫生，就是當初的下鄉青年，在農村起到了很好的作用。特別是在邊遠地區，你這次不到東北去？有機會你一定要到東北去，他們這些知識青年回城以後，東北的小學老師都沒有了，大夫沒有了，赤腳醫生沒有了，拖拉機手都沒有了，就是大批的技術骨幹都沒有了。赤腳醫生這個特殊的群體，在當時那個時期是起到了相當重要的作用。知識青年有文化，而當地的人文化都低，我到過一個縣的副縣長他跟我談，說年輕的時候我小，但是我印象很深，上海的知識青年穿裙子，牙膏、化妝品、花布，都是知識青年給我們帶來的新鮮事。以前中國農村許多地方的人不知道刷牙，是知青去了以後他們才懂得什麼叫刷牙。

　　安娜：您覺得農民對您的醫術信任嗎？

　　譚國慶：信任。就是覺得農民對你這麼信任，信任到這種程度了，自己覺得要確確實實得好好的對他們，越這個樣，幹的越仔細。因為那時候條件太差，你稍微一努力就會給他們創造比較好的醫療條件，你就會很容易做好這個工作，很容易做成這個工作。他們的病痛也少。舉個例子，他閃腰了，不能動，我就說你能不能坐？不敢坐，就站著。我一試脈象很旺，我心

裡有數了。我說你怎麼閃腰？他說我去幹什麼什麼了。我說你哪邊腰痛？他說這邊腰痛。我說你把右腿，先一開始把右腿蜷起來，扶著牆站著，我就把他的腿撸一下，委中穴，找出那個血管，扎一針，他的血出來以後，流到了腳後跟，因爲委中是血管，把血給他止了，好了。腰背委中求，這是中醫的一個術語。

　　還有一個病號來了，牙痛，我說你怎麼了，他說我去趕集了。我說脫下鞋，他問牙痛脫什麼鞋啊？我說你脫鞋，把右腳給我。農民的腳你想想啊，我也不在乎，開通穴打上一針，我運著氣給他上下動，咬牙，咬牙，一邊說著讓他咬牙。怎麼樣？輕了。我給他活血，當難有難法，當解有解法，從這一邊調到這邊，把它平衡了。還有胃痛，或者肚子痛，或者有其他的痛，我用不同的解法，我直接用阿是穴。那時給病人治病，很仔細，很認眞，幹的很有味道，很好，很有成就感。

安娜：到現在做什麼事還是那麼認眞？

譚國慶：是，養成習慣了。

安娜：您今年多大了？

譚國慶：70 歲了，69 周歲。

安娜：一點都不像。看著也就五十多歲的樣子。

譚國慶：我這個精神頭還行。現在喜歡收集知青的資料，有關中國研究知青的書我基本上都有了。目前學術研究，很難把知青歷史說透，也不能下什麼定論，只能是探討這個事，有不同的觀點。說個題外話，有的知青說我下鄉吃虧了，我就說下鄉也鍛煉了我們；有的說當年毛主席讓我下鄉我就下鄉，我們受到一些損失，我們現在需要補償；但也有許多人認爲，下鄉爲我們帶來了豐富的人生經歷，我們現在應該快樂地享受這個經歷，做個老年快樂派。像我們這些人都是快樂派，大家經常一塊來玩玩，交流，交流，說說知心話。

這不，你來了，而且是從美國那麼老遠來，我們就高高興興地聚到一起，把我們過去的歷史講給你聽。但是我講不是在訴苦，我在敘述，苦不苦？很苦很苦。苦到什麼程度呢？我當年在村裡住的時候，你想喝杯水也不給你，我沒有水。當年我們村是退海之地，連井水都是鹹的，就住在那個地方。做飯都沒有水洗菜，蚜蟲很多，跳蚤，都一起放鍋裡做飯吃，很艱苦。但是當年年輕啊，不也過來了嘛。

因為周圍老百姓也是這樣，大家都這樣，也不覺得苦。而且當年人心比較好，人心比較坦白，忠厚老實。從我收集的資料看，比我苦的知青多了。

安娜：收集資料是做史學最基礎的工作。

譚國慶：對，最基礎的，要不然有些東西你不懂，我這裡不但有知青歷史的書，還有當年政府有關知青工作文件彙編，國務院的、知青辦的。

安娜：這個很少。

譚國慶：這個民間沒有，這個不能放在民間裡，裡面的文件有些現在也不能解密。這些還沒編號，書都有編號，這本書沒有編號，不知道怎麼出來的。像 1964 年中共中央國務院致知識青年的一封信，鉛印的沒有，對外不發表。什麼樣的人能看到？一些專家學者，這樣的人通過有關部門可以看看，你們做研究的，可以通過外事部門到中央檔案館查一查可以。全國知青的資料我這兒是比較全的，是個大總匯，他們找資料都到我這兒找，我的網名叫老譚子。

安娜：您小的時候想做什麼？

譚國慶：我小時候想當老師，想當個作家，我現在也是個作家，青島作家協會的。當年我英語很好，是學生會主席，在班裡是英語課代表。我學到什麼程度，蘇聯有一個女的英語專家，編了一本簡易的英語字典，四千字，我都能背下來，這本

字典我能背下來。英語老師批作業，給同學批作業，都是我批，我幫老師批作業，到這個程度。唱英語歌曲，演英語話劇，說英語相聲，英語很不錯了。就因為我家庭條件不好，考不了大學。

安娜：家庭背景沒影響你當赤腳醫生嗎？

譚國慶：那個沒影響，因為下鄉知識青年可以當赤腳醫生，赤腳醫生可以從知識青年當中選。因為知識青年當年有很多選擇，可以當民兵，可以安排村辦工廠，當技術員、當老師、當會計、當記工員、飼養員，都可以，赤腳醫生當年並不是最好的活兒。

安娜：你當赤腳醫生看病有工資嗎？

譚國慶：沒有工資，什麼報酬都沒有。

安娜：天天還得看病？

譚國慶：得看病，有時間就去勞動。

安娜：您勞動的工分跟村民一樣的嗎？

譚國慶：平時我7分，全天勞動力是7分或者10分，我記全工7分，沒有額外的補貼，就像是普通的村民，就是掙工分。沒有病號了你下地幹活，有病號你看病去。

安娜：一分多少錢？

譚國慶：一分幾分錢。有時候，幹了一年還往生產隊倒找錢，幹了一年活，不但沒拿到錢，還得往生產隊找錢，還欠錢。

安娜：為什麼？

譚國慶：你掙的工分低，少，到年終給你分了菜、分了蘿蔔、分了麥子、分了玉米、分了草，這些東西都算上錢。你的工分，一分是兩分錢，你一天掙10分就是兩角錢，到了年底你今年發了這些東西，可能你今年掙了180塊錢，發的東西是200塊錢，你要交20塊錢給我，往生產隊交錢。因為工分低，赤腳醫生這個活輕巧，所以掙不了高分，人家掙10分，這個

挣 7 分。他們有些從大城市來插隊的知青沒有錢，每年回家問家裡要錢，很多這樣的。

安娜：幹一年不但沒有錢，還得往家裡父母要錢？

譚國慶：好像那個時候也不在乎這個事，挺普遍。

安娜：即使這樣，您還是有理想？救死扶傷？

譚國慶：當時是覺得自己生活的挺好的，有意義。那時候受的教育不一樣，受的是毛澤東思想的教育，積極向上的教育，為人民服務積極向上的教育。就是這個樣，那個時候不覺得特苦，覺得是很平常的事。努力為老鄉看病，治病救人，也不想為了爭取什麼，也不想為了得到什麼，沒有，一點沒有。我在村裡參加勞動的時候，下大雨了，都去搶場，開閘，差點掉到水庫裡去，覺得就那麼回事，無所謂的事，應該的。那時候人的思想確實不一樣，我們這一圈的，這一幫子下鄉青年，都是這樣的。

你看到我們這個群體了吧，像我們這個群體在山東基本就是這麼個狀況，大夥伙比較和諧，為了歡歡樂樂的度過晚年，都是這種想法，沒有其他的想法。我們當中不談論過去，不管你過去多大的幹部，不管你曾經富有還是貧窮，我們都交往，我們在一塊就是這個樣，和和氣氣。比如你來了，我們都很歡迎，他們特地從青島開車跑來，為的就是讓大家見個面，有個緣分。像妞妞、李霞她們幾個，從青島專門過來，開個車，費個時，出個力，為的什麼，就是見個面，大家一起高興聚聚，大家有共同的經歷嘛，給你說道說道。

譚國慶：你想想，我們當年下鄉也是國家發展計畫的一部分，因為城鎮一下子解決不了那麼多城市青年的就業問題嘛，國家規劃的都很好，就是毛主席 12 月 22 日那一句話，一下子把這個事衝了一下，變成一種運動了，變成一種政治運動了，所以脫控了，某些方面在安排上跟不上了。再說人數太多了，

太多太多了，說是一千七百萬，也有人研究說是，加上回鄉知青近三千萬。

那時候對這個社會懵懵懂懂的，到現在就覺得下鄉這一段經歷，我覺得是一筆財富。苦吧？苦！但當時年輕，一抗就過去了。

你有心做知青赤腳醫生這個專題研究，我們非常歡迎，你過來能瞭解一下，我們也如實的向你敘說一下，這就是咱們的緣分。

安娜：非常感謝您說這麼多，也非常感謝妞妞阿姨、李霞阿姨她們這麼遠地來到這裡，我可能會在今後的研究報告或出版物中引用您的談話記錄，您同意嗎？

譚國慶：沒有問題，我們去吃飯吧。

（結束）

＊訪談時間：2014 年 5 月 31 日
＊訪談地點：山東省平度縣明村鎮張舍郝家寨村譚宅

7 劉淑蘭訪談

　　盛夏的北京，驕陽似火，從北京地鐵一號線的最後一站石景山蘋果園站一出來，就看見遮陽帽下那張紅撲撲的臉，如果不是我不久前剛見過她，在這車聲鼎沸人山人海中，我真的很難在人群中找到她。她長的一副再普通不過的臉，和那些在街上提著菜兜慢悠悠地走著，在公園或是社區廣場上熱舞的北京大媽們沒有兩樣，熱情而直率，知足而慈祥。但又有誰知道，她曾把自己最寶貴的青春歲月，揮灑在了萬里之外的陝北黃土高原上……

安娜：今天來見您，就是想請您講講下鄉那段歲月。

劉淑蘭：好，好多年了。我們當時插隊的地方是陝北，陝西省延安地區黃龍縣石寶公社堯門河大隊廟河小隊。我記得特別清楚，從北京到西安的時候大夥還好，火車上笑語歡聲的，少年不知愁嘛。在西安火車站的時候，人家就說你們去的那個地方是最差的地方了，當時同學就有哭的。我們到縣城之後，各個大隊就去接人，當時那裡沒有車，條件好的生產隊拿馬車接，我們隊說路不行，沒有馬車來接，生產隊離縣城十里地，全是山道小道，扛著行李走著過去的。

當時就感覺到交通太不方便，全是土路，沒有公路。到生產隊的時候，當時黃龍縣地方病也是比較嚴重的，有克山病，有大骨節病，有甲狀腺。人都這麼高，特矮，大骨節，他的骨頭都出來了，關節都凸出來了，走路一拐一拐的走。我們第一次看見的時候都害怕，都躲起來了，就說這不是人，是鬼吧，一見就害怕，第一天給我印象最深了。

我們 11 個人，8 個女生，3 個男生，8 個女生住在一個大窯洞裡面，看不到裡面，黑咕隆咚的，而且那邊就是用炭取暖，學生不懂怎麼弄，都十幾歲，沒見過，我們兩個年齡最大的女知青住在最裡邊。記得當時是冬天最冷的季節，村裡老鄉熱情地幫我們點燃了一個炭火盆取暖，點了以後暖和了，關了門就睡覺了，結果全都中了煤氣了，第二天都爬不起來了。當時也不知道是怎麼回事，我們倆年齡最大，因為睡在裡面，是最屬害的，到中午了，人家別人都能爬起來，到下午我們倆才能爬起來，爬起來以後也不想吃飯，頭疼的屬害。後來說我們去醫院看看吧，生產隊也沒有醫生，我們就走到縣城，走了半天。到了縣城讓大夫一看，大夫說你們是中了煤氣，說你們是命大，要不是命大，頭天晚上就撂在那裡了，死都不知道是怎麼死的。

從那之後我就深深感到條件太差了，不是差一點，而且當時介紹也不是那麼介紹的，沒告訴我們這裡只點煤油燈，沒有電，沒有交通，也沒有醫院。因為這個事對我觸動挺大的，我想這裡條件太艱苦了，應該有個看病的地方。到那兒沒有幾天，我們隊長就找我了，我們大隊有個赤腳醫生，但大隊離我們生產隊還有將近十里地，他也不經常來，所以有什麼病都給耽誤了。後來隊長說你能不能幹這個，我說行，我幹。到生產隊不到一個月就幹上赤腳醫生了，當時什麼也不會，就憑著一股子衝勁，天不怕地不怕，也不懂。

安娜：沒有經過培訓？您慢慢回憶，我有問題會問。

劉淑蘭：開始沒有，就被趕鴨子上架了。後來出了很多問題，有上山砍柴摔死的，都是羊腸小徑，這邊是懸崖，這邊是山，不小心就摔死的，煤氣中毒也有死的，我是命大沒死。北京派了醫療隊來幫助，因為延安是老區，當時到我們縣有 301 醫院的和友誼醫院兩個醫院的醫療隊，他們到那兒首要任務就是培養當地的赤腳醫生。

我這才去參加了短期培訓，也就是填鴨式的硬教，讓你生背，我們又背又看，臨床就在縣醫院，人家別人做你就跟著看，然後你就跟著弄，一些簡單的小手術，像做個氣管切開術，我們都跟著做，他們都是手把手地教，北京來的大夫都特別好，真心的手把手教你。我們那兒主要是克山病，就是輸液，拿那麼大粗的針管子，用手推，還不能太快，快了心臟受不了。推這一個得推一個多鐘頭，還是快的，稍微慢一點得兩個鐘頭，你想想就這一個勁，稍微不注意針就跑了，碰到歲數大的，他的血管你看著在這兒呢，一扎就跑了，要不然你看是扎上了，但扎穿了。也真是練了，真是學了，基本的常識都掌握了，回到生產隊，就是一邊學，一邊幹。但還得下生產隊，還得勞動，那會沒有錢，就是掙工分，也沒有想那麼多，也沒那麼多想法。

那會就是想給大家解決點看病的困難，就是這麼一個簡單的想法。我們離醫院太遠了，而且沒有交通，有的真有急病了，像生孩子難產，沒等你送到，她就死了，很多實例。

我剛幹上赤腳醫生不久，就讓我去接生，我記得頭一次接生後，噁心的我三天沒起來床，沒吃飯，不停地吐，那時候比你還小呢。那時候的接生，沒點兒，你也不知道是什麼時候，半夜就來叫你了，我一個人去檢查，還是難產，胎兒是倒立，腳沖下，頭沖上，腳先出來了，你說著急不著急。當時我也沒碰到過這個情況啊，反正就是大概其地幫她正位，到縣醫院肯定是來不及了。當時大隊的赤腳醫生，比我多幹過幾年，叫他去一個來回得跑二十里地，全是山路，沒兩個小時沒戲，我這裡兩個小時也不能乾看著啊，就繼續給她正位，我大汗珠子都出來了，還不能讓她看出我慌來，還得安慰她，最後慢慢給她正位，基本到最後，大隊那個赤腳醫生來的時候都正好位了。最慘是她羊水出來的時候，我沒有想到，噗一下，整個把我噴一身，弄一臉，不知道啊，因為沒有經驗，再說你躲也躲不開啊，那會兒什麼也沒有，擦都沒有東西擦，別說洗了，最後總算是母子平安，生下來了，這件事情他們家人特別感激我。

通過這樣的幾件事吧，老鄉逐漸開始接納我，信任我。有一個老大爺，他克山病挺嚴重的，每天都要推葡萄糖，以葡萄糖和維生素為主，他就打那個，沒有別的藥。每天都要給他打，每天推那個，推的我胳膊都抬不起來，你想，慢慢慢慢的，一點點給他推，用那個大粗針管子，那會兒沒有輸液，就拿手推。結果他們家人都特別感謝我，那會也沒想別的，覺得這是應該的。

有時候我也經常和大隊的赤腳醫生一起巡醫。我們大隊共有三個自然村，村與村之間相隔六、七里路，老鄉們的生活很苦。記得有些鄉親家裡只有一床舊被子，衣服也很破舊，我有

時候就把自己的衣服送給他們。

記得常去另外一個隊出診，離我們隊二十多里地，羊腸小徑，而且兩邊都是樹林子，在半路上碰到過狼，碰到過毒蛇，什麼都碰到過。你害怕？那邊病人等著你呢，害怕也得走啊。你聽說過盤路蛇嗎？就是蛇在小路中間盤一個大圈，你害怕不害怕啊，牠在那兒站著，你也過不去啊，最後沒辦法拿大石頭砸牠，牠不動啊，耗了好長時間，後來又拿棍子撐，最後才走了，人家說那就是攔路蛇。怕不怕？當然怕，一路都哆哆嗦嗦的。到病人家之後，給他打完針，說起路上的蛇，他們都特別感謝，拿出最好的東西招待我吃。那時候，老百姓什麼都沒有，都不知道拿什麼東西招待人，因為那時候生活都比較艱苦，吃碗白麵的東西簡直就是過年，有時候過年過節都吃不上，一般都是摻野菜，摻亂七八糟的東西，這也就是老鄉能拿出來的最好的東西了。

我剛才說，我們村裡的鄉親們大骨節病比較多，幾乎百分之八十都有大骨節病，病情嚴重的連走路都很困難，天氣遇冷或遇熱，或是遇到陰天下雨，他們的關節就格外的疼痛。為了減輕他們的痛苦，我經常給他們扎針，做按摩治療。村裡有位老鄉有哮喘病，經常找我為她做針灸治療，以緩解病情減少痛苦。總之，不管白天還是夜裡，是晴天還是雨天，只要是病人需要，我都會馬上去，從不耽擱，盡量圓滿的完成出診任務。

在為村民服務的那幾年時間裡，我盡量做到讓鄉親們節約時間，少花錢，以減少他們的經濟負擔。山裡的老鄉樸實大方，只要你真心對他們，他們也會真心的幫助我們，我們只要到老鄉家裡，他們都會像招待親人一樣把最好的東西拿出來給我們。當然，也不是什麼特好吃的東西，那時候的饅頭能打死人，不叫饅頭，叫兩面饃，冬天放在那兒，都凍了，還特別硬，不像咱們發麵的，特別軟，那是硬的，那時候的生活真是不可

想像。反正也經歷了，經歷了之後你什麼都不怕了，再苦也沒有當年苦，所以就無所謂了。

安娜：他們的病是不是飲用水造成的？

劉淑蘭：可能是水質的原因，那邊水特別硬，他們水缸裡面的水都放了681粉，681粉是專門殺菌的，每家的水缸裡都是從河裡挑來的，必須放這個粉，等於跟漂白粉一樣的，它沉澱了，這個水喝起來就衛生一點。我也不知道這水與大粗脖子病和大骨節病有什麼關係，反正那邊的人關節全都是一疙瘩一疙瘩的，膝蓋也是突出的，腿特別細。人普遍都矮，但也有高個的，就是細高細高的，不成比例了，跟竹竿子似的，有特別的骨節，走路都兩頭歪。

安娜：那你們沒事？

劉淑蘭：我們去的時候都已經十七八歲了，都已經定型了。那裡算是這種病的重災區，當時說是幾年要消滅這個地方病，但直到我們走也沒能消滅。我們準備今年八、九月份回趟延安，因為45年了，45年前我們去插隊的，雖然中間有個別回去過，有的人甚至找了那邊的媳婦，跟當地人結婚了，也都帶回來了，時不時的回家去。但我都回來好多年了，也沒有回去過，而且特別沒有集體回去過，所以這次知青聯誼會應大家的要求，準備搞一次大的行動，從北京到西安，再從西安到延安，都走一走，弄一個統一的活動，大家都比較高興，比較響應這個事。

安娜：當地人對你們什麼態度？

劉淑蘭：當時我們去插隊，當地的農民對我們還是相當不錯的，老區人對咱們北京知青還是比較歡迎的。他們一說北京娃，北京來的娃，而且是大城市來的，他非常的仰慕你，高看你。但我們返城以後，反而受到歧視了，當時你回來探親，街道主任立馬來了，說別出去啊，外面亂，別亂走，十一了啊，

135

五一了啊，別亂走，我們簡直就是半專政的物件，就是這個情況。我在知青這個問題上始終這麼說，我們當年去插隊，後來我們回來屬於第二次插隊，在那邊我雖然是外地人，但是他們很高看我們，回到自己的家鄉，受到歧視，我們也很不滿。

安娜：當時都是響應黨的號召，都是自願去的？

劉淑蘭：怎麼個自願法呢？這個所謂的自願也是被大形勢所迫的。當時文化大革命這是個潮流，整個知青必須走，上山下鄉，上東北兵團，去陝西插隊，去內蒙大草原，每天都在講這些事情，街道動員的也是這些事情。

那時候人都天真，毛主席揮手我前進，只要毛主席說我們去哪兒就去哪兒就走，一點不容置疑的。那時候大紅紙1毛2一張，我們每個人都自己出錢買，3毛6那時候很多錢了，3毛6買三張紙，絕不含糊。刷的大標題是：「強烈要求到農村去，到祖國最需要的地方去，接受農民的貧下中農再教育」。都是這樣的，當時的情況真是自己自願的。

但是等我們一到農村之後，一看到所宣傳的什麼一塊錢一棵梨樹，一家一個核桃樹，樓上樓下電燈電話，林區的牛羊成群，根本不是那麼回事。我們扛著行李從縣城走到隊裡的時候，看那些人住的半地下半地上的土窯，根本就不封口，只是半截欄柵門，上面都是敞著的，因為要走煙、走煤氣，沒有專門的煙道，是那麼一種情況，心，確實涼到了半截。

後來我們到陝北不久，就出現了有的北京知青該走沒走的，反而分配工作了，進工廠了，我們就感覺到確實有點那個。後來發現，一個知識青年，要給家裡造成很大的經濟負擔，別的不說，這些牙膏啊、手紙啊，我們都要從家裡帶的，花多少錢家裡買就不說了，但是你每年要回家一次，這一次車票路費就得60塊錢，在當時我們那種條件下，我們一年最低的生活費也是60塊錢。這額外的60塊錢都要由父母出，當時父母

才掙多少錢，40 塊錢要養一家人的，你這 60 塊錢給家裡造成多大的負擔啊。所以那時我們在家裡不吃香，可能也是這個原因，光是花錢，屬於賠錢貨啊。那時候我們家老公公養六個兒子，這是多大的負擔啊，這都是實際情況，咱們不講什麼大道理。當時走的時候確實是自覺自願，到那兒以後情況不是我們想像的那樣，同時在北京不走的，分配工作了，憑什麼啊？不公平，後來有的半路有點回潮了，鬧點病，開個證明吧，賴著回北京不回去，就出現這種情況，但是我們這種人還始終堅持了。

安娜：後來您是怎麼回北京的？

劉淑蘭：後來東北兵團已經開始有人回京去了，還有一批中專的、中技的，回來一個可以帶一個，你交朋友了，或者你結婚了，你是中技的，就可以回來，那時候就動搖了，整個知青隊伍就動搖了。我是屬於接班回來的，走不同的管道。

那時候我已經參加工作了，在那兒分配到鋼廠，在那裡以工代教，當老師，幹的挺好的，但是後來有這麼一個接班的機會，你回去不回去？你是回北京，還是繼續在這兒？其實我很喜歡那個工作，幹的也不錯，但是這個時候我就想著我們自己的孩子，當時自己孩子剛剛出生，我就跟愛人商量這個事，他說我們在這兒也挺好的，幹嘛要回去，但是從長遠的觀點考慮，我們孩子的教育將來怎麼辦？於是就回來了。

我 1981 年回來的，我愛人是 1985 年回來的。他 1985 年為什麼能回來呢，當時也是有一個政策，要解決三種人，一種是高齡未婚，一個是兩地生活，一個是喪偶，要解決這三種人，所以他就回來了，我們已經分居五年了。

其實，說我們是知識青年，根本不是，小學六年級剛剛畢業，初一上了一年級不到，一個學期不到就搞文化大革命了，什麼知識青年啊，把我們整個就耽誤了，你想學也沒有辦法，

我明兒得當作家，寫作文寫的挺好，真是一點可能都沒有。至於後來工農兵大學生，那要推薦啊，真是寥寥無幾。

我們的文化水準，也就可以給家裡寫信，還可以表達的比較清楚。當時我們在農村晚上的主要任務就是給家裡寫信，最大的樂趣是什麼？到縣城取信，天天盼著取信，走十幾里地去縣城取信，你想讓郵差送信？沒有十天半個月根本來不了。那裡的人很封建，把我們也傳染了，郵差死後，我們就鬧了一個笑話，我們住的是大窯洞，晚上寫信的時候就聽到有人敲門，可是當時我們的門並沒有關著，但就是聽著敲門了，怎麼回事啊，沒有人啊，後來有人說可能是鬼，是郵差，當時都是十幾歲的孩子，嚇的都哭了，鑽到被窩裡面去。這一鬧，男生離我們不遠，聽我們這麼熱鬧，就過來了，說鬧鬼啊，他們3個男生拿著棍子，說誰敢惹我們知青，我們是北京知青，拿棍子一頓亂掄，說鬼讓我們趕跑了，這樣我們女生才敢從被子裡鑽出來。這是真事兒，那個門明明開著呢，就是有敲門聲，我們確實經歷這個事了。這類事情在老鄉那裡，發生的更多，他們普遍相信鬼神，所以很多在陝北的赤腳醫生，在陝北又得是醫生，又得是巫婆。

安娜：您給您的孩子講過過去的事情嗎？

劉淑蘭：沒有，我們也不願意跟孩子說這些，他們也不愛聽，他們沒有經歷過，不感興趣。

安娜：那時候去延安，真是一輩子沒想到回來？

劉淑蘭：那時候真是準備扎根了，抱著扎根目的的這些人，基本都比較積極向上。

安娜：這是需要好好研究的一代人。

劉淑蘭：像知青、赤腳醫生這段歷史，我們這代人現在都眼花，也坐不下來了，真是要想自己研究自己也不太客觀，

只能靠你們年輕一代了，可惜中國像你這麼大的，都在玩手機呢，什麼歷史，他們才不管呢。

安娜：你這個赤腳醫生後來為什麼不當了？

劉淑蘭：後來就分配工作了，因為縣裡面把我們這些所謂的知識份子，把我們這些人名都列出來了，怕我們回北京，把我們這些人都給囤下來了，把我們都留在縣裡了，分配工作。

所以現在有一個說法，就是知青的前時代和後時代，後時代就是雖然參加工作了，但是他沒有回北京，回原籍，現在爭論的焦點是什麼叫做返城？是不是脫離農村就叫返城，不是的，我們原籍是北京，必須回到北京才叫返城。

安娜：我看資料說，陝北插隊知青還有要飯的經歷，你們這個年代沒有要過飯？

劉淑蘭：沒有，但是有確實吃不上飯的時候，延川那邊他們整村要飯，我們因為挨著陝南，好很多。

安娜：非常感謝您的熱情款待，吃了這麼多西瓜，也感謝您愛人和這些叔叔阿姨一直陪著我們。聽您講述過去的往事，讓我堅信我的研究是有意義的。我們的談話錄音可能會用在我的研究論文中，以後也許會出版書籍，比如訪談錄之類的，這裡是一張《知情同意書》，您若同意，請在上面簽名，可以嗎？

劉淑蘭：可以，同意。你這麼年輕就這麼有心做這個訪談，又這麼能吃苦，希望你能常來中國。來，我們一起合個影。

安娜：最後問一句，四十多年後，再回憶這段赤腳醫生的經歷，上山下鄉的經歷，您有什麼感觸？

劉淑蘭：我曾經在網上說過，也寫過，當「知青」和「赤腳醫生」這些當年的歷史名詞，已成過眼雲煙，離我們漸行漸遠時，我仍要自豪的說，我們也和當年的紅軍一樣，喝的是延河水，吃的是延安的小米飯；是延安人民養育了我們這些北京

娃，艱苦的生活使我們擁有了勇於面對生活的鋼筋鐵骨，回望四十多年前的艱苦歲月，至今我們仍然無怨無悔。

（結束）

✱ 訪談時間：2014 年 6 月 13 日下午

✱ 訪談地點：北京市石景山區首鋼宿舍區

8 麥永基訪談

　　在上海做訪談的時候，他總是拿著攝像機或是照相機記錄著所有活動的瞬間，被稱之為上海知青活動的忠實記錄者。為了這次訪談，他特地從家裡找出當年做赤腳醫生時的藥箱，並讓我背著和他一起合影。面色紅潤的他保養得很好，從外表上跟本看不出他已經年過六旬，也無法想像這位上海老克拉，曾經在新疆尉犁縣新疆生產建設兵團農二師度過了長達十多年的青春歲月……

麥永基：我是 1966 年到新疆去的。那時候中學還沒畢業，反正文化大革命了嘛，也不讀書了，就跟著年齡比我大一點的人，他們說到新疆去，就跟著到新疆去了，去的是在新疆尉犁縣的新疆生產建設兵團農墾二師。

去新疆主要是看重有軍裝發，那時候兵團都發軍裝的，除了領章帽徽沒有以外，就發一身軍裝，所以跟著去了。我去的時候前面已經有很多批去過了，第一批是 1963 年開始到新疆去的，我是最後一批，1966 年去的。到了新疆之後，在大田裡面勞動了一年，也可能是表現好，也可能是其他什麼原因，就把我抽到團衛生隊了。那時候我們沒有醫院，兵團是算部隊編制，都叫衛生隊，抽到衛生隊從當護士開始學，打針啊，發藥啊，幹這些事情。

安娜：那年您幾歲？

麥永基：那年可能只有 16 歲，因為我到新疆去的時候才 15 周歲。在衛生隊裡面什麼事情都要幹，照顧病人啊，後來跟著醫生查房，跟著他們一起學，進一步的又把我送到師部醫院去學習，進修了半年多。回來之後就自己開始幹全科了，有一個主治醫生帶著我，開始查房，開始寫病例，陰性病例、陽性病例，就開始跟著他看這些東西了。在團衛生隊裡這樣子陸陸續續也幹了四、五年，後來連隊需要衛生員叫我去。因為我們的連隊跟團衛生隊離的很遠，有十幾里路，二十里路也有，因為新疆的範圍很大。我們的點也多，主要有一些牧養點，放牛的，有些機耕隊，有些是種菜的、種瓜的，都分散的很，離團部很遠的。

到了連隊以後就當衛生員，因為我們離團部有將近十公里路，到了連隊之後就給我出難題了，他們那些生小孩的都不願意去衛生隊生，都要在家裡生，我怎麼辦呢？我從來沒有接生過。後來我把我們團的助產士請過來，到我連隊裡來讓他接

生一次，手把手教我，應該怎麼處理臍帶，產包怎麼消毒，很系統的在我面前做了我一遍。這一遍教好之後，就開始放手讓我自己幹了。從那時候開始，陸陸續續的，難產也處理過，順產也很多，我在新疆那麼多年，可能接生的小孩有一百多個人。就跟著助產士學了一遍，其實也很冒險的，我自己想想也害怕，真碰上大出血的我一點辦法都沒有。特別是胎盤剝離的話，如果剝離不好，整片給拉下來，你拿棉花堵都堵不住的。

其實我自己想想也挺害怕的，還好在我行醫的那段時間裡沒有發生過一起醫療事故，也沒有一起投訴。因為平時，一個是消毒這一關我自己把得挺嚴的，一定要高壓消毒，一定要半個小時，這是最起碼的，因為醫療器械用了之後，給你用的注射器不能再給他用。有的連隊衛生員就偷懶，換個針頭就行了，反正就這麼一圈打下去了。我的連隊職工有二百多個，家屬小孩加起來有四百多人，就我一個赤腳醫生。在連隊裡不管什麼時間叫你，你都要隨叫隨到，這是最起碼的。這是我們醫務人員的道德問題，我們救死扶傷，實行革命的人道主義。

在連隊裡面做赤腳醫生，365 天必須是出全勤的，沒有一天你可以休息，我今天不舒服，我說我休息了，人家上門叫你出診，你不出診，是不可能的。在連隊裡面，特別是農忙啊，春耕啊，收割啊，你就要到地裡，背著藥箱，跟他們一起幹，他們幹什麼活，你也跟著一起幹。雖然沒有給你下任務，下指標，像割稻子、割麥子，人家割一畝多，我一畝多割不了，我割三四分地可以，或者他們在前面割，我在後面幫他們捆捆，也可以。在田裡面儘量幫他們做一點，當時如果有中暑的，或者割傷的，或者被蟲子咬傷的，毒蟲咬傷的，可以及時處理，及時包紮。

在連隊裡面除了治療以外，防病治病也走的比較前面，如果現在流行裡痢疾，我們會在連隊裡面給他們熬中草藥，預防

痢疾，預防感冒。這些藥湯都是靠自己，平時一方面採集一點中草藥，有的當地沒有的，我們買種子回來，自己種一點中藥，就是常用的，種了之後，需要用的話，拿出來就可以直接處理了。因為邊境地方和農村差不多，都是缺醫少藥。

安娜：您那個農場在新疆什麼地方？

麥永基：我在新疆的農二師，從地理環境上講叫做新疆尉犁縣，靠近庫爾勒，離庫爾勒 160 公里，在塔里木河的邊上。

安娜：農場都是知青嗎？

麥永基：農場和農村的區別是，所有的農場知青叫兵團戰士，農村知青叫下鄉知青，但都是種地，農場和農村沒有什麼區別。都是知青，我們一個團上海知青有兩千多人，從 1963 年一直到 1966 年，我是最後一批到新疆去的，有兩千多個上海知青。

安娜：您接生的小孩都是知青的小孩，還是當地人的？

麥永基：也有當地職工的，也有知青的，也有當地維族老鄉的，都有。當地的維吾爾族，因為他們牧民遊牧的，有時候經過了，需要看病了，都會找我。

安娜：他們對您的醫療技術相信嗎？

麥永基：對，他們很相信我們漢人的醫生，都說亞克西，亞克西，就是很棒的意思。

安娜：您幹了幾年？回上海還做醫生嗎？

麥永基：我從到新疆去，第二年開始幹，一直到回上海，在新疆一共待了 15 年，赤腳醫生幹了有 14 年，一直到我 1980 年頂替回來，就是父親退休，我可以頂替，就回來了。

回來這一行就扔掉了，因為你到上海之後，上海頂替是你父親幹什麼，你就到他單位幹什麼。我雖然是學醫的行醫的，但我在新疆那邊也沒文憑，也沒有考過執照什麼的，回來就沒辦法再幹了。

安娜：那邊當地少數民族也沒有自己的醫生，或者醫療方面的人？

麥永基：幾乎沒有。只要我碰到維族老鄉求醫，我都給他們看病，因爲他們是以放牧爲生，搬草場的話，會路過我們這邊，大人小孩生病了，或者發燒了，就會主動來找我。一般這些都是免費的給他們處理，不收一分錢的，都是免費的，當時也沒有可以收費的專案。

安娜：您當赤腳醫生是掙工分還是工資？

麥永基：我們是兵團，沒有工分。我們剛去新疆的時候是這樣的，按部隊編制，實行供給制，月薪分 3 塊、5 塊、8 塊，即第一年拿 3 塊，第二年拿 5 塊，第三年拿 8 塊，就是每個月這點生活費，買點牙膏、肥皂、洗衣粉這一類的，眞的要抽抽煙就不夠了，就這點錢。到三年之後就開始給你核定工資，給你定級，我當時還算好，定的醫務，開始拿醫務人員的工資了，比一般的農工要高一點。

安娜：你們隊裡有多少人？

麥永基：400 多人。

安娜：就您一個醫務人員？

麥永基：對。

安娜：還要參加勞動？

麥永基：對。

安娜：那您很少有休息時間？

麥永基：幾乎沒有休息時間，一年 365 天。不要說白天晚上都有人找我，因爲很多放牧點離連隊很遠，他們如果誰有病了，就派一個人騎著馬過來叫你，你就得立刻去，讓他自己走回去，我騎著他的馬往他那裡趕，就是這樣。所以我們的藥箱都是很輕便的，往身上一背就行了。

安娜：是皮箱嗎？

麥永基：皮的布的我都有，我們也配了大的皮箱，兩層的。我第一次騎馬的時候，從馬上摔下來了，皮箱子裡面的東西全部摔光了，找也找不到，一路上撒掉了。

安娜：您剛才說的預防感冒，用什麼藥預防？

麥永基：預防感冒我們用板藍根，那時候板藍根是比較土的，但有一點實效，我就用板藍根燒湯給他們喝。

安娜：新疆有很多植物，有土方子嗎？

麥永基：土方子我沒有。因為新疆當地的中草藥不是很多，除了自己種一點像曼陀羅、紅花之類的。

安娜：其他的醫療，比如打針的那些藥，是發的嗎？

麥永基：每個月我可以到團衛生隊去領，用完以後就可以領。但不是給你無限的用，也限制你。比如給你一瓶 ABC，一個月給你 500 片，你用完了是你自己的事，就不會管你那麼多了。那時候農場的醫務室很簡陋，進去門以後，就是一排櫥窗，上面放著什麼什麼，消毒水什麼的，裡面就有一些小的槽，很簡陋。

有一點我說出來你可能還不相信，我從到新疆開始，一直到我回來的前幾天，就是回上海的前幾天，才剛剛有電燈，我待的連隊，全部是點油燈的，就這麼辛苦。那時候電線沒拉進來，十幾年，只在團部衛生隊才有電燈的，因為要做手術。

安娜：連隊有嗎？

麥永基：連隊沒有的。

安娜：您手術也做過？

麥永基：手術做過，一般的闌尾炎開刀、胃切除都做過，胃切除算大一點的手術，一般闌尾炎是經常做的，小手術。

安娜：自己一個人做？

麥永基：沒有，我一個人沒有辦法做手術，哪怕闌尾炎我也沒有辦法做，最起碼要有兩個助手給你拉鉤，我自己一個人

沒辦法做。一般的縫合傷口，這個是太小的事情了，這是經常
碰到的，你需要消毒一下，縫合針、縫合線，就可以自己縫了。

安娜：您從團衛生隊到連隊條件差別很大啊？

麥永基：對，從團衛生隊到連隊，當然肯定有一個很大的
變化。原來在團衛生隊，我可以穿著白大褂，到了連隊之後白
大褂沒有了，還要背著藥箱，整天出診，整天忙著處理日常的
病號。當時是有點想不通，我本來想當護士，跟著醫生，先學
醫生助理，自己可以當醫生，一點點可以升上去。一到連隊當
了衛生員，你今後的機會就少了，再說到了連隊裡，光處理那
些日常醫務上的事都處理不完。有時候只能自己看書學學各個
科，經常碰到的情況自己也學過一些，充實一下自己。因為我
不是衛校、護校畢業的，有一定專門的醫學基礎知識，等於是
半路出家，什麼東西都要從頭學起。但是讓我最感幸運的是，
我行醫的十幾年當中沒有發生過一起醫療事故，也沒有一起醫
療投訴，就是說跟他們處的都很融洽。

安娜：真的了不起，您的心是很細的。

麥永基：我這個人是很仔細的，因為那種條件下拿錯藥
是很有可能的，我醫務室裡沒有電燈，就一個煤油燈，藥品又
長的都差不多的，倒出來的藥片大小也差不多的。一定要很仔
細，不仔細不行，拿錯藥肯定就給他吃錯了，後果可怕。

安娜：您遇到的比較嚴重的病是什麼？

麥永基：有一次比較突然的有一件事情，我有一個病號忘
了是什麼病了，一直在團衛生隊打抗生素，後來從衛生隊出院
回到連隊，就帶著抗生素回來了，到連隊來讓我繼續打。這個
抗生素可能有兩天還是三天沒有連續注射，當時我跟他說，回
來了找我打，我必須要做皮試，抗生素皮下試驗是最起碼的。
他不情願，我堅持要做一個，說如果你是連續打的可以不做，
但你隔了幾天沒打了，你如果要我打，我必須給你做個皮試。

結果我給他做了一個皮下試驗，皮試剛打下去，他就摔倒了。很懸，我幸好沒有一針抗生素下去，否則就要了他的命。他是被我急救活過來的，後來他還很感謝我，說還好你沒有給我打下去。農場經常有病人拒絕做皮試的，但我一直堅持。

安娜：您做過最大的手術是什麼？

麥永基：我做過胃切除。

安娜：那要縫很多針？

麥永基：那是小事情，縫針那是手術最起碼的事情，哪個手術不要縫針？

安娜：生孩子也要縫針？

麥永基：剖腹產肯定要，就是順產會陰都要縫合的，你如果生第一胎的話，下面裂到肛門口，都是用羊腸線縫的。

安娜：衛生室有多大？

麥永基：就一間，很小，十二三個平米。

安娜：您住在旁邊嗎？

麥永基：是這樣的，一個房子中間隔斷，一邊是醫務室，一邊就是我家了，就是住在一起的，就是這麼一間。

安娜：有沒有記憶深刻的治病經歷？

麥永基：有一次我在從烏魯木齊回上海的火車上還接生了一個小孩。那時候是七幾年，可能是 1975 年或 1976 年在回上海的火車上，喇叭裡面廣播有人要生小孩了，可能經過的那個地段人很窮，有一個女的 30 多歲，破衣爛衫的，手裡面牽著一個，懷裡還抱著一個，挺著大肚子，已經快生了，就是這麼上的車。據說列車員曾阻止她，就怕她生在火車上面，不讓她上車，她又是哭，又是鬧，還是上了。因為我們從烏魯木齊到上海的火車，路上要走三天四夜，後來經過哪個站我不記得了，孕婦肚子疼了，羊水破了，廣播裡說有人要生小孩了，誰是醫務人員請出來幫助。很急，我就去幫助了，他們一看說你

怎麼是個男的？我說男的怎麼了？我也是幹這個工作的，也接生過。好在火車上還有衛生包，有止血鉗、剪刀、消毒的紗布，和縫合線，這些都有。消毒之後就開始給她接生了，已經見紅了，後來還是給她很順利的接生下來，是個兒子，那個女的高興死了。我這時才發現，她原來帶上車的兩個都是女兒。後來列車長專門招待了我一頓飯，這一頓飯是那個時候我能吃到的最好的了，就是一個荷包蛋加麵條，火車上招待我的，免費的。

安娜：您在農場的時候大家都很尊重你吧？

麥永基：對。

安娜：他們對您是什麼態度？

麥永基：他們對我，就像親人一樣的，因為在新疆這個地方，相互之間你有困難我幫你，我有困難他幫我，相互幫助。因為我在那邊體力不行，冬天要打柴火，我打不動，他們就幫我打柴火，找一大牛車，去上四五個人，到外面打一車柴火，結結實實一車拉回來給我，不讓我操一點心。

安娜：跟您當赤腳醫生有關係嗎？

麥永基：那肯定有的，人家想和你關係搞好的，生病的時候你給他吃好點的藥。他們有種的菜，或者好的東西，收下來第一個想的就是趕快給你送點去。

安娜：謝謝麥先生，給我講這麼多。您的談話資料，我會用在研究報告和書的出版中，可以嗎？

麥永基：可以，沒關係。來，我們一起照個相。

（結束）

＊訪談時間：2014 年 6 月 7 日上午

＊訪談地點：上海浦東機場附近地質博物館

9 章大媽訪談

在北京著名的 2008 年奧運會舊址，鳥巢附近，我們約在一家典雅的咖啡廳裡見面。這是北京最繁華的地段之一，車水馬龍，高樓林立，人來人往……周圍的一切，無不顯示著這個正在被世界關注的大都市的繁榮與亢奮。中國四川方言有一句話叫：雄起，是中國人在球場上最喜歡高喊的詞語，在北京，你可以深刻體會這兩個字的貼切和準確。面對窗外熙熙攘攘的車流人流，她緩緩而談，不疾不徐地聊起了那些讓她難忘的青春歲月……她也是我這次在中國的訪談中，唯一不願意披露自己姓名的人，雖然她有個很雅致的名字，但我還是按照北京的風俗管她叫章大媽……

章大媽：你研究的切入點是最好的，要說的是知青的赤腳醫生，因爲赤腳醫生按說不光是知青。我想從文革以前大學生的分配動向說起，爲什麼要從這裡說，因爲 1949 年以後，大學生畢業都由全國統一分配，我們國家是計劃經濟，所以人才方面也都是在統一分配。當然會有一點選擇的餘地，你可以選擇留校或是分配，或者你可以選擇去哪個省、哪個市，但是具體到哪個地方可就不知道了。爲什麼要從這裡說？知青這個運動是和他們有區別的，那天有個別人談我們上山下鄉是爲國家做了貢獻，如何如何，這違背了他內心的眞實想法。

我瞭解了一下五幾年醫學院畢業的這些人，比如全校應屆畢業生是 120 人，只有 20 個人留校，留校這是必需的，要有當老師的，因爲本學校要發展。剩下的都分到縣城去了，好一點的醫科大學的分配到市一級，那時候五幾年市一級才開始建正規的醫院，不管它的初衷是什麼，這點當時還是比較公平的，那時候年輕人還是有志向的，可以往偏遠地區走。

因爲那時候農村只有中醫，解放以後中國才有六億五千萬人，大部分人都用中醫。但是出現瘟疫，出現很多病情，很多的瘟疫，你中醫制止不了。所以西醫必須要進來，但沒有那麼多的西醫人才怎麼辦？於是就有了當時很多的西醫速成班，儘快培養人才。文革時期赤腳醫生的培養，就是參照了這樣的一個方式，爲當時缺醫少藥的農村，快速地培養人才。這是我個人的看法，我不知道你能不能理解。

安娜：您是哪個學校畢業的？

章大媽：燈市口五中，教會學校。

安娜：現在叫二十五中？

章大媽：對。

安娜：我路過過，大門古色古香的。

章大媽：對。我剛才說我找過的那些五幾年的醫學院大學

畢業生，全是 26、27 歲的時候被打成右派了。山西有一個丙級縣城，當時中國的縣還分甲乙丙，丙是很窮的縣城，你知道分了多少大學生去嗎，十幾個大學生，北京師範大學到那兒的就有 2 名大學生，到那兒當中學老師，現在是不可思議的。為什麼文化大革命突然要這麼做？就因為要打倒臭老九，搞臭知識份子。知青為什麼要下去？因為文革動亂了以後，積壓了這麼多知青在城市裡，沒有職業沒有收入，這就是隱患啊，我乾脆就全讓你下鄉去，沒有選擇。

我當時是上初二，那時候你沒有選擇，初一的也有走了，甚至六年級的學生也有走的，六六、六七、六八三屆的初、高中畢業生，就更要下去了。這表明了國家已經沒有能力計畫分配了，當時因為動亂，工廠停業，學生沒有學上，於是將原來號召大學生到偏遠地區去支援國家建設，變成了所有學生上山下鄉的一場運動，拿這個來解決一個國家解決不了的問題。

好多人才斷送在這場運動當中，特別是那些應屆畢業生，非常有才華，那些老三屆的知青，都很聰明，知識一點不比現在的大學生少。

安娜：您能談談您是怎麼做赤腳醫生的？

章大媽：我下鄉的地方在山西忻州地區原平縣王家莊公社，一直在地裡勞動，直到了 1975 年才當上赤腳醫生，這說明了一些問題了，在大田裡勞動了六年才有機會。我最後能當赤腳醫生是因為一批醫療器械，當時公社要分配一些醫療器械，說你們村必須得有一個知青在衛生室，這是硬性規定。所以我的作用就是滿足這個硬性規定，就是這麼一點貢獻，因此我有幸當了一個赤腳醫生。

我正在 20 歲左右，求學欲特別強，什麼都想學，是一種本能。好奇心嘛，那時候我從沒想過能當醫生，現在突然讓我去做，當然特別努力地去學習了。比如打針，尤其是打靜脈的

時候，特別感興趣，怎麼就扎進去了？自己在自己身上試，看別人怎麼扎，就跟咱們學繡花一樣，你怎麼繡，我怎麼繡，照貓畫虎，就這麼學會了。

　　我到那兒去都是一腔熱血去的，爲什麼呢？我出身不好的，到那兒是準備脫胎換骨的。我們下去頭一天，12月21日，北方是寒冬臘月，那年的寒冬非常冷，現在已經過了40年了，現在是地球變暖了，那時候特別特別冷，下著那麼厚的雪，屋子裡面沒有爐火。爲什麼沒有火？我們不會生，我們17歲，從北京來，根本不會，半夜把我們凍的要命。我們洗臉刷牙都是用從井裡打上來的水，地底下的水非常冷，不能用熱水。當時給我們的口號是要成爲無產階級的鐵姑娘，我們就不能用熱水，你想想那時候的精神力量是非常大的。我們中有一個幹部子弟，她特革命，女的，說咱們今天開始，就要破冰洗臉，誰也不許燒熱水。放下行李，第二天我們就拿那麼重的大鎬頭，刨凍的土，參加隊裡的興修水利。這點，以前我們覺得都很對的，無怨無悔。我們修的那些水渠現在都完蛋了，都白做了。

　　安娜：您是哪一年插隊的？

　　章大媽：1968年。

　　安娜：1975年才當的赤腳醫生？

　　章大媽：對。

　　安娜：當了幾年？

　　章大媽：兩年。

　　安娜：之前沒有做赤腳醫生？

　　章大媽：就是六年在農村，幹了六年的務農，1968年到1974年，就一直務農了。

　　安娜：那時候你們隊裡面沒有赤腳醫生？

　　章大媽：沒有。

　　安娜：看病怎麼辦？

章大媽：當時有一個當過國民黨軍醫的人，他懂一些西醫，但當時文革那個環境，他自顧不暇，加上也沒有藥品，所以也沒有辦法看病。其實我們村志上記載，五幾年就開始合作醫療了，就是把個體全都歸為公有，比較正規，但文化大革命全沒了。我們那個村三千人，文革前還有一點醫療費用能補助到農村的，文革中這些都沒了，就剩下一個煮鍋，消毒用的煮鍋，黑不溜秋的，但我去時還在用。

我當赤腳醫生後，農村開始計劃生育了，我們經常要給違反計劃生育的婦女強制上環或做人流。要現在來講是違背人性的，但是那時候來講沒辦法，政策如此。在公社衛生院做人流，有負壓機，腳一踩，血就出來了，你一看要流產出來的那個東西就在那裡面。但村裡沒有這設備啊，就想辦法，還真研究出來了，我們就拿獸醫的針管，獸醫的針管非常粗，這麼大的針管。葡萄糖瓶子你知道，就是輸液的那種的。把密封的葡萄糖瓶子用獸醫的針管抽真空，然後在瓶口處連上一個管子，連到擴宮器上，抽好負壓了，我們就開始擴宮，抽子宮胚胎。

安娜：如果抽到一半沒有負壓怎麼辦。

章大媽：好像還真沒有過，因為通常會準備一些抽空了的瓶子備用，主要是我們一天要流產好幾個。有時候，早上起來我們就做，抽好幾個瓶子放在那裡，有大的，有小的。那時候也沒有想過什麼危險啊，什麼副作用啊，都沒有。農村婦女病非常多，就是婦科的病，老鄉們就捂著，這兒疼，那兒癢的，其實說不出來，計劃生育檢查的時候，常常順便也把這些病查出來、治了。農民平常很少吃藥，沒有城市裡人常有的抗藥性，大部分病都能用抗生素治好。你發高燒，肯定有炎症，抗生素打兩針；發燒輕一點，去痛片、索密痛、撲熱息痛，就是這一類的藥，特別管用。如果抗生素皮試有問題了，什麼慶大黴素就跟上了。所以當時老鄉們覺得很滿意了，那時候我們村的醫

療條件算是好的。

安娜：你們當時主要是用西醫？

章大媽：中西醫都用。我們有一個中藥房，主要是一些可以治日常病的草藥，比如說肚子難受啊，胃疼啊，渾身不舒服等等，我們就給他開點這些草藥熬熬喝。

我們國家說是重視中醫，但骨子裡還是以西醫為主。這個問題我還真研究了一下，50年代初，以西醫為主中醫為輔這種模式你已經知道了，實際上就是修正過的蘇聯模式，這種模式是要用高端的教育培養高技術專科醫生，使國家有個較高的醫療水準，治療為主的導向性，關注個人醫療服務，而不是建設公共衛生計畫。這種模式對於完全工業化的國家也許適合，對於我們這種當時落後的中國，使有限的國家資源無法培訓足夠數量的醫療人員，以完成當時較大量的民眾醫療任務。毛澤東的初期想法，其實就是想在農村建立一個公共衛生體系，他說「應該把醫療衛生工作的重點放到農村去！」，「培養一大批農村也養得起的醫生，由他們來為農民看病服務。」，現在看來也許是對的，起碼符合當時中國農村的需要。他認為「現在那套檢查治療方法根本不適合農村，培養醫生的方法，也是為了城市，可是中國有五億多農民。」醫學教育要改革，根本用不著讀那麼多書……高小畢業生學三年就夠了，主要在實踐中學習提高，這樣的醫生放到農村去，就算本事不大，總比騙人的醫生與巫醫要好，而且農村也養得起。雖然不科學，但有一定的道理。

大批培養赤腳醫生就是他的主導思想，希望依靠很短時間培訓出來一批較低技能的醫師在農村工作。他所希望的醫療衛生體系就是工農兵體系，以預防為主，中西醫結合，衛生工作與群眾運動相結合。隨著文化大革命的發展深入，讓他的這個本來也許是從好的願望出發的思想，變成了政治掛帥，只為無

產階級服務，階級鬥爭爲綱的悲劇。

安娜：您後來怎麼不做赤腳醫生了？

章大媽：招工了，我當過鍛工，在當地軸承廠。

安娜：鍛工？

章大媽：我是鍛造軸承圈，就是熱鍛，要把鋼弄成形狀，我是做軸承的，汽車上的軸承，軸承鋼是最硬的，燒成特別紅，用那麼大的衝擊錘，電錘砸下來。你看我的腿上還有一個傷疤，就是當時燙的。

安娜：那耳朵會不會震聾？

章大媽：那時候耳朵都是聾的。又髒，又吵，還特別高溫，夏天那麼熱的天，我們都得在高溫下作業，而且還必須得三班倒。那個爐子不能沒事幹，那兒老燒著，你就得老做著。

我還在印刷廠幹過印刷，都在山西，我在山西待了 20 年才回來，你能看得出來嗎？

安娜：看不出來，您什麼時候回北京的？

章大媽：我在農村待了八年，包括兩年赤腳醫生，當工人 12 年，都在山西。回到北京以後漂泊了兩年，沒人管，就在大街上混。我父親 1957 年反右的時候就死了，我母親沒死，我母親帶著我們，1976 年就去世了，因爲太累了，一個人要養活著我們七個孩子。那時候父母都沒有了，哥哥姐姐當時也都是右派或被打倒了，誰也管不了誰。我回北京連住的地方都沒有，沒有房子，我就住在他們廳裡面，搭一個床。沒有地方住，沒有工作，我就在街上過，什麼活都幹過。你看得出來嗎？

他們說你整天笑呵呵的，你看不出來吃過這麼多苦，怎麼可能！我回城後趴在地下賣過菜，賣過書，在商場裡面賣過衣服，那是因爲人家覺得我挺可憐的，說我們那兒招家屬，其實我不是他們的家屬，就幫我介紹到那兒賣服裝了。我什麼都幹過，還帶著孩子，你都想像不出來，我回北京都 38 歲了，孩

子才 6 歲，我結婚特別晚，我是 1984 年生的孩子，我一直帶
著他。我也賣過藥，賣過一年的藥。

　　我的經歷特別的離奇，可以說是傳奇，不是離奇。我賣書
的時候，批我書的出版社跟上層有關係，文化部要召開一個全
國部長級會議，都是高級人物，結果說那兒缺服務人員，出版
社頭兒說咱長相各個方面還說得過去，去給他們當幾天服務人
員吧。那時候我剛到北京，離開了 20 年剛回北京，甚至不覺
得自己是北京人，融入不到裡面，特別有陌生感。所以當服務
員時唯唯諾諾的，給你擺好東西之後，我就跑到牆根兒待著去
了。她們其他人都很活潑，和那些當官的逗貧。你知道誰發現
我了嗎，曲嘯，當時特別著名的演說家，中宣部的調研員。

　　這個人非常好，他是電影《牧馬人》的原形，他在 1957
年大學畢業前夕被打成「右派」，1958 年被勞動教養，解除
勞教後在嫩江草原牧馬，1968 年又被打成反革命，被判有期
徒刑 20 年，我見到他時，他剛從東北一個大學校長的位置調
到中央宣傳部門，當時特別紅。我在牆角落裡待著，曲嘯居然
走過來，問我，你怎麼在這兒待著？挺關心的。後來我說我是
知青，他說你是知青啊，你現在怎麼樣？我說我現在戶口還沒
回來呢，我說挺難的，有陌生感。他馬上給我寫了一個他的電
話，在六部口，就是天安門西邊，叫中宣部，我當時也不知道，
中宣部是幹什麼的。他說以後你有什麼困難就來找我。

　　這是前面的插曲，1988 年我的戶口終於回來了，但回來
以後我找不著工作啊，一直在街上流浪，這個那個的。最後忽
然想起這個人了，真是事隔兩年之後，找到他辦公的地方，他
想不起來我了，但說起這件事來他記著了。他說那行，我幫你
想想辦法吧，他底下的秘書幫了一個忙，一星期後給我來了一
個電話，說你就到西直門那邊，有個國家藥品監督管理局，那
時候沒有食品，就是藥監局，你去找誰誰誰。我就去找了，還

真就管用，就上班了。這事情就這麼一個傳奇，在你危難之中，總有貴人相助，這叫天無絕人之路。

我覺得這都是屬於人的本能，你必須要生存，必然產生的一種，或者你遇見的，機遇，否則你怎麼生存。我認為知青八年的經歷，讓我學會了人的本能和生存的能力。

安娜：你一直自己把兒子帶大？

章大媽：是，我一個人帶他，也可能是我能力有限，他腦子有些問題。

安娜：就是說，您現在還要照顧他？

章大媽：嗯，他在家裡呢，看得出來嗎？

安娜：完全看不出來，您真是個了不起的母親。

章大媽：我一向給別人特別陽光的一面，我絕對不會把我這種情況給別人說，也不願意去說。我這種背景，我一個人的工資，我一個人帶孩子。雖然我在醫藥局，但是我下崗了，醫藥局2000年的時候，精簡，我們原來是400人，一定要精簡到200人，30年工齡的必須下，就下來了。

安娜：您的一生真是坎坷。

章大媽：非常的坎坷，但我從來沒跟孩子哭過。其實知青裡面也有等級觀念，誰發展的好了，就捧啊，發展不好的，就離得遠遠的。好多人來幫我，從生活上來幫我，但也有相當一部分人不願意接觸那些過的不太好的，這些人，平時弄個名牌包，一來說你看我這個多少錢買的，他們就攀比，羨慕嫉妒恨，這是一種人群。這不光是知青，現在這是社會的現象。

安娜：可是我覺得知青都六、七十歲了，不應該這樣啊？

章大媽：這是文革後遺症，是從那個時代遺留下來的。那時候天天階級鬥爭，互相之間傾軋，人和人之間老在疑心，你說話有什麼動機的？你那什麼，然後我去揣摩你，你有什麼後門了，我去效仿你，就是掏空心思的滿足自己的欲望。有的知

青互相之間心思就用在這上面了，誰發展的好，這是一個可利用的人際關係，你有頭有臉的，我哪天要用到你了。像我這樣的，好傢伙，找你幹嘛啊。他們瞧不起你，說你怎麼會混到這種情況啊，爲什麼滿地是機會，人家就混得人模狗樣的，你爲什麼到這種田地，活該。

混得好的人，他們也不理解，他們就認爲你笨，這點肯定有的，連我在內，有的時候也覺得特別笨，現在我活過來了，現在活到 60 多歲的時候，想通了，社會上總要有笨人，否則怎麼顯得您聰明？要是整個社會全都是聰明人，這個社會就不對勁兒了。

想想當年，基本都是沒有希望了，眞是無望了，這麼多年，我媽 1976 年，就爲我回北京努力，操透了心，到處求人找人，老太太那會兒多難啊。我是家裡最小的，我媽 40 多歲生的我，你想想，我媽那時候都 60 多歲了，家裡多窮啊，七個孩子，有一點東西趕緊就給別人送去，說您能不能幫我們家孩子回北京啊？哎呀，不能提這個，一提我就想哭，她也只能用這些辦法求人，最後還是沒有看到我回去。1976 年她走了，那時候我才 25 歲。

所以像我們這種背景出身的人，今天說話還是很小心的，因爲受過太多的磨難。不像那些工人出身的知青，沒有顧慮，公開的罵共產黨，我們還是有顧慮，因爲歷史給我們造成的印象，有些話不能亂講。昨天我哥哥還囑咐我，你和那個美國小姑娘說話的時候，一定不要跟她亂講，結束的時候一定要說現在生活非常好，已經改革開放了，政府太偉大了，他說一定要說現在好。當然這個也是不對的，好多東西還是要實事求是。

你看窗外站在街上服務的那些人員，大都是我們這代人。她們在公共汽車站上服務，揮小旗，維持交通秩序，還有相當一部分掃大街的也是我們這一代的，眞正能夠在家安享晚年

的，畢竟是極少數，爲了孩子孫子，她們還得繼續奔，奔到動不了爲止，這就是我們這代人的命！

我想問你兩個問題，你大學畢業怎麼分配？

安娜：沒有分配。

章大媽：你們怎麼辦？自己找工作？

安娜：對。

章大媽：那偏遠地區怎麼辦？

安娜：也是自己找，我們沒有戶口制度。

章大媽：比方像我們這邊的老少邊窮，你們那兒怎麼讓醫學院畢業生去？

安娜：完全靠自願，靠市場，哪兒需要人就一定會有人去。

章大媽：我們理解不了。

安娜：是，國家不同。我今天和您的談話可能會用在我的研究報告中，也可能用在出版的書中，您是否同意？

章大媽：談話內容都是眞實的，你隨便用。但是我還是不想我的名字出現在白紙黑字上，你沒有經過文化大革命，一旦運動來了，這些白紙黑字的東西都是說不清的。所以你還是用個假名字吧。

安娜：我會尊重您的意願。非常謝謝您的訪談，很有意思。

（結束）

✳ 訪談時間：2014 年 6 月 14 日上午
✳ 訪談地點：北京市朝陽區安慧橋附近上島咖啡廳

10 沈小平訪談

　　他看上去優雅而聰明，眼鏡後面的目光中，有一種上海男人特有的機智。他沒有做過赤腳醫生，但他確是當年上海到吉林省延邊地區插隊知青中的佼佼者，後來從生產隊被推薦到吉林白求恩醫科大學讀醫，做過多年的醫生，然後到美國又做過多年與醫學相關的工作。現在是上海思博衛生技術和護理學院的院長，也是上海最大的民營大學之一上海思博職業技術學院副校長，全國醫療衛生資訊技術培訓基地主任。他不但是當年知識青年上山下鄉運動的親歷者，亦是中國赤腳醫生發展歷史的見證者。在參觀了思博衛生技術和護理學院現代化的教學設備和明快舒適的教學環境之後，我請他以專家的角度談談對赤腳醫生歷史的看法……

安娜：您是怎麼認識赤腳醫生這個群體的？

沈小平：中國知青上山下鄉這段歷史在中國百年來的現代歷史，特別是在文化大革命的歷史中，是一個相當重要的組成部分。這是毛澤東造成的，也是歷史造成的。首先，歷史的功過我們不去評論，但是我覺得知青上山下鄉運動，如果讓我們這些從中走過來的人來說，對我們來講是體驗了苦難的人生，體驗了社會的艱辛，體驗到很多過去在城市裡面所體驗不到的東西，從這點來講還是有收穫。

再看赤腳醫生這個角度，因為你研究的主題是知青中的赤腳醫生，儘管他們只是知青中很小一部分人，不是每個知青都有機會做赤腳醫生。知青中能夠做赤腳醫生的，一個是他們對醫療衛生比較感興趣，或者有點熟悉；二是他們算是在知青中表現比較優秀的人，而且同時必須有機會才有可能做。因為絕大部分知青要面朝黃土背朝天的在地裡辛勤勞動，所以知青能夠做到赤腳醫生也是各方面表現和機會不錯的人。

我記得當時下鄉的時候，當時生產大隊有個衛生室，有一個醫生，水準也不高，也忙不過來，這麼多人要看病。所以知青中有比較優秀的，熟悉醫療衛生，或者他們父母是醫生，或者親戚朋友是醫生，對醫療衛生有一點知識的知青，被選拔去做赤腳醫生。

實際上他們沒有經過嚴格的訓練，只是通過自學，或者通過短期學習班，或向周圍懂的人學習，掌握了一部分基礎醫學知識，嚴格來講，作為專業人員來講是不夠的。但是當時中國社會條件下，這個不夠嚴格，缺乏訓練的群體，在當時的中國農村，有總比沒有好。

我覺得赤腳醫生在當時落後的社會情況下，他們應該說起了很大的作用，對於改善農村的醫療衛生情況，解決實際困難，起了很重要的作用。特別是像我們知青中的赤腳醫生，帶

來了很多的新理念、新觀念，許多醫療衛生方面的知識，是當時鄉村醫生所沒有掌握的。我比較瞭解上海知青的情況，上海知青赤腳醫生經過幾年的鍛煉以後，他們實際的治療診斷技術，很多人都超過了當地培訓過的衛生院一級的醫生。這些知青赤腳醫生們，利用各種機會學習實習，有的利用回上海探親的機會到醫院裡去學，我知道很多赤腳醫生回到上海，就到醫院裡面去學習，有的父母是醫生，學習條件更好。所以他們對於農村來講，對改善當地農村醫療衛生工作起了非常重要的作用。

163

後來文化大革命結束，改革開放，赤腳醫生不再適合社會發展的需求，他們歷史的任務告一段落了，但是他們在歷史上所做的功績是不能否認的。你不能用現在的標準來衡量他們，當時怎麼能允許這樣上崗？沒有經過專業的培訓？但是，當時確實起了很大的作用。

在農村的時候，我自己沒有當過赤腳醫生，但是將來能否成為一個醫生，當時曾經也是一個夢想，因為當時的命運自己無法決定。當知青的時候，我也沒有想到我會從知青當中成長為一個專業的醫生，這應該是一個偶然的機遇。自己在農村的時候很努力的勞動，很努力的工作，希望能夠通過自己的努力來實現自我。因為當時家庭出身不好，家裡關係複雜，父親是地下黨，母親也為地下黨工作，外公又是上海地下黨領導人，所以文革中家裡受到很大的衝擊。那時候去農村插隊落戶，儘管心裡不是很情願，但是你必須得去。當時的情況下覺得必須要通過自己的努力，才能改變家庭出身籠罩在自己頭上的陰影。所以我在知青中算是非常努力勞動的，拼命改造自己。

我是1973年上大學的，當時叫工農兵大學生，當時毛主席說今後的大學生要從工人農民戰士中選拔。我怎麼從知青成為一個醫生？正好1973年鄧小平有條件地恢復工作，認為工

農兵大學生也需要考試，因爲文革中大學招生是不需要考試的，誰表現好誰就被推薦上大學。鄧小平認爲不夠，他要求進行文化考試，所以 1973 年工農兵大學生招生恢復了文化的考試。雖然當時的考試題很簡單，但由於那時候大家都不讀書，很簡單的題也有很多人不會，我因爲平時比較注意看書學習，在大家都很差的情況下，我就算考得好的。

164

當時有一個很出名的知青考生叫張鐵生，他交了一個白卷。他說因爲他平時都在幹活，沒時間看書，一看考試題什麼都不會，所以交了一張白卷。他在考卷背面寫了一封信，說這個考試不合理，我們都沒空複習，怎麼能憑這個決定上大學呢？於是這一年選拔工農兵大學生的標準就亂套了，交白卷的也上了大學，有的考得好的反而上不成了。

當時我們都參加考試了，考完結果我當時在農場裡面還考了第一名。當時我們農場只有一個大學的指標，當時叫吉林醫學院，現在叫吉林白求恩醫科大學。在知青中當時我算是非常幸運的，領導覺得我不但考得好，平時也勤勞肯幹，所以就讓我上大學了。我聽說有些人沒我那麼幸運，因爲受張鐵生交白卷影響，被批判成只專不紅，被剝奪了上大學的資格。

進到這個大學以後，同學們都很努力，因爲不管怎麼樣，我們將來都是醫生。當時培養出來的醫生跟現在的醫生不一樣，當時毛主席說實踐出眞知，實踐第一，於是我們當時上大學的時候，首先要非常注重實踐，注重動手能力。所以在上課之前頭兩個月，都必須到醫院裡面做各種各樣的事情，我們當時的動手能力，做手術啊，急診值班等等，進步很快，很多東西還是值得現在醫學院學習和借鑒的。我們當時必須會打針、輸液、理療、手術，動手能力第一，現在很多醫生打針都打不好的，很多青年醫生畢業以後不怎麼會看病，而我們當時一畢業就直接當醫生。

我們學校是白求恩當時在晉察冀邊區創建的，叫白求恩軍醫學校。我們學校在當時的情況下，理論知識學的相對比較少，大部分都在醫院實幹。當時我們幾個知青，從北京、上海來的知青外語比較好，而其他地方的外語就差一些，讀藥方寫藥方就困難些。我們當時被留在學校，到醫院做醫生、做老師，主要任務是看病人，另外也帶學生。

我在做知青的時候，從來沒有想過將來會來這麼一所學校，知青的時候總是想前途渺茫，怎麼努力也無法改變我們的命運。很多知青都是這麼想，很多知青沒有目標，只能混日子。我當時算是有點想法的，偷偷看些書，直到 1973 年上大學以後，才開始有點理想了，要成為一個好的醫生，成為一個好的老師，但當時也從來沒有想過到美國去留學，這在當時是不可能的。

安娜：你是哪一年到美國留學的？

沈小平：我是 1988 年出去的，還不算晚。當時我已經是醫生了，我是 1977 年畢業的，在中國大學本科畢業就可以當醫生了，美國是醫學院畢業再實習幾年才可以，這是不一樣的。畢業以後，我留在長春的醫科大學第二附屬醫院做內科醫生，做了五年。後來文化大革命結束了，我又考上了本校的研究生，1985 年畢業後到任上海交通大學附屬醫院做主治醫師，1988 年申請到美國俄亥俄州立大學醫學院做博士後研究。

安娜：您已經是主治醫生了，您為什麼還要到美國呢？

沈小平：要懂得中國的很多事情，你必須要瞭解它的歷史背景。當時無論你從事什麼行業，到美國去都是一種時尚。當時 80 年代是出國風最盛的時期，很多朋友同學都去美國了，很多學習差的同學也去美國了，你不去就說明你沒有能力，你落伍了。本來，作為一個留在外地工作的上海知青，能夠回到上海做主治醫生已經是很大的夢了，已經很好了。但當時讀英

文醫學文章一天看不了一篇，看到這麼多同學都出國留學了，覺得還是應該要出去，繼續深造。於是開始申請，但美國上學的學費太貴了，我們哪有這麼多錢？我就申請博士後研究工作，不光不用交學費，還有錢給，這樣在美國一待就是這麼多年。

我自己也沒有想到會走到這麼遠，到美國去進修學習和研究。後來因為很頻繁的回國訪問考察，跟中國政府企業接觸多了，一位集團公司的董事長，認為我很有回報家鄉這個理想，又在農村當過知青，後來成為醫生，後來又到美國，等等。我們都覺得目前的中國缺少有愛心有良好職業訓練的護士，他說我正在蓋樓，要建個學校，你回來吧。我想我自己在美國學了很多東西，腦子裡一直在想，有機會我一定要回中國辦一所護理學校，可以把自己很多的理想付諸實踐。兩個人一拍即合，所以當時就決定回來。

但是回來後，碰到的困難比你想的要多得多，國內很多事情不是你想幹好就能幹的，你沒有堅韌不拔的精神是不行的。我剛回來的時候，認為這是一件好事啊，大家都很需要，社會也需要，醫院也需要，但是後來我人回來了，才知道這種學校要審批的關卡太多了，醫療專業的學校不但要區裡批，市裡批，而且還要北京的部裡批。當時為籌辦這個學校，跑了很多地方，幾乎快要失去信心。類似的學校上海現在有八所，我們是第一家申請下來的，非常不容易。

安娜：您對中國農村醫療的現狀怎麼看？

沈小平：現在中國的醫療衛生情況，我自己覺得應該是這樣，中國城市的醫生已經是不少了，但是偏遠地區鄉村還是缺醫生。所以根據目前中國的情況，把全部培養出來的醫學院學生都送到農村，最後成為鄉村醫生，也解決不了目前廣大農村偏遠地區的問題，中國的問題在於幅員遼闊，人口眾多。

現在中國需要各種不同層次的醫療衛生人才，健全的醫療制度，鼓勵和發展鄉村醫生的政策。另外，中國目前缺口最多的是護士，護士跟醫生的比例，護士跟床位的比例，每千人口的護士比例還是非常非常低。

中國不應該要求鄉村和偏遠地區的醫生都達到五年制醫學院的水準，這個不現實。以赤腳醫生在當時那個年代發揮了重要的作用來看，從速培養一批適合農村社會發展需要醫務人員，是當務之急，要根據不同的情況培養不同層次的醫生。還要建立住院醫生制度，在縣醫院以上的醫院應該是必要的，逐漸推行到全國，要不然醫學院畢業以後，沒有再經過住院醫生統一的訓練，分到基層醫院還是什麼都不會。所以三年以後，基礎打好以後，再出去，這樣就會提高整個社會的醫療水準。

安娜：赤腳醫生在改革開放後出路如何？

沈小平：後來赤腳醫生最後的命運我沒有做過調查，我相信其中他們很大一部分都經過返城的折騰，經過不同的人生歷練，沒有再進行與醫療相關的工作，這個就不用說了。少數繼續留在當地農村的赤腳醫生，我相信一部分後來經過短期的培訓、考證、進修，有些成為鄉村醫生，不叫赤腳醫生了，但幹的事情都差不多。還有一部分大概是無法完成這種職稱的訓練，就不能再當醫務工作者了，可能這部分人的命運比較慘一些。因為赤腳醫生的歷史作用已經完成了，知識青年中的赤腳醫生最後都有不同的人生結果，命運肯定是不一樣的。

安娜：您對中醫的看法是什麼？

沈小平：我覺得中醫也是有很多優秀的東西，因為它有幾千年的歷史，中間有很多非常好的東西值得借用。但是我覺得中西醫結合的路比較好，因為很多東西，特別是目前醫學上還有很多病因、疑難雜症的原因用中醫理論還解釋不清楚，治療上也沒有有效的措施。當然中醫的理論是完全可以通過自身完

善，中醫幾千年的歷史證明這套理論也還可以，所以我覺得中醫很多方面可以補充西醫的不足，在治療方面，在診斷的理論解釋方面，中西醫結合還是很好的一條路。其實，當年赤腳醫生這個群體，就是把西藥和中藥兩個一起混用的典範。

上海有一家三級甲等醫院，叫上海中西醫結合醫院，他們就是中西醫結合起來看病治病。每個省我相信都有類似的醫院，只是很少，比較少。

安娜：在上海當年的知青當中，您的經歷算是很成功的範例。

沈小平：也還有比我更成功的知青。從知青中的醫生，最後出國留學，回來辦醫療衛生護理的院校，像我這樣的例子是不太多，我好像也沒聽說過另外成功的例子，起碼在上海。這裡面有很多因素，主要支撐我的一個是過去知青的經歷，不怕苦、不怕困難的磨練。知青的經歷告訴我們，任何困難都沒有什麼，知青的經歷給了我很多堅韌不拔的精神，就是堅持。當然也不是說什麼事情你堅持就會成功，有些事情你堅持也沒有用。只是我這個選擇正好符合中國目前社會發展的需求，可以實現，所以我要堅持。

知青上山下鄉、知青赤腳醫生的經歷儘管是一個歷史，但是我覺得現在的年輕人有些東西應該是要向他們學習的，這也是每年我們學校開學第一課，我都要跟學生們講的，那種堅韌不拔的毅力，吃苦耐勞的精神，要學習。

特別是當年知青中的赤腳醫生，在那個歷史年代，在那種條件下，能夠解決一部分農村艱苦的醫療條件，關鍵是解決了老百姓看病難的問題。也許，隨著時代的發展，社會的發展，當時的醫療條件現在不適合了，但是你不能否定那個時代他們的作用，他們的好。

安娜：我可以引用我們的談話用於研究報告或書籍出版

嗎？

　　沈小平：當然可以。如果你需要問更多的問題，可以
EMAIL 給我，我可以把一些回答通過電子郵件的方式發給你。

　　安娜：謝謝您！

（結束）

＊訪談時間：2014 年 6 月 8 日

＊訪談地點：上海市浦東上海思博衛生技術和護理學院
　　　　　　會議室

11 翁永凱訪談

　　關於她的資料，我在美國就已經看過一些，她畢業於北京大學，有一個非常著名的哥哥。她運營者一個援助中國鄉村健康教育的愛心基金會，為此她辭去了在 FDA 舒適的工作，變賣了美國的房產，一心撲在改善中國鄉村醫療環境的慈善事業上。這位當年的北京市知青，曾在陝西省延安地區富縣茶坊公社吉子灣大隊插隊過的赤腳醫生、美國天普大學的生物學博士、美國食品藥品監督管理局的資深科學家，身體柔弱卻精力充沛。雖然我在到達中國的第二天，就隨她和她基金會的專家、義工遠赴河南信陽鄉下做普及衛生教育的項目，但由於她日理萬機的忙碌我竟然無法有機會和她坐下來聊一下。但她是

我這次到中國訪談的主要對象之一，我很有耐心地不斷約她，最終，在我離開中國的前一天，我在北京富麗堂皇的國家圖書館再次見到了她……

安娜：您幾歲下鄉的？

翁永凱：我下鄉的時候剛剛初中畢業，因為那時候所有的人都被送下去了。

安娜：您去的地方可以選擇嗎？有的人說他可以選擇去哪兒。

翁永凱：對，當時像我們是沒有什麼選擇的，要看，可能有的家庭出身比較好，他可以選擇，但我們那時候屬於不好的，屬於父母被打倒的子女，所以就沒有什麼選擇。當時我很希望跟我哥哥和弟弟在一起，但是也不可以，那時候讓你去哪兒就是哪兒。

安娜：您下鄉是在哪兒？

翁永凱：我在陝西延安地區富縣茶坊公社吉子灣大隊。

安娜：您是北京知青嗎？

翁永凱：北京知青。那時候去都是一個班一個班的學生都走了，你知道中國當時是這樣子的，給你貼一個紅雙喜，就像結婚那樣子，你家的小孩子插隊了，就給你門上貼一個，我們家貼了四個，因為我們家四個孩子都要到鄉下去。

因為我父母都已經關起來了，我們四個人走到哪裡他們也不知道，我們也不知道他們關在哪裡，我們兄弟姐妹彼此也不知道誰在哪裡。我只知道他們有的在東北，我弟弟在內蒙古，他們也知道我去了延安，但是延安什麼地方不知道，我們從來沒有通過信。就是這麼一個過程。

安娜：您剛到農村是什麼情況？

翁永凱：覺得和我們原來想像的不一樣，我們剛剛去的時候，當時毛主席說接受貧下中農再教育，就去了。我們問老鄉知道不知道這個指示？他們都不知道。老鄉問我們：你們幹什麼來了，逃難來了？你知道什麼叫逃難嗎，你逃到一個地方，他們說毛澤東把你們這些年輕人送到鄉下躲起來。

安娜：他們在鄉下沒有聽說過毛澤東的政策？

翁永凱：我們那兒沒有電，沒有廣播，沒有報紙，所有這些資訊他們都不知道。我們去那兒，是公社告訴他們這兒有很多學生娃來，每個隊要分幾個，你們派人來領。每個隊來了幾個年輕人，弄了幾個車子，用騾子拉著車裝的行李，每一個村幾個，把我們都放到那裡去。當時可能有兩萬多知青到延安去。

安娜：你們村裡有幾個？

翁永凱：我們村有十幾個。

安娜：都住在一起嗎？

翁永凱：沒有，我們分上面一個小隊，下面一個小隊，男女分開。當時很多，兩萬多人，包括現在國家主席習近平他們也是坐我們那個火車一起去的，什麼王岐山啊，習近平啊，大家都是一起去的。那個時候沒有想很多，也沒有想過以後會回來。

安娜：沒有強迫的感覺嗎？

翁永凱：當時文化大革命了，你沒有選擇。組織把你散在那裡就在那裡，我也不知道以後是否還可以見到父母，也不知道是否還可以再見到我的兄弟姐妹，我以後的生活就在那裡了。我做赤腳醫生，是因為我去以前已經學了一點。

安娜：您在學校已經學了？

翁永凱：是在北京，不是在學校學的，自己學的。

安娜：從哪兒學的？

翁永凱：當時我們家有一本赤腳醫生手冊，我就跟著那本赤腳醫生手冊學，自己去看，自己在自己身上試驗，都是這樣。

安娜：您當時已經對醫療感興趣了？

翁永凱：並沒有說是感興趣，因為知道要去農村，而且並不知道會回來，你在那裡靠什麼生活？我那時候年紀很輕，那時候就想說你要靠什麼來生活，如果我光是靠種地，我肯定做不過那些男生，所以那時候想要學一技之長。農村大家都知道缺醫少藥，所以就學了這些。那時候去農村之前，在自己身上都試驗過了，針灸啊，按摩啊，配一些中草藥，簡單的東西。所以走的時候就帶一些藥，很簡單的一些東西。

安娜：帶的中藥還是西藥？

翁永凱：中藥西藥都有，一般是西藥多，就帶了一個小的盒子，盒子裡面放了一些藥，買了一個聽診器。實際上赤腳醫生在隊裡並不是一個專業的職位，老鄉小孩子生病了，你就幫他看一下，比如說小孩子發燒，比如給他做一點處理，讓他怎麼去退燒，不是光單純的像現在要給藥，那時候並沒有這些，我們就是用冷手巾敷一下，脊柱兩邊做一下推拿。小孩經常的病就是胃腸道的，傷風感冒，還有一些婦女的婦科病，我們當時是用一些最簡單的辦法去幫他們。實際上赤腳醫生也沒有說是誰選的，只不過是大家都來找你，白天還是要去勞動，晚上回來人家就來找你，有時候你就會到老鄉家裡面去看。一般來說我們可以幫他看一看，讓他多喝水，給他喝一點點藥，成人的話，婦女的話，給一些止痛片，很簡單的這種。怎麼當上的，沒有說是誰選的，他們自己就會來找你，因為你幫他看好病了。比如有的老年人，有的小孩子，他身體不好，有病的時候，會來找你，你幫他看了以後，他覺得好，下回還來找你，互相一傳，他們就來找你了。很簡單就是這麼一個情況。

安娜：這個村裡面只有您一個人有醫療的技術？

翁永凱：對，另外一個村有一個是當地的，旁邊一個村，離我們五里路，那個村有一個當地的赤腳醫生，歲數大一點，但是他也沒有受到過正式的教育，都是這樣子。你如果說是一些培訓，我們沒有經過正式的培訓。但是比如我每一年的冬天，可以回到北京的時候，我都是到醫院裡面去實習。因為當時對於在農村的知識青年，城裡醫院一般都會網開一面，當然我們也認識一些人，托一些人，會讓你去跟著實習。比如我曾經在北京礦務局總醫院婦產科實習一個冬天，將近兩個月。但是真正在那裡的時候並不完全是只學婦產科，我也看 X 光片，也去化驗、檢驗科、內科、兒科，各個科都去，都去學習。晚上的時候如果有手術，要生小孩的，我就要守在那裡。偶爾的如果沒有事就睡覺，我好像在那邊很少脫了鞋睡覺，都是在值班室裡面等，白天的時候在病房裡面，幫他們拖地，給他們產婦做吃的，什麼都幹，那時候真是求知欲旺盛。

安娜：沒覺得累？

翁永凱：那個時候不會覺得累，就覺得我一定要學，不學就沒有辦法生存，你憑什麼來生存？我也曾經在長春的婦產醫院實習，就是在不同的地方去學習，也曾經上過手術臺，幫助醫生，後來我的技術也很好了。像現在經常都是剖腹產，要做手術，我們那時候基本盡可能都是讓她順產，偶爾的有剖腹產，也都盡量刀口小些。能順產的在我們手底下很少有切開的，因為你要有耐心等嘛，不像現在生孩子都是一條流水線，比如說今天 6 月 15 日，你、你、你，八點、十點、十二點、兩點，一天就是這樣。因為一般剖腹產 45 分鐘就可以做一個，現在的人就把孕婦全部安排起來，這樣全部都排在白天，也不用上夜班。而我們過去上夜班很辛苦，因為是盡量安排她們自然生產，你不知道她幾點生。有時候你覺得她宮口已經開到這麼大了，你覺得她還有一個鐘頭要生了，有時候還可以再拖

五六個鐘頭，你不停的要在那邊等，要看看她是不是快了。有時候如果有危險的話，可能就要馬上做手術，所以責任很大，就好像是在一個謎語，不可能給你安排好了。現在的醫院你可以選擇，哪一天覺得是個好日子，我就想讓孩子生在哪一天。

安娜：真的，中國可以這樣？

翁永凱：可以。現在孕婦可以選好一天，她說我就要求這個小孩這一天給我做手術，好的日子，或者和他爸爸同一天，或者和媽媽同一天，或者和他哥哥姐姐什麼同一天，我就想要生在那一天，而且生在什麼時候都可以算好，有人幫他算好那個時候的命很好。

另外，現在還有很多婦女其實她完全可以自己生，但是她覺得生完以後會發胖，剖腹產以後她的身材就很好，她說我也不想自己生，自己生完以後可能會胖。還有一個她怕疼，但是做完手術以後，那個疼一點都不比生小孩子的那個疼要輕，因為麻藥一過還是會很疼。而且現在醫學的發展，我們現在已經知道，如果是剖腹產的小孩會有很多很多的毛病，可能會產生一些比如說自閉症、多動症啊。因為本身生小孩子是一個自然的過程，你把他人為的規定時間生，是有違自然的。

你上次跟我們去河南信陽，不管在平橋，還是在新縣，我們要開展的衛生教育，就是鼓勵她們自己生。我比較幸運的是，在農村我接生了這麼多孩子，沒有死掉過一個，就是沒有發生任何意外的事情。這可能一個是比較幸運的結果，因為孕婦如果大出血或者發生別的事情，對我當時的狀況來說，都是沒有辦法處理的。

那個地方離縣裡的醫院有一段距離，你處理的不好送醫院就來不及了。過去她們都是自己在家裡面生，我去幫她們也是在家裡，但是我會把她們弄的乾淨一些，我會幫助她們盡可能不要破，尤其是初產婦，讓她不要破，減少她的痛苦。另外

是慢慢給她們培養一個衛生習慣，因為當地沒有水，生孩子的時候家裡也窮，她怕把他們的炕弄髒，所以他們就把席子翻開來，讓孩子生在土上，那是非常非常髒的，那個髒就非常容易感染。後來我弄了一塊很大的白布，把它蒸一下，蒸完以後再曬乾，下一次用的時候鋪在上面，沒有別的辦法。

安娜：從來沒有碰到難產的？

翁永凱：在醫院裡碰到過很多，但是在農村沒有，偶爾的有一些，也不能算是真正的難產，比如說時間太長，或者有的小孩生下來不哭，嗆到了，這都會有。我前兩年回去過，那些婦女抱著小孩子，我還在問，這是誰家的娃，她們說你忘了，他的爸爸就是你接生的，那年他爸生下來的時候不會哭，你把他兩個腳一拎，啪啪打幾下，他就哭了，我說我已經都忘記了。有些東西我覺得是相互信任的這麼一個過程，慢慢老百姓會把你當自己人，因為你是在幫他們。當時的農村真的非常非常貧困，也非常的怕生病，一般小的病就忍在那裡，一定要拖到實在受不了了，沒有辦法了，忍不了了，才去看。那時候像我看的病人裡面也有殘疾的，一條腿不能走路，只能幫他做按摩，做針灸，基本都是用非常簡單的辦法，因為只有這種條件，太專業的治療，他也看不起。他沒有辦法到城市或者到什麼地方的專科去看病，沒有錢。

安娜：您覺得針灸和按摩有用嗎？

翁永凱：會有些幫助，我去的時候他已經躺在床上好幾年了，下不了地，但是我幫他針灸按摩以後，他會慢慢的學著走路了。這證明你的工作還是有效果的，你就是要出力，沒有什麼別的辦法，你只有這樣做，才能幫到老百姓。

安娜：前幾天我採訪一位赤腳醫生，他後來上了醫學院，當了醫院院長，他覺得針灸這種東西是沒有用的，您覺得有用嗎？

翁永凱：我覺得真正來說在當時還是管一些用的，因為農村80%的病都是一些常見病，常見的、多發的、比較簡單的病。真正需要到醫院去的可能只有20%，你所有的這些病可以分二類，有一類是你不看它也會好，因為身體恢復了。比如說有些感冒，你多喝點水自己就會好，它看和不看它都會好，針灸按摩可以減輕一些疾病不舒服的感覺。還有一類，你看也好，不看也好，都不會好，有些病不是你到大醫院看了以後就會好的，比如癌症。

比如我在河南那邊給他們講課，問當地老鄉，小孩子咳嗽，喘了，我問你給他吃什麼？他說我給他煮肉湯、雞湯啊、吃雞蛋，加強營養。我就告訴他們說：NO，孩子本來就是肺熱，咳嗽，或者喘，這些吃了並不好，你們村裡面的水塘子那麼多的荷花和荷葉，我說你拿兩片荷葉，洗乾淨，把它在水裡煮一煮，煮完把荷葉拿掉，放一把米進去煮一點粥，放一點點綠豆，放一點點米，拿那個荷葉煮的湯給孩子吃，是清火的。他給孩子吃完了病就真好了，好了後他就傳給張三、李四、王二麻子，都告訴他們，實際上都是我講課的時候講給他們的，他們就學著自己去做。

很多知識屬於非常簡單的道理，只是農民們沒有機會知道，他們不知道，所以他就沒有這個知識，我們的任務就是把這些醫學知識多多地傳授給他們。比如農村很多人有高血壓、高血脂，但是他們天天吃的是豬油，而且吃很鹹的東西，我們就要告訴他們應該怎麼吃，才能吃的健康，才能吃的科學。所以我們基金會現在做的很重要的事情，是把這些科學的知識、健康的知識告訴他們，讓最最普通的老百姓知道。因為有些病不必要都去看醫生，有些小孩子剛剛一發燒，你馬上給他輸液，其實是對小孩子不好。現在農村真正需要的，是要把這些東西教給老百姓，讓他們自己去掌握，而不是所有的人都把自

己的命交給大夫或者交給醫院。不能大夫說你要剖腹產，我就剖腹產；大夫說你要做手術，我就做手術。我說你們要學會瞭解自己的需要，學會在日常生活中怎麼樣才能養成良好的生活衛生習慣。

安娜：您當赤腳醫生的時候也會這樣教村民們衛生習慣嗎？

翁永凱：那時候沒有很系統的教，但是會有一些東西要告訴他們。因為在農村他們缺水，從來不洗下身，婦科病就很多。我就告訴她們，尤其是你來月經的時候要注意清洗，不要幹很累的活，如果是剛剛生完孩子的時候要注意營養。比如對於剛剛生過孩子的產婦，她們什麼都不能洗，不讓她們呼吸到新鮮空氣，把她們整天關在房間裡面，窗子不能開，門不能開，像那些習俗都非常不好。所以我就告訴她們這樣不行，你們如果要找我接生，就要聽我的，我就是要改變他們的觀念。

安娜：因為您是赤腳醫生，會因此受到尊敬嗎？

翁永凱：怎麼說呢，陝北農村這些人他們缺少這方面的知識，他們還是比較尊重一些有知識有文化的人，他們覺得你們知識多，他們就願意聽你的。而且他們知道你是為他好，他就會比較尊重你。不像現在的醫院裡面，患者和醫生有時候搞不到一起，但是即便是五分鐘，有時候這個態度也很重要。如果你是醫生很不耐煩，看個病人一共就兩句話：好了，走吧。你要病人相信你，很難。

我到現在都記得那時候我在醫院實習的時候，有一次煤礦塌了，傷了很多人，一下子開了12台手術，是礦務局的總醫院，從北京調了很多大夫去，馬上連夜就開手術。我們馬上就獻血，我那時候獻200CC血，獻完血馬上上手術臺。我那時候主要做二刀、三刀，比如站在主刀大夫對過的是二刀，主刀大夫是在那邊做的，你不斷的要遞這些東西，有些手術他做的差

不多了，主要的做完了，你在邊上就要幫他縫合或者做一些輔助的工作，十幾個小時不休息。

我有一段時間是在急診室，一次，外面送來一個急腹症，肚子裡面急性的腸梗阻，板車拉過來的，很多的家屬送過來，五六個家屬，味道很大，身上很熱，又髒又那個。但是你是學醫的大夫，你一定要讓他們覺得你很關心他，比如我要握著患者的手問，你哪裡疼？你是怎麼樣一種疼？像刀子割，還是鈍痛，還是哪一種疼？你要幫他聽，幫他做檢查。要讓病人和病人家屬看到，心裡就覺得舒服了，你是非常認真，你是真心的在關心他，他心裡面就放下了。後來到夜裡給他做了手術，他腸子都穿孔了，是應該很痛的那種，但他一直沒嚷嚷。

安娜：當赤腳醫生下地幹活嗎？

翁永凱：幹的。我們掙工分，沒有工資，都是工分，我一天是 7 分。

安娜：滿分是多少？

翁永凱：滿分是 10 分，都是男的，最高，女的最高 7 分。早上是 1 分，我們早上比如六點起來，幹到八點，掙 1 分，回來吃早飯。吃完早飯上午 3 分，下午 3 分，一天 7 分。但是如果在我幹活的時候，村子裡有人得了病，有急事叫我的話，我可以去看病，我還是拿我這幾分。但是如果你勞動結束了，幫人家看病，沒有加多分的，比如我晚上去接生孩子，去打針看病，這些都沒有加分的。那時工資只有公社的書記有，他是國家幹部，我們的村長這些都沒有工資，村長書記這些沒有一個人是有工資的，農民嘛，工資只有國家的幹部才可以有工資。

安娜：農民對赤腳醫生什麼態度？

翁永凱：我們那裡態度非常好。你知道農村有一種地叫自留地，我不知道你聽說過沒有。所謂的自留地就是按人口，比如每一家有五個人，每一個人有一分地，這五分地就是自留

地。在自留地上你種的東西，收下來你自己吃，其他的地都是公家的，是隊裡面的。我也應該可以有一點點自留地，但是我沒有時間種，我就可以吃隊裡的菜，我們隊裡面自己種了一點東西，是隊裡面拿出去賣錢的。我是可以不種地的，隊裡也不給我地，因爲知道我沒有時間種。如果我要吃菜，在隊裡面的菜園子裡面，我可以摘一點菜回來。老百姓誰家偶爾做一點好吃的，也會請我去，或者給我拿一點點來。我後來還兼過一段兒老師，教村裡的小學，總共 51 個小孩，有 3 個是五年級，一年級的有十幾個，剩下的是二年級、三年級、四年級。就兩間窯洞，一年級和二年級在一個窯洞，三、四、五年級在一個窯洞，上課的時候給他們一起上。給一年級上課的時候，二年級的做作業，另外那個窯洞的也是做作業；這邊也是，給五年級講課的時候，三年級、四年級做作業。不管是語文，算術，所有的課，體育、音樂，全部是一個人教。那個時候教小孩子們學習還是蠻有意思的，跟他們和他們父母的關係還是很好的。

安娜：您不是說旁邊的村裡也有一個赤腳醫生，村裡的人會去找他看病嗎？

翁永凱：有時候會去找他看，他畢竟是當地人，語言上比較好溝通。但是他不做接生，我做接生，周圍的村子都會找我做接生，當地人家更願意找女的接生。

我們給村民看病都是免費的，藥大部分都是我從北京一點點帶去的，如果我看不了了，我會推薦他到鎮裡面去或者到大醫院去。我們村到縣裡大概十幾里路，還算比較近的，在陝北條件算好的，因此別的村的女孩子都願意嫁到我們村來，說我們村好，離公路近。那邊的人很多都是生長在山上，沒有見過世面的，但是我們村的人看見過汽車、卡車，他就覺得自己很見過世面，而且他們有的還看過電影，到縣裡面看的，所以他

們不太看得起山裡的人。

農村最困難的是缺藥，老百姓沒有錢，缺藥，另外我們自己學的醫療技術還是不夠。所以我如果有機會每年冬天回到家，我基本上都是在醫院裡面實習，都是在學。

安娜：村裡有衛生室嗎？

翁永凱：沒有，就是我住的地方，窯洞。他們要是看病都是躺在我的床上，很髒嘛，都是蝨子，所以我的床上全部都是蝨子。

安娜：那您一個人住？

翁永凱：對，因為她們後來都走了，第二年之後很多人都去當兵了，當工人了，我在那裡待了六年多。

安娜：您是當時最後離開村裡的知青？

翁永凱：就是，其他人都走了。

安娜：您當赤腳醫生多少年？

翁永凱：我至少當了六年，我去了以後就開始幫老百姓看病，一直到我走。

安娜：那時候沒有回城的機會嗎？

翁永凱：招工、當兵，都沒有我的份。我最後回來是因為新的政策說每一家只可以回來一個，我有兩個哥哥一個弟弟，他們說我是唯一的一個女孩，就讓我回來了。

安娜：那是哪一年？

翁永凱：我是 1975 年夏天回來的，我 1969 年 1 月去的，到 1975 年的 6 月份回來的。應該是六年零五個月。

安娜：沒有機會被推薦報考工農兵大學生嗎？

翁永凱：有過一次機會，1973 年我報考的時候，也考上了，正好那一年趕上一個非常特殊的事情，當時有一個知青叫張鐵生，那年他也去考了，考了個零分。他就在卷子上寫了一封信，說他因為都在農村勞動，沒有工夫準備考試。後來因為

這件事情，把那次考試重新規定了，當時全縣是 600 多人考試，錄取了 102 個，我是考了全縣第二名，我當時被北京大學錄取了。那一年北大有兩個錄取名額，一男一女，我本來報考的是北京外語學院，但是我成績考的比較好，可是我歲數太大了，他要 22 歲以下的，我那年 23 歲，所以就把我調給了北大。我那時候並不知道北大那個名額給了我們縣裡面一個水利局長女兒的，我一點都不知道，到最後重新再來的時候，就說要查這個那個，我們縣裡就把我一個人拉下來，他說我是白專的典型，意思說我是專門在學習醫學知識，沒有注意思想改造，說勞動的量也沒有他們要求的那麼多。後來我們生產隊就集體寫信，說因為我是赤腳醫生，我在下面還幫老百姓看病，還做了很多。但是已經晚了，等到把這個事情都搞完以後，那邊的招生也結束了。

安娜：您是不是有一種不公平的感覺？

翁永凱：是，很不公平。那時候很想去讀書，那時候都已經把每個被錄取的名字公佈在牆上了，馬上就要走了，然後又說你不行，等於把你拿出來作為一個典型示眾，說這樣的人雖然學習很好，但還是不讓你去。那個時代，很多時候你的命運你根本不知道會是什麼樣。結果四年之後我又上了北大，去學了生物，這都是無法預知的事情。

到今天，我覺得我已經很幸運了，至少學了我想學的專業，至少這段知青的經歷讓我知道怎麼生存。比如我現在已經 65 歲了，今天你告訴我說，你要從頭來起，你一無所有，你想做什麼，我覺得很簡單，我可以到街上賣雞蛋賣燒餅，我都可以比別人賣得好。

我覺得我的人生受我的知青經歷影響很大，另外和文化大革命也是有關係的，因為文化大革命當中我們經歷了很多事情，因為我過去從來不知道中國的農村是什麼樣子的，不知道

這個社會是什麼樣子的。

但是在農村的時候，就等於把我們打到社會的最底層。當時縣裡面有一個知青安置辦公室主任，專門負責我們這些知識青年，那種人我們說是小人，一看去了那麼多城市的知識青年，他就假裝到北京來做家訪，讓那些家長送他東西、賄賂他、給他錢。一些女生為了當工人，或者當兵，或者去上學，就去討好他，有很多女孩子就被他睡了。在那個年代有許許多多事情你想像不到，他有權力，就可以讓你的一生都無法改變，因為他有這個權力。

1973年，我明明被北大錄取了，他把我拉了下來，把名額給了水利局長的女兒，卻告訴我說這是革命的需要，這是黨的安排，你什麼都不要想，一輩子都在農村裡面，你要是好好的，聽話，我會提拔你，給你入黨，給你什麼什麼。我當時就告訴他，我說我要想幹革命，在哪裡都可以幹，共產黨也不是延安黨。他就說你小心當反革命啊，我說沒有關係，你非要說我是壞人，我現在不跟你爭，30年後再說。所以很多事情現在回想起來，我覺得當時對我來說，還是蠻大的鍛煉，可以知道應該怎麼去做人。另外你看到了中國最底層的這些老百姓，他們是什麼樣的生活，他們把所有的力氣都拿出來了，但是他們還是不能得到應得的回報。我看到過三十年前的他們，也看到過三十年後的他們，看到這些，我自己就會想，我這一生應該做什麼，我這一生應該怎樣幫助他們。

因為如果沒有他們的話，可能就沒有我的今天，我覺得他們對我的影響真的是非常大，如果沒有那樣一段知青生活，我覺得我不會是現在這樣。我在美國是一個終身的工作，在FDA收入不錯也很穩定。這時候，我覺得我已經足夠強大，可以回來用我自己所學到的東西，為他們做一些事情。中國社會的很多精力，很多的錢，都用在了不該用的地方，我覺得老百姓真

正需要的還是一個更好的、更健康、不生病、少生病的環境。

安娜：您在這方面做了很多貢獻。

翁永凱：也沒有，我覺得像我們做的這些事情其實是最普通的。作爲我個人來說，現在花的大量的時間都是在做健康教育普及。現在的中國和 30 年前我做赤腳醫生的時候比起來，沒法比了，物質極大豐富，但城鄉差別越來越大，經濟發展了，而赤腳醫生沒有了。

184

安娜：現在不是有鄉村醫生嗎？

翁永凱：鄉村醫生與赤腳醫生不同，村醫是要賺錢的。村醫怎麼賺錢，他要賣藥，賣了藥以後他才能賺到這個錢，當年我們在農村做赤腳醫生，給農民看病不要錢。我們當年在村子裡，就是這樣無償地幫老百姓看病，因爲我們那時候可以掙工分，是集體經濟，有生產隊，在當年的那種情況下，可以滿足大多數農民的需要。現在經濟發展了，反而做不到滿足大多數了。

我們現在想做的是，怎麼讓老百姓知道健康的生活方式。你看到了我們在新縣的模式，我們把政府、大學、NGO，包括國際基金會，我們把他們聚合在一起，由政府跟他們一起合作，我們來教他們怎麼去做，告訴他們怎麼做更好。我們做一些比較好的典範，讓他們來效仿做。新縣現在健康促進行動委員會成立起來了，下面各個局，各個鄉鎮的頭都參加進來，這是我們希望看見的。我們爲什麼可以這麼做？因爲我們沒有任何的利益。我們的方針是，普及健康教育，讓老百姓他們得好處，讓政府得到名和利，大家都有好處。將來這些業績都是地方政府的，但眞正的利益是給老百姓的。只有這樣，我們才可以做得更多，這也是我們在中國之所以這幾年能做下來的原因。我們沒有做很多的宣傳，愛心基金會一直是在後面，我們在一步一步的做事情。我們在平橋也做過很多很多這樣的，整

個的策劃項目，平橋做的非常好，可是就沒有一個行動委員會，最後從領導機制上沒有辦法保障。所以我們一步一步都是在做，做一個，再做一個，不斷的去做一些新的東西。

安娜：後來為什麼沒有選擇當醫生？

翁永凱：實際上我很想當，但是我們那時候沒有機會，人生很多東西不是你能夠選擇的。

安娜：赤腳醫生的經歷現在怎麼看？

翁永凱：我覺得對於我來說，這是一個非常寶貴的經歷。因為那一段吃過很多的苦，也碰到了很多困難，我覺得這些在年輕的時候遇到的苦難，對我來說都是財富。後來我去了美國，包括我去念書，包括我去找工作，他們都對我這一段赤腳醫生經歷都很有興趣。

安娜：您的夢想是什麼？

翁永凱：在 FDA 工作的時候，我們每個月都會有一個生日party，凡是這個月過生日的人，大家就在一起慶祝。有一次和朋友們一起過 50 歲生日，大家就在一起開玩笑，他說你們的生日願望是什麼？大家就說了很多很多，他們說永凱你的願望呢？我說我 20 歲左右的時候是在地裡面，在種地，那個時候就是吃不飽，我現在上面和下面的牙都沒有了，因為那時候就是極度的營養不良。我們那時候剛剛去那兒了，精神上負擔也特別重，因為父母都不在，而且所有的人都不知道怎麼跟他們聯繫，那時候精神壓力很重，有時候不能睡覺，晚上有時候要吃安眠藥。農村的老百姓還覺得很奇怪，他們問你這個瓶瓶裡是什麼？我說這是晚上睡不著的時候，我要吃的。後來我才知道，他們跟別人說，你們知道嗎？城裡人睡覺都要花錢的，他們覺得很奇怪。那個時候你要問我生日願望的是什麼？最想要的？當時，最想要的就是能吃一頓飽飯，這是當時的願望。

當然如果還有機會的話，能讓我再見一見我的父母。因

爲我們去的時候是被作爲一個「可以教育好的子女」下鄉的，是戴著「帽子」下去的，他們認爲我思想要改造，因爲文化大革命，大家覺得我是有問題的人，本來父母就是「壞人」，她自己思想也有問題。所以那時候就想，將來有一天，最後能被大家說，這個人還是好人，不是壞人，我覺得就很知足了，我的生命就圓滿了……說完，大家眼睛都濕了。

所以你要說我有什麼夢想，那個時候的夢想就是這樣，很簡單。但是如果你現在來問我，我覺得我能盡我最大的努力，能夠看得見在未來，讓這塊土地上的老百姓能夠過上好的日子，而且將來能夠生活越來越好，也不一定我這一生就能看得到，但是我已經努力了。中國現在在一個非常大的變化進程中，在這個時刻我選擇了回到中國，和這片土地上的這些父老鄉親在一起，而且我親身參與到這個過程中間，我盡了我的努力，我覺得我這一生圓滿了，就是遠遠超出了我當初的只要能吃飽飯就可以的夢想了。

安娜：當時跟你一起下鄉的同學他們的情況呢？

翁永凱：他們每個人的情況都不一樣，很多人很早就回城了，很多人現在在家裡看孫子，有的經濟條件很差。在我念完博士，到 FDA 工作的時候，我已經 45 歲了，我很多國內的女同學已經開始下崗了。命運還是給了我很多的機會，相對來說在中國，因爲我們從國外回來，我們可能說話他們還能聽得進去，但是如果我只是一個在中國普通插隊的一個普通的知識青年，他們也不會來聽了。

每個人都有不同的選擇，你不可能把所有的東西都拿到，但是你有選擇的權利。我覺得我們現在歲數大了，很多事情想做，又力不從心，覺得好像身體各方面都不行了。這次我從鄉下回來以後病了好幾天，覺得很多事情要做，但有些心有餘而力不足。

慢慢的來，因為中國需要很多很多人去做事，我們這個階段和你們這個階段都需要去鋪路，因為中國未來，中國的文明和進步是一定的，一定是往這方面發展的，但是在這個過程中需要有很多很多人去鋪路，所以我們也只能是做一點鋪路的事情。

翁永凱：那次去信陽、新縣，你覺得還有一些收穫吧？

安娜：是。

翁永凱：因為不是很多人都有這種機會，能夠到中國的最下面去，特別是從國外來的。你正好有這麼一個機會，花幾天時間下去很值得，你可以看到在城市裡面看不到的東西。

安娜：非常感謝您給了我這樣的機會，近距離觀察您及您的工作，今天我們的談話會用在我的研究中和可能出版書籍，您是否介意？

翁永凱：沒有問題。

（結束）

＊訪談時間：2014 年 6 月 18 日

＊訪談地點：北京市海澱區白石橋國家圖書館咖啡廳

12 張雪珍訪談

　　在上海的日子裡，我幾乎每天都會看到她的身影，她會時時叮囑我在上海的吃穿住行，像典型的中國長輩一樣，關懷備至。她沒有上海女人常展現出來的那種嬌柔和吳儂軟語，風風火火的乾脆和俐落，真有些東北大媽的那種勁頭，熱情、率真，做事說話乾淨利索，沒有一絲的猶豫。你很難想像當年一個只有 16 歲的上海女孩，甚至還處於情竇未開的花季，就被知識青年上山下鄉運動的大潮，捲到了千山萬水之外的吉林延邊插隊落戶，而且一待就是幾十年……

安娜：您好，想跟您談一下您做赤腳醫生的經驗。因為我在美國是學醫的，所以我在看資料的時候發現到中國赤腳醫生這個群體，覺得很感興趣。我查資料的時候看到西方人沒有太多的資料，文章也很少，他們不太明白，不太懂赤腳醫生產生的背景和歷史。所以我很想從赤腳醫生口中，瞭解你們當時在農村有什麼樣的影響，什麼樣的貢獻。

張雪珍：我很高興，你會選中我，專門對我進行一個訪談。我簡單的說一說我的經歷，1969 年我 16 歲，什麼事情也不懂的年齡，那時候正好趕上上山下鄉的高潮，史無前例的。我是 1968 年初中畢業生，那時每個人一定要下鄉的，你不下鄉不行，一定要下鄉接受貧下中農再教育。

當時我們什麼都不懂，16 歲之前我連上海都沒有出去過，要我選擇到吉林、黑龍江、江西、貴州、雲南，那麼多地方，老師讓你選擇。當時我想選擇到黑龍江去，16 歲什麼也不懂，黑龍江是農場，農場裡面能掙工資，我閉著眼睛說，老師我要到黑龍江。老師說不行，你的哥哥姐姐都在上海，你一定要去插隊落戶。當時有一首歌《延邊人民熱愛毛主席》，在全國廣泛的流傳，我很喜歡聽這首歌，就說那就到延邊去好了。就是這麼一首歌，把我唱到了吉林省延邊朝鮮族自治州延吉縣，從此拉開了我不同的人生旅程。

在延邊，一開始去真不習慣，45 年前的中國也是比較落後的，不像現在改革開放了，那時候是計劃經濟，農村還是比較苦，沒有上海好。一去的時候每天哭，實際上在火車上就開始哭了，因為上火車後才知道，我以後再也不能回來上海了，從今以後戶口什麼都到農村去了，原先我是上海人，現在到農村去了，而且到那麼艱苦的地方去。坐了整整三天三夜的火車，腳都腫了，那也沒有辦法，只知道哭。

到了那裡，哭完了之後，想想我還得好好幹，看到貧下中

農戰天鬥地，那麼艱苦，他們能幹，我為什麼不能幹，所以從今以後我也要好好幹，跟著貧下中農幹。剛到農村，我負責賣豆腐、做豆腐，在上海每個月每個人有一塊豆腐，那是計畫的，文化大革命之前都是計劃經濟，那時候不知道豆腐怎麼做，到了農村一看，豆腐原來是黃豆磨出來的，然後加點鹵水，覺得貧下中農真偉大。

下鄉以後，他們推薦我當赤腳醫生，我做赤腳醫生是1968年開始的，那時候是有部隊巡迴醫療隊下到農村，隊裡讓我到延邊軍分區醫療隊，學醫學針灸，教我怎麼樣給貧下中農治病。後來又到縣衛生院學習怎麼做赤腳醫生，我都很認真的學，在公社衛生院實習後，就開始幫貧下中農看病。開始很簡單，你感冒了給你吃鎮痛片，咳嗽了給你吃甘草片，那時候只有這些藥，主要的是針灸。針灸是我們中國醫學上的一大塊寶，我現在針灸盒子和針灸的書都留著呢，留在村裡的家裡，延邊永遠是我眷戀的故鄉，我農村的房子沒有賣，我經常回去。

那邊得肺結核的特別多，因為沒有吃的，天冷，很難治好。我當時根本不知道這種病會傳染的，我不知道，也不害怕，天天背著藥箱，去給他們打針送藥，天天晚上去，因為白天要上山種地，還要做豆腐，還要賣豆腐。當時生產隊在牛棚邊上，為我這個赤腳醫生，搭了一個小屋子，大炕，東北冷，都是炕，裡面放上草，算是衛生室了。當時只有一些甘草片啊，鎮痛片啊，感冒藥啊，那時候膠囊還沒有，好的藥都沒有，還有一些針。針消毒的時候，都是我自己在集體戶的灶坑裡面做的，集體戶做飯時，用我自己的飯盒，針頭放在裡面，再放到鍋裡，就這樣消毒的。消完毒以後，晚上又去打針，給社員看病我很熱心的，你有病了，隨叫隨到，背個藥箱馬上就過去了。

當時有個老人家，朝鮮族叫阿巴依，我們那裡是朝鮮族

地區，他得了面神經麻痹，我就開始給他針灸，先在自己身上試驗，因爲有幾個這樣的穴位很危險，部隊的醫生跟我們說像這樣的針穴很危險，說你要愼重點扎，所以我先在自己身上試驗，試驗完了，看看我沒事了，我就跟阿巴依開始治療了。三個月，一共扎了三個月，阿巴依本來很難看的，嘴和眼睛歪斜，後來給我針灸過來了，三個月，就這樣經過了三個月，阿巴依的病好了，臉也正過來了，他們非常感謝我，把我當自己的女兒一樣，一到禮拜天就送好吃的東西給我。朝鮮族都頭頂著大盆，阿瑪尼就把各種各樣的菜，鹹菜啊，都給我送過來。我當時也是很感動，我沒想到。我只是個赤腳醫生，我做的都是赤腳醫生應該做的。

安娜：您覺得當時赤腳醫生對當地的影響是什麼？

張雪珍：方便，救死扶傷。赤腳醫生好在哪兒？不像醫院，早晨八點開門，晚上五點就關門了，赤腳醫生不是的，隨叫隨到，背著藥箱。我在那兒雖然不是眞正的大夫，但他們叫我張大夫，就是張醫生，人家老百姓就這樣叫我。

安娜：您當時去延邊的時候，還有別的人從上海跟你一起去的嗎？

張雪珍：有很多，一萬八千，去延邊的上海知青有一萬八千多。

安娜：您當時去那個地方是跟其他知青一起住？

張雪珍：對，我們都是一個火車去的。

安娜：您剛到的時候，有沒有什麼不適應當地的習慣？

張雪珍：說心裡話，當時去很不習慣。在上海不管怎麼樣，還有定量的米飯可以吃，但那裡沒有大米飯，都是吃高粱米、小米、苞米，眞吃不習慣。尤其是小米，越吃越多，像沙子一樣。現在的小米是好東西，玉米也是，營養食品，但當時你是天天吃，頓頓吃，當時眞不習慣。但是不習慣你也得慢慢適應，

我剛才不是說了嗎，我在學校裡面表現也挺好，很積極，到了那兒全崩潰了，確實一開始受不了，一開始哭啊，沒辦法。

安娜： 那裡沒有溫飽問題嗎？據說當時知青溫飽問題比較嚴重？

張雪珍： 因為是少數民族地區，國家政策有照顧，吃的倒是都能吃飽。但是像菜當時是極少的，貧下中農家裡面都沒有別的，只有冬天儲存的大白菜和土豆，就是吃這個。肉也是，殺一個豬，噹噹噹敲鐘了，來領肉，好多人分，就是這樣。

安娜： 您覺得他們為什麼選您當赤腳醫生？

張雪珍： 因為我比較好強吧，他們看中我了，就選我去了。後來我才知道，不光是上海知青要去當赤腳醫生，生產隊長的妹妹她也想當，當時我不知道，後來才知道的。但當時當赤腳醫生，是領導和貧下中農共同推薦才能當的，為什麼點到我了，其實我也不知道。就像今天你點到張阿姨了，中國那麼多做過赤腳醫生的，你選中了我做訪談，好像天體運行，到這兒，就是我了。

我去了，也幹出成績來了，你看這張獎狀，我得的獎狀就是我當赤腳醫生的成果，我不說別的。又是幫阿巴依治病，又跟阿瑪尼關係那麼好，我這兩天得出一個結論，我幫阿巴依治病，幫朝鮮族治病、看病、送藥，但是他們同時也教會我怎樣去做人。

安娜： 您去培訓的時候，培訓了多長時間？

張雪珍： 那時候部隊要下鄉巡迴醫療，尤其是延邊軍分區的大夫，好像有這個任務，文化大革命，當時衛生部有這樣的指示，開辦赤腳醫生訓練班，所以部隊特別積極。到部隊培訓我大概記得是一個禮拜，後來又到縣醫院裡面培訓，一、二個星期，縣裡面培訓完了又到公社實習，到隊裡就開始幹了，就是貧下中農來了，我給他打針，給他吃藥。

安娜：您總共培訓了多長時間？培訓加實習？

張雪珍：總共培訓一個月吧。後來就邊學邊幹了。貧下中農來看病，有的不要錢，有的要五分錢，沒藥了，有時候要去公社衛生院去拿點藥，我記得挺清楚的，有個大夫就是延邊軍分區的，他是被下放的。那時候文化大革命下放幹部也很多，他們很耐心地教我，學了很多，學完之後就實踐。

安娜：您不需要去採草藥嗎？

張雪珍：要，有時候我跟阿瑪尼去採蒲蒲丁，那是涼性的，還有桔梗，那時候山上東西很多的，都去採那些草藥，我採回來給病人吃。蒲蒲丁也可以當涼菜吃，朝鮮族很會做涼菜的。

安娜：您做過手術嗎？還有接生？

張雪珍：還沒到那個程度，我主要是針灸。

安娜：您當赤腳醫生是掙工分還是工資？

張雪珍：那時候是掙工分，還得去幹活，白天得幹活，赤腳醫生是義務的。冬天地凍上了，不能幹地裡的活了，上山鑱地也不行了，你就得做豆腐，做完豆腐推著車，賣豆腐。我當時只有十七、八歲，當時有些不好意思，賣豆腐了，賣豆腐了，用朝鮮族話喊，用漢族話喊，根本不好意思，大城市下去的，但那時候只能這樣掙工分，算你出工了。

安娜：大部分的時間還是在幹活？

張雪珍：對，大部分時間和普通農民一樣，有病我去看，沒藥了我去拿藥，赤腳醫生就是這樣。

安娜：最多看的是什麼樣的病？

張雪珍：對我來說，在農村看的最多的就是感冒發燒，打個針、給點兒藥，甘草片啊、退燒片啊，那時確實沒有什麼藥，要買也是很困難的。那時候最多也就是甘草片、去痛片、鎮痛片，那時候在農村就是這些藥，關鍵是打針，打安痛定，特別多，現在可能都淘汰了，當時我們那兒連抗生素、鏈黴素都很

少的。

安娜：當地人相信您的醫術嗎？

張雪珍：大隊說你就是赤腳醫生，他們就信你。因為那個地方也是很落後的，40多年前的中國都是很落後的，都是草屋頂，連瓦都沒有，房子都是土坯的，我也幫著和泥蓋過房子。那時候也沒有相信不相信的，但是你的熱情他們承認，他們相信。

安娜：您覺得當時在農村最困難的是什麼？

張雪珍：當時最困難的，說心裡話當時還是想家。我雖然做的很好，我還是想媽媽的感覺，難以忍受，還是想家。只是到了最後，我年齡大了，我幹的那麼好了，我的父母、我的哥哥姐姐到延邊來看，阿瑪尼他們家像招待自己最珍貴的客人，把我媽媽打扮的像朝鮮族阿瑪尼一樣，而且市長都到我家來看。到最後我媽媽、哥哥、姐姐看見你那麼好，比上海還好，你說我能回來嗎，我不想回來，我是掉著眼淚回來的，最後沒辦法了，為了孩子，我回上海了。

安娜：謝謝您張阿姨，非常感謝這些天您對我的關照，也謝謝您與我分享您的人生經歷。我們之間的談話錄音，可能會用在我的研究論文中，也許會出版成書籍，您需要在這張《知情同意書》上簽字，如果您同意的話。

張雪珍：我同意，我簽字。阿姨非常喜歡你，一定陪你的爸爸媽媽再來上海，阿姨會帶你們好好看看上海，上海這些年變化特別大，他們一定會喜歡。

安娜：一定。

（結束）

＊訪談時間：2014年6月6日、2014年6月7日

＊訪談地點：上海黃浦區老西門古玩茶城、上海市貴州路鐵道賓館二樓

13 張麗華、趙立業訪談

　　在北京東四附近的一棟華麗的的辦公樓裡，我在一家開發修繕北京四合院的房地產公司裡，找到了他們，我要訪談的對象之一就是這家公司的老總。被同時訪談的是二個人，他們二個人都是北京知青，都去了黑龍江省佳木斯地區東北建設兵團，又都在一個連隊當赤腳醫生。這種奇特的經歷，讓他們有許多共同的語言和配合的默契，一個熱情奔放，一個沉穩冷靜，回憶起往事，我從他們的眼睛裡，多少能看出他們對當年青春歲月的感慨和唏噓……

安娜：當時你們是怎麼當上赤腳醫生的？

趙立業：我去了以後全是知識青年，沒有醫務人員，所以派我到團部衛生隊去學習，參加紅醫班。這個是照片，紅醫班1969年學習班成員。大概培訓了三個月，回連隊裡就當衛生員了。那時候就這麼一點知識，僅僅上了三個月的紅醫班，就三個月的水準，什麼都得幹。按現在的規定說，從醫是不允許的，可是在當時那種條件下已經不錯了。

張麗華：我們連隊有一百多人，連臨時工和知青。

趙立業：當時衛生員都是培訓的，各個連隊抽出人，選送去紅醫班。當時我還不願意去，因為準備跟蘇聯打仗，我就準備當烈士了。那時候思想教育非常激進，所以不想當衛生員，想當戰士，衛生員是後勤，我就想去打仗。後來這樣被迫的去學習，學習完了就當衛生員。那段時間有小醫小病的就治治，不懂的看看書，書上怎麼講的，慢慢摸索地做一些醫務工作。

張麗華：當時兵團一下子來了很多人，不可能配那麼多醫生，所以就採取各個連隊抽知青，統一培訓，外科、婦科、兒科，大致能掌握一下，有個有個小病小災的，可以在連隊裡解決。

安娜：你們倆是一個學習班的？

趙立業：不是一個班的，但是一個連隊的衛生員，我是男衛生員，她是女衛生員。

張麗華：我是晚一點的，選我的時候，團部又調我去團支部宣傳部，他們就換人了。那個女的衛生員調走以後，我又接她的。

趙立業：我比她早一點。

張麗華：前面的人都成我師父了。

安娜：除了看正常病，小手術做不做？

趙立業：外傷什麼的，如縫合什麼的，都做。

張麗華：有時候大傷口也縫，一次小孩手指頭給砍斷了，得趕緊給接，送醫院就晚了。還有一回，一個知青幹活關節什麼的掉了，當時他也不在，骨節掉了，你說這麼耷拉著，怎麼辦，我過去一看這麼耷拉著，露著骨頭尖。當時咱也沒具體學過，只是憑著一種責任心吧，就幫他接。你說你幹這個吧，就得去勇敢地幹，按著你學習理解的東西，摸索著給他正位，復位，就弄吧，還真給弄上了，挺好。

趙立業：都是在幹中學，也有老師，是啞巴老師，書本就是老師。

張麗華：就是基礎的東西學完以後，平時中遇到的就必須得做，一種是責任心，一種是你不行也得做。有時候也是一邊學著幹，也有逼著幹出來的。你在國外可能不理解這是怎麼回事，你也不可能培養八年再下到連隊。

趙立業：當時太年輕，都沒幹過，比如給孩子打針，孩子一哭，針一下埋裡面了。孩子他動啊，本身會的時間也短，一打針，孩子一扭屁股，針斷裡面了，又拉到醫院去手術，開刀拿出來了，這些都有過。

張麗華：真是這樣的，跟人家醫生說，趕緊的，趕緊拿刀拉開，晚了再找就找不到了，小孩老動，針尖會跑。

趙立業：所以很多東西都是練中幹，幹中學，慢慢慢慢的積累一些經驗。這些現在的人無法想像，但在當時那個艱苦的環境中，衛生員還得需要，因為缺醫少藥，我們離團裡的醫院七、八十里，很遠。

張麗華：要有個急病，必須得有車，沒車的情況下也不行。第二有車還得走兩、三個鐘頭才能到團部，特急的病還不行。你說要是連隊沒有這些衛生員，沒有人做具體的事，光靠團裡的醫院根本不行。我們剛去的時候，連裡有家屬在家裡生孩子，子宮破裂，結果大出血，這家老鄉抬著，肩膀扛著往醫

院跑，等跑到醫院就搶救不過來了，血都流光了。

趙立業：當時眞是缺醫少藥，中國農村都缺醫少藥。我們跟普通農村有點不一樣，是爲兵團的戰士服務，邊疆戰士什麼的，一些職工家屬。

安娜：你們在邊疆，有沒有碰到槍傷之類的手術？

趙立業：還沒有那樣的。

張麗華：那樣沒有，我們這邊常有出現山林大火，有燒傷的、燙傷的。

安娜：有用中草藥嗎？

張麗華：我們連隊自己搞點中草藥，我覺得我師傅還挺聰明的，他弄了很多設備，草藥被我洗乾淨，弄乾以後，他又切片，又研磨，又做蜜丸，又做片劑，有的還做成針劑，就是蒸餾提煉針劑，做了好多成品中藥。

趙立業：那時候眞的缺醫少藥，東北大片的中草藥，都是野生的，背個兜去採，去挖藥，自己給老百姓制中藥，可以把藥熬成湯，預防感冒、預防中暑，想很多辦法。

張麗華：就像剛才說的燙傷什麼的，當時也是自己弄藥，有時候老鄉打的獾，讓提煉獾油，用來塗燙傷。我們就是就地取材，弄很多東西。

安娜：把預防用的藥湯放在食堂裡面？

張麗華：沒有，送到地裡去，大家幹活去，送到地裡，大家都喝。

安娜：每個人都喝？

張麗華：對，讓大家都喝，預防很多病。

趙立業：夏天防暑，冬天防感冒，都是自己挖的草藥。

安娜：你們還做農業的活嗎？

趙立業：說是應該幹農活，農忙肯定是要幹，平時事多，基本是主要看病，但是我們覺悟高點，常常自覺的去幹活。

張麗華：另外有大的秋收啊，麥收啊，得跟著去。

趙立業：但你得背著藥包去。因為有中暑的，有外傷的，拿鐮刀一下割傷了，你得救護，得保障員工的安全。

張麗華：還有修水利都去，中間如果有什麼問題就處理，平時沒事就跟著幹，一樣幹，一樣抬土。

趙立業：都得跟著，一個衛生保障，勞動時跟著去，也幹活，但是大部分沒有時間幹，白天晚上，盡是有病的，就兩個衛生員，挺忙。

張麗華：知青啊，職工啊，還有很多家屬、孩子，哪天都有病的，特別是孩子好多病，到冬天都是肺炎、發燒。有家屬，就有生孩子的，懷孕生孩子的，等於各個科都有。我們兩個人就得全科，什麼都得掌握，什麼都得包括。

趙立業：都幹。兵團像部隊編制，最基礎的醫院叫團衛生院，我們一旦處理不了的，趕緊往那兒送。

安娜：有多遠？

趙立業：七十多里地。

張麗華：馬上有個急病送去，根本來不及。

趙立業：急病來不及，我們必須得自己處理了。

張麗華：必須在連隊先進行處理，處理到一定時候，還得有車。有時候我們半夜都去送，半夜急性闌尾炎開車去。

趙立業：對於急症病人，我們必須在第一時間做好處理，以後對病人有一好的治療機會。

安娜：特別急的病都有什麼？

趙立業：什麼都有，季節性的比較強。

張麗華：冬天的流感，孩子裡面的急性肺炎，冬天小孩盡是那樣的，我們天天等於是巡迴醫療，不是坐在那兒等著，早上走一圈挨個打針。

趙立業：背著藥箱到人家打針去。

張麗華：去每個病人家裡面。我們衛生室在這兒，家屬房在左側，挺遠的，過一片樹林，家屬房南側一片，西側又一片。所以我們每天就等於是不停地轉。

趙立業：打針一圈一圈地轉，上午打、下午打，有時候晚上也打針，沒有電燈，全是煤油燈，那時候手電筒都沒有，摸著黑走，有時候淺一腳深一腳的。

張麗華：你還要摸著黑穿過小樹林，我覺得最可怕的，就是背著包穿小樹林走，狼在不遠處叫，我們那兒真有狼，還有熊瞎子。

趙立業：非常苦，很慘，鄉下沒有路燈，都是黑的。

張麗華：我們要是都在的時候，我們一般是兩個人，白天走一圈，晚上吃完飯後，我們準備好東西再走一圈，穿樹林走，走到這邊家屬房，挨個看，看完之後再穿樹林走到那邊家屬房，每天每天都是這樣，一年365天都是這樣。

安娜：黑龍江在中國最北邊，冬天應該很冷吧？

趙立業：冬天零下30多度。

張麗華：我跟你說，這個手不能濕，濕的不能摸金屬的東西，一摸就粘上了，凍上了。

安娜：零下三十多度，那不會凍死人嗎？

趙立業：真有凍死的。

張麗華：對，你出去掉到哪塊，出不來了，真有凍死的。

趙立業：那時候我們都發個大棉襖、棉帽子，裹的嚴嚴實實的。

張麗華：東北知青全是穿大棉衣、大棉褲、大棉帽子。零下三四十度，不是你們所說的華氏溫度，是攝氏溫度。

趙立業：有的手腳凍的都不行了，都壞死了，凍傷了。

張麗華：東北還刮一種大煙炮，風一刮，那個冷啊，還不能戴口罩，你戴著帽子，再戴口罩，哈氣一出，眼睛就結冰了，

真的睜不開，再冷也不能戴口罩，所以只能這麼戴著帽子，臉露著，不能把鼻子戴上口罩，但這樣臉就受凍了，擦拉一下就全白了，凍成白塊。

趙立業：面部，耳朵凍傷很多。

張麗華：臉凍了之後，不能烤火，也不能一下子進屋，否則會起大血泡，會爛臉。

趙立業：不能拿熱水洗，必須拿雪搓，搓紅了才行，好在那裡雪冬天不帶化的，一冬天全是雪。

201

張麗華：最早的 9 月份就下雪了，下了雪就不化，一直到來年 4 月份，主要是冬天長。沒雪的時候就是蚊子，夏天蚊子特多。

趙立業：冬天的時候剛才講的大煙炮，冰天雪地，夏天是蚊蟲叮咬，瞎蒙、蚊子和小咬。

張麗華：瞎蒙很大，牠們成群結隊能把大黃牛叮死。蚊子都是大號的蚊子，一個能趕上北京三個蚊子的大小，隔著衣服就可以咬你。小咬是草裡的一種飛蠓，體態很小，從衣領裡袖口裡往你身上鑽，咬得你到處都是包，又疼又癢。所以兵團戰士也有三件寶：蚊帳、水靴、破棉襪。

趙立業：所以說瞎蒙、蚊子和小咬，是東北三件寶。

張麗華：我們有時候去挖草藥，都得戴著遮蚊帽，衣服口都弄好。你只要到草地裡一走，蚊子、小咬，嘩地一下全飛起來了。我們為了刨那點藥，淨餵蚊子了，那遮蚊帽根本擋不住小咬，小咬都鑽進去，一咬都是大紅包。

安娜：遮蚊帽就像養蜜蜂用的那個，草帽下有個簾子？

張麗華：對，就是那個，我們為了擋蚊子，擋小咬。

趙立業：東北夏天也很熱，蚊子一咬就是一片，包上是包，蚊子叮的包上又有新包，都化膿了，很艱苦。

張麗華：因為那時候歲數小，十五、六歲，有時候上廁所

蒼蠅蚊子到處都是，渾身被咬的直哭，眞是沒辦法了，咬的癢的啊，都無法形容，直哭。哭過去吧，你也沒辦法，哭過去就算發洩了，心裡的委屈出來點兒，但那些包還是癢啊，眞的，有時候特別特別的無奈。

安娜：沒有辦法處理蚊蟲？

趙立業：處理不了，整個兵團那個是大草甸子啊，沒法弄，夏天被蚊子叮得受不了的時候，我們有時候只能穿棉襖幹活，夏天還得穿著大棉襖，蚊子叮不透。

安娜：後來你們回去過嗎？

張麗華：我們後來回去了一趟，蚊子還是一樣的蚊子，沒草地了，都連成片弄成水稻地了。當時是各連弄的地，後來全統一改成水稻田了，大面積地種植水稻，回去看了看。

趙立業：原來的底子，破房子，還在那兒呢。我們的醫務室是一個非常簡陋的，就是一個坑，挖一個坑，上面搭上楊樹幹和茅草，叫地印子。

安娜：現在那個地印子還在嗎？

趙立業：那個地印子沒有了，當時挖地印子特別快，因爲當年有很多從前線下來的退伍軍人，剛到兵團時沒房子，就都是挖地印子住的。我們知青去了以後，自己蓋子房子住，後來又蓋了家屬房，蓋了好幾片，好幾十棟家屬房。

安娜：地印子就是在地下挖一個坑，上面搭點草。

趙立業：挖一米的坑。

張麗華：前面放一個窗戶。

趙立業：窗戶和我的床是平的。

安娜：怎麼進去？

張麗華：開一個門，往下走，就像去地下室似的。

安娜：如果下大雨的時候是什麼情況？

趙立業：這個水從窗戶還有從門進去了，那個水跟我們床

一般高，衣服，褲子，鞋啊，全漂起來了，水全進去了，擋不住。雨後屋就發黴，一發黴全是黴味，什麼蟲子啊，耗子啊，蚯蚓，地裡面滿是爬的東西……我們就是在地印子裡面，醫務室就在那裡面。

張麗華：所以，那時候當地的生活就是那種條件，還容易生個病，哪有醫生給他們看病。我們是知青培訓出來的衛生員，在那兒就是他們的救命恩人，見了就是叫大夫。我們連還有一個腦癱的孩子，什麼都幹不了，整天在床上躺著。我們就給她扎針灸，天天給她針灸，慢慢的扶她起來走路，後來她能下地，扶著炕沿走路。原來她誰也不認識，後來慢慢我們老去，就認得了，簡單的字說不了，一見到他就：業，業，業，就是叫趙立業，一看見我就是：華，華。

趙立業：12歲的小姑娘，腦癱，在炕上拉，炕上吃，在炕上待著。

張麗華：你像這種病人怎麼去醫院？也不可能送到醫院，沒有錢。

趙立業：我剛才說的這孩子她媽，她媽32歲就得了類風濕，跟50歲的老太太似的。類風濕什麼都動不了，骨關節都變形了，牙關節、齒關節都咬不了，就等死吧。後來我跟連長請假，我說這個病人是不是得送去團醫院，結果團裡的醫院根本看不了，說不行就送到哈爾濱。我們有團醫院，有師醫院，還有兵團總醫院，這是我們兵團系統的。連長說就送吧，她也沒錢，我們工資一個月32塊錢，我還得自掏百十塊錢帶著，你得坐車啊，得吃飯啊，我拿了錢以後就陪這個孩子的媽，從連隊坐拖拉機送到團部，再到佳木斯上去哈爾濱的火車，一路給我折騰慘了，一女人，褲腰帶自己解不了，動也動不了，吃飯也吃不了，都得我伺候著，上車我得背著她，下車得給她找坐，全是背著，上廁所得背著，褲腰帶解好了，然後再繫褲腰

帶，吃飯得餵她，到哈爾濱醫院一千多公里吧，整個都是背著，坐公車，來回到醫院，你想想有多難多累？人家都以為我是她兒子呢，問她多大歲數，以為 50 多呢，其實才 30 多。

安娜：後來怎麼樣了？

趙立業：後來住到哈爾濱醫院裡了，住了好長時間，好幾個月，回來後來就好多了，就能吃飯走道了。

安娜：您做了這麼多事，有沒有覺得付出太多？

趙立業：一點都沒有，從來沒有想要回報，就覺得是應該的。

張麗華：讓你幹這個赤腳醫生是對你的一個信任，我們就覺得咱們盡力吧，都盡力。我覺得有時候我們都超出所規定的了，我們挺主動的去做很多，如去挖各種草藥什麼的，這樣可以替病人省很多錢。我們付出點時間精力，我們去採，採完回來加工，送給病人吃，又不收費。也挺累的，你想白天我們挖東西回來，準備這個，準備那個，晚上又得跑出去看病人，不到十一點都回不來，基本都是十一點以後，轉完一圈，把東西收拾收拾，趕緊洗洗涮涮，睡覺，第二天趕快又得起來。我覺得一年 365 天天天都是這樣。

趙立業：當時覺得挺快樂的，沒覺得艱苦，現在想想多苦啊。

安娜：沒有休息日？

趙立業：沒有鐘點，也沒有鐘錶，天亮了就幹活。

張麗華：那會人都沒有錶，後來我幹赤腳醫生很久了，我家給了一塊錶，我爸說至少你能給病人號個脈。當時知青都沒有錶，就連長有個錶，用來吹哨，集合，起床。幹活的時候，什麼時候幹完了，什麼時候回去吃飯。吃完飯以後再洗洗涮涮，我們又開始準備今天要用的東西，晚上開始出去巡診，轉整個一大片農場，一天轉上幾遍。天天這樣，也沒覺得什麼，

那會沒有說禮拜六、禮拜天休息休息的，沒有。

趙立業：那個年代人們的思想受毛主席的教育，思想覺悟就是高，沒有要求回報，也不講任何條件，多苦都能忍受了，生存能力也強。

張麗華：就覺得既然人家信任你，你就不能讓別人失去信任。我覺得我們這個就跟戰爭年代當兵打仗似的，當時在那種情況下，就想著怎麼把這個任務完成，別的什麼都不想，直到勝利，犧牲就犧牲了，能活下來就是幸運的了。像我父親他們，能從戰爭年代活下來就是幸運的了。

有時候我覺得我的點子還挺多，想著弄這個，一說我就去做吧，怎麼說就怎麼做，就是兩個人鼓搗鼓搗，別管白天晚上，有時候半夜裡就給他叫起來了，一起琢磨藥。我們接生孩子經常也是半夜，人家來叫趕緊起來就去了，等你回來就是一個人穿樹林往回走。那會想什麼？也沒有什麼可想的，就覺得有病人需要了，趕緊去治，完成了，心裡就覺得踏實了。而且我覺得我們在那塊的時候，甭管什麼情況都處理，沒有出現過任何問題。

趙立業：沒出現過醫療事故。

張麗華：我們也沒有什麼大的驚天動地的事蹟，但是我們作為衛生員，可以說是保一方平安，等於保的是我們連隊的人健康平安。

趙立業：就是及時解決這些職工以及家屬們的疾病痛苦，都這麼過來了，覺得挺難忘的，回憶起來挺有趣的。

安娜：他們對你們很依賴吧？

張麗華：對。

趙立業：他們覺得就是依靠，生命的依靠。

安娜：在你們去之前連裡沒有衛生員？

趙立業：沒有，知識青年去了以後才有衛生員。連裡面一

下子一百多人了，後來家屬又去了，家屬去了事更多了，全是老弱病殘，沒有人看病怎麼行？

張麗華：東北那個地兒特別大，特別廣闊，你想像不到有多大的地方。像我們那個連，走出去十里地根本看不見人，真是荒蕪人煙，沒准你還碰到熊瞎子，碰到狼了。就是在那麼一種環境，有的時候，可能過去就是自生自滅的生活。

安娜：有些地方的赤腳醫生還要做消毒預防的工作，如防蟲防害。

趙立業：我們沒有那個東西，連消毒粉都沒有。

張麗華：蚊子消滅不了，多的殺不死，前仆後繼。東北兵團那塊你想殺東西得派飛機，飛機撒藥，而且飛機不可能因為蚊子給你撒藥。都是因為地裡有蟲子，犯蟲災了，才派飛機給你撒農藥。

趙立業：很艱苦，北大荒的赤腳醫生和一般農村還不一樣，我們那種生活的艱苦，那種缺醫少藥的狀態，跟農村是完全不一樣的。

張麗華：東北都是荒地，特別多，利用這些知青，來了之後把這兒開荒、種地，把它變成糧食地、產糧的地方，不讓它荒著，這是一個目的。第二個目的是，東北那兒老打仗，在整個情況來說是一線，培養我們成為半武裝人員。我們老半夜緊急集合，老訓練這個，一旦打起仗來，這些人就得拿起槍來，就得上前線。

安娜：當時中蘇關係緊張，但最後沒打？

張麗華：最後戰爭沒打起來。

趙立業：珍寶島戰役打完了，就沒有了。

張麗華：那年就是林彪事件，特別緊張，也說是怕，防止萬一，每年到冬天都特別緊張，說蘇聯隨時，那個大坦克隨時從江上就能開過來，特別的緊張。

趙立業：我們衛生員下連隊支援秋收，掰苞米，走到苞米地裡面，走著走著，青紗帳一下就到江邊了。一看到黑龍江，都是小夥子，都跑到江邊喝黑龍江的水，黑龍江的水很甜、很乾淨，拿軍用水壺灌水，忘了那邊是蘇聯了。正好蘇聯那邊有瞭望塔，看見了很多人到江邊來了，人家不知道你是幹什麼的，當時人家邊防部隊開始集結了。我們還不知道呢，我們喝完水高高興興的還玩呢，主航道上就是蘇聯的船，衝過來了，我們也不知道幹什麼的，就聽對面的槍響了，大夥趴在那兒誰也不敢動了，不知道怎麼回事。

正趴著，一會一隊我們這邊的邊防巡邏兵來了，問我們幹嘛的，把我們都帶走了，說要調查登記，能查出什麼？都是連隊掰苞米的知青。據說這事兒立馬弄到國防部了，通知到國防部了，說當時邊界線出現了多少多少人……後來由連部和團保衛部把我們領回去的。

張麗華：像我們翻地耙地，都回不來，早上起來開車翻地耙地，地大著呢，中午回不來，人家食堂給送飯，在地裡吃，吃完再接著幹，一天 12 個小時，就那麼幹 12 個小時，我們那時候都十五、六歲，我當時 15 歲吧。

趙立業：都沒長熟呢，現在說都是童工。

安娜：都是北京知青？

趙立業：北京的、上海的、天津的、哈爾濱的、杭州的哪兒的都有。

安娜：當年你們是主動報名去的？

張麗華：怎麼說呢，趕上我們初中畢業。

趙立業：不去不行，只要畢業了，全走。

安娜：哪一年？

趙立業：1969 年。

安娜：有人不想去嗎？

趙立業：不想去不行，也有不去的，就組織動員，家裡的父母得上學習班。

安娜：您做了幾年？赤腳醫生做了幾年？

趙立業：我是 1969 年一去就幹了，後來我就上學了，哈爾濱醫科大學。

安娜：哪一年上的大學？

趙立業：1973 年。

安娜：工農兵大學生？

趙立業：對，工農學員。

安娜：上了幾年？

趙立業：三年，到 1977 年。

安娜：正好趕上四人幫倒臺，你回北京了？

趙立業：對，四人幫倒臺了，但我沒能回北京，被分配到佳木斯兵團總醫院了。

安娜：當時不是知青都有機會回北京嗎，你沒回？

趙立業：回不來，我當時提幹了，回不來了。

安娜：後來您在佳木斯又幹了幾年？

趙立業：一直幹到 1980 年。

安娜：最後怎麼回來的？

趙立業：我淨給人家知青辦病退，開病假條，我同桌的大夫說人家都走了，將來你能在醫院當個院長？不是還得砍柴火，還得挑水。後來說你趕緊辦吧，填個表就辦吧，到北京安置辦就接收我了。接收我了，我就找院長說人家同意我回北京，院長特生氣，說你這麼年輕的大夫，怎麼就走了，思想不堅定啊，把我說一通。他把我的三聯單，就是調令，給撕了。我撿起來又粘好，又去找教導員，當時我們醫院的院長和我們的教導員，關係不太和，院長到別處開會的時候，教導員簽了字，當院長回來我已經走了。

安娜：回到北京還是醫院？

趙立業：回到北京，我被分到一個單位的醫務室，那時候已經算不錯了，回來還幹本行。

安娜：後來又幹了幾年老本行？

趙立業：一直幹到 1990 年。一個機會調到房地產公司了，我就改行了。

安娜：您是哪一年離開兵團的？

張麗華：我 1973 年就離開了，沒回到北京，當時北京誰也弄不進來，後來我去湖南，屬於是幹校。等我走了以後，後來聽說有上學的，他們都說你要不走，肯定你能上學，我說誰也沒長後眼，後來就是這樣。

安娜：以後再沒有做過和醫學相關的事？

張麗華：基本沒有。

安娜：哪一年回的北京？

張麗華：回北京是 1978 年，因為在外面上了幾年學，學工了，後來得有三四年的時間，我才能動，這才調回北京了，在一個工業企業裡。

趙立業：大部分赤腳醫生後來都改行了，也有一部分沒改行，繼續深造了。

安娜：像您這樣堅持到 1990 年的不多。

張麗華：不多，有很多都是堅持不了的。你做的這件事挺偉大的，能把這些不出名的，平凡的赤腳醫生挖掘出來，而且深入到各地去了，整個摸了個第一手的材料。

安娜：走下去還是很有感觸的，特別是小地方的，那種熱情真的讓我很感動，有些老知青都老淚縱橫，說很感謝你還關注我們。

張麗華：真的，我們覺得你這麼個小姑娘，有這麼一個志向，真是挺讓人佩服的，我們覺得像你這樣的年輕人真的挺那

個的。

安娜：還是你們做的事情更偉大，救死扶傷，還吃了那麼多的苦。

張麗華：我們當時就是趕上了一個時代的大潮，我們這一撥人做事責任心比較強，真是讓你幹了，就覺得有這個責任心，真是拼了命的幹，不考慮個人得失，不像現在的年輕人，得先考慮自己有什麼利益，我們那會沒有。

要是說起當年生活艱苦吧，真是特別苦，我們現在覺得已經過去了，都過來了。總的來講，但是經過知青這一段歷練以後，後來做工作的都能挑起大事來，甭管當時做的怎麼樣，後來回到城市，不論做什麼工作，都特別能吃苦，都能把工作做的特別好。所以我覺得後來的社會，整個靠知青回來的這一幫人在幹事，實際上還是知青這些人在支撐著。

趙立業：覺悟，還有一個覺悟。

張麗華：基礎東西還是他們支持的，有出類拔萃的，有出頭的，但是大部分知青現在什麼都沒有了，社會給予他們的待遇太不公平了。好在現在有時候，大家還能往一塊聚聚，有知青情懷還在，還特別濃。所以你能做這些事，大家肯定對你支持，真的，肯定特別熱情。

安娜：非常謝謝您的鼓勵，也謝謝您二位的時間和故事，我們今天的錄音和錄影會用在我今後的研究報告和書籍出版中，您二位是否同意？

趙立業：同意，沒有問題。

張麗華：當然同意，我們支持你的工作。

（結束）

＊訪談時間：2014 年 5 月 24 日、2014 年 6 月 16 日
＊訪談地點：北京市西城區月壇賓館、北京市東城區平
安發展大廈

14 王世華訪談

　　從山東小城淄博火車站一出來，我就看到一個滿臉風霜的
老人，舉著一塊「歡迎安娜」的大紅標語，站在出站大門口，
立刻讓我有一種誠惶誠恐的感覺，同時也有一股暖流湧上心
頭，因為我知道從她家到火車站的距離不近，開車都要一個多
小時的距離，讓一位七十多歲的老人如此興師動眾，我真的於
心不忍。好在她對我這樣一個突然闖入她生活中的美國 ABC，
不但沒有距離感反到是熱情如火，談笑中透露著這位古稀老人
的剛毅與堅強，艱難的歲月雖然寫在了她的臉上，但感覺裡她
對生活並沒有太多的抱怨，侃侃而談地聊起往事猶如講一個並
不遙遠的故事……

安娜：您是什麼時候下鄉的？

王世華：我是 1964 年下鄉的，算是山東知識青年上山下鄉中很早的一批。我們淄博一千多人一起下鄉到山東省沂蒙地區，我在郯城縣英莊公社張林大隊。那天是 10 月 5 日，今年 10 月 5 日就 50 周年了，我們要搞一個紀念活動。到英莊公社張林大隊以後，因為下鄉的知青裡面就我一個高中生，所以被指定為知青排長了，村裡的負責人，發給我一個紅十字的藥箱，說以後生病的問題你們自己解決。

於是，我就自然成為衛生員，以後又叫赤腳醫生。每天到田間地頭幹活時，都背著藥箱，誰要是磕破了，讓螞蟥咬著了，出血了，就給治一下。或者按時發防瘧疾的藥，我們那個地方叫發脾汗，熱的時候熱的要死，冷的時候蓋上幾床被子也不行，在郯城那個地方瘧疾病發生的很厲害，赤腳醫生就得給大家發這個藥，叫奎寧。赤腳醫生當時就在田間地頭，在村頭路口，做著這些常規的東西，藥箱準備著紅藥水，我們叫二百二，還一些治頭疼腦熱的藥，清涼油、針灸針、三菱針等等。那時候也沒有什麼高級的藥，還有十滴水，肚子疼了喝點十滴水，再一個是給他們按摩、刮痧、挑刺、放血，這些民間療法，這樣給老百姓去除病痛。

我在農村就是和當地社員一樣下地幹活，那時候的赤腳醫生也不給你開工資，也沒有什麼報酬，你在村裡幹活計工分，你幹那個也同樣是一天。我們村裡一天工三毛七分錢，就是一天 10 分工三毛七分錢，壯男勞力才能拿上 10 分工，女勞力只能拿 8 分工，你幹赤腳醫生和村裡幹活是一樣的。就是後來調我做代課教師，我在課餘時間也要給村民們看病，因為放學回來的時間，老社員就在門口排上隊等著了，我必須給他們針，給他們治。

我當時拼命的幹活，拼命的表現，因為當時把我的成份

弄錯了，周總理對知青說過，有成份論不唯成份論，重在政治
表現。所以我下鄉以後拼命地表現，我不信別人能幹的我不能
幹，我就不信別人能幹出成績來我不能，所以就評爲標兵了，
五好社員了，這些頭銜都來了，但還要幹著赤腳醫生這一塊，
我在那裡整整待了 11 年，這 11 個年頭我一直沒放下藥箱，一
直爲大家解除病痛。

　　後來我返城以後退休了，誰有不舒服的，頭疼了，都找我
給他們看看，當老師的肩周炎了，頸椎不好了，就給他們按摩
推拿、調理調理。他們說你整天這麼累，還這麼幹，你不知道
累啊，還帶著三個孩子。我對象在地質隊工作，在野外工作，
家裡裡裡外外男人活女人活都是我一個人幹，還攬這麼多活幹
什麼？他們說你還停留在學雷鋒時期，還是下鄉幹赤腳醫生的
那股勁。我就說習慣了，習慣了。

　　我常想，我會這些東西，能給大家解決病痛，爲什麼不利
用起來呢，帶到棺材裡面去幹嗎？就浪費了。我還辦了一個特
色美容院，叫草坪世界，之前我是推著車子，晚上在區委門前
焦裕祿廣場，弄張簡易按摩床，給大家做。上班族有時太疲勞
了，我至少可以幫他們解除一下疲勞，一般是推拿按摩、點穴
按摩，不治病，也防病。我對這一塊兒很感興趣，感覺不用打
針吃藥，捏捏掐掐就管用，比如說便秘很嚴重，給他推一下七
節骨，從尾骨上面往上推，推著推著，慢慢的他就能解下來，
要是等著吃藥打針，不一定管用。

　　當年我們幹赤腳醫生的時候，農村多艱苦，那個地方你
想找醫院也沒有交通工具啊，等病得屬害，趕到那兒就晚了。
比如老人心臟不好，以前有一種觀念說心臟病不能動，不能按
摩，但是我後來就用民間的方法，給他從後背左側肩下給他
揉，疼的他都受不了，但是疼過去了，揉開了，就沒事了。我
一個知青同學心臟也不好，冠心病，犯的屬害了，脊樑疼，而

且還有慢性膽囊炎，後背漲的慌，我就給她揉，我說會很疼，受不了也得受，堅持住了，揉著揉著就鬆開了，後來好幾天不吃藥都沒有事了，最後好了。

咱們中醫、中藥民間偏方、土法有時候很神，有一次我晚上牙痛，舌頭一轉，有個包，我們叫牙縫疙瘩，嘴裡長了一個癤，紅腫。我母親就說，起來去燙腳，我說我洗腳了，她說你再起來去燙腳，這一暖瓶水你把它用光。因爲咱們燙腳的時候腳心最怕熱，你用涼手捂著腳心，倒上熱水，踩著一點東西，讓腳心慢慢適應，然後落下去。你把腳指頭都捋一下，腳指丫、腳後跟全捋到，不要有落下的地方。我捋著捋著，舌頭再一舔，沒有了，癟了，你說神奇不神奇。我說怎麼這神啊，醫院通常得把它刺開，把裡面的膿弄出來，而民間土法就燙燙腳就好了，是不是很神奇？我一直就在用著這些方法，給知青和農民們治病。

安娜：您剛才說您下鄉的時候，您是唯一的高中生。

王世華：在我下鄉的那個莊子裡，是，我是唯一的高中生，那個莊有 17 個知青。

安娜：那些是初中生？

王世華：有初中生，也有小學生。

安娜：都是從淄博去的？

王世華：對。

安娜：所以讓您當排長？

王世華：因爲當時大都是初中生，他們認爲高中生有些文化，所以讓你負責。我們莊赤腳醫生這一塊給我了，就發一本常用中西醫醫療手冊，說就是你了。

安娜：除了發醫療手冊，沒做過其他的培訓？

王世華：我們那個地方沒有，我們的公社裡面也就一個人在那裡弄了一個小診所，沒有培訓的條件。

安娜：那您這些知識是在那裡學會的？

王世華：自學。比如說針灸、推拿、刮痧這些他不教，但我可以自學，發發藥、打個針、打預防針，你跟著人家轉一圈，就會了。平時我上醫院看病的時候，看醫生怎麼給我行針，我就問這裡幹嗎，什麼穴位，是什麼作用，我就問他。

安娜：您採過草藥嗎？

王世華：幾乎沒有。只是刮痧這一塊，我們需要一些薄荷加強療效，就自己採點野薄荷。雖然我們下鄉的地方周圍是山，但是居住的地方是個小平原，沒有上山的路，沒法去山裡採藥。

安娜：您這時候一邊打工，一邊當赤腳醫生？

王世華：對，那時候不叫打工，我們都是社員要到田裡幹活，業餘時間給大家看，晚上的時候有人喊，心口疼，胃疼厲害，你就得去看看，給些藥。

安娜：您剛拿到那個紅藥箱的時候，直接就開始幫他們看病了？

王世華：不是，看病是以後的事。當時，藥箱裡就是裝一些紅藥水啊，碘酒啊，藥棉啊，紗布啊，膠布啊，十滴水啊這些常備的那些藥品，幹活有誰外傷了給弄弄。

安娜：您當時覺得苦嗎？

王世華：現在想起來真苦，但那時因為我的心態是想著拼命的表現，所以再苦也不覺得苦。插秧的時候別人插四分，我能插兩畝，別人一下子中間拉一個鐵絲，他三行，我插七行，在大隊評比勞動表現的時候我總是拿第一名。就是拼命的幹，下大雨了，人家都跑了，我就把這一方地插完才走。所以後來累的，渾身這裡也疼，那裡也疼，關節都疼，好在我會針灸推拿，自己給自己扎，給自己按摩，所以好的技術是親身體驗出來的。

安娜：老鄉們如果有大病怎麼辦？

王世華：他有大病就不來找赤腳醫生了，人家直接到醫院了。他要來找我，我就領他去醫院，咱不能耽誤人家。

安娜：村子離醫院有多遠？

王世華：離醫院得走一個多小時。

安娜：走一個小時？！

216

王世華：對。這相對來說是離醫院比較近，比別的村，他們還有離縣城更遠的。

安娜：有沒有接生過呢？

王世華：沒有，我們那裡有一個接生婆，范大嫂，好幾個莊都是她接生。但那個范大嫂總腿疼，我每天下工後上她家給她下針，然後就好很多。

安娜：你當時下鄉的時候想家嗎？

王世華：人之常情，哪有不想的？不過我這個人還是挺開朗的，別的莊知青都是想家的時候抱成一團，哭成一堆，我們莊沒有。因為農閒的時候我就帶著大家排節目，到各個莊去演出，大家整天幹完活很累，然後再排節目，沒有空去哭，沒有時間哭。那時候叫宣傳毛澤東思想宣傳隊，我經常表演詩朗誦，每一次出去演出都是我的保留節目。

當年我們這個村莊是澇窪地，十年九不收，我們知青去後幫他們改種水稻了，一年就都吃上大米飯了，當時大米可是稀罕物啊。當時我們相信只要通過勞動，就能改變農村的面貌，我們要做新一代的新農民，改變農村落後的面貌，我們要把青春獻給廣闊農村。實際上那個時候的心態也不是亂編出來的話，當時就是那麼想的。

安娜：1964 年大規模的知識青年上山下鄉運動還沒有開始，您當時是自願去的？

王世華：因為我們家成份不好，就是出身不是貧下中農，

前途渺茫。我父親就跟我說，出身無法改變，你只有自己去奔了。所以我主動報名上山下鄉，還上臺發言了，我要下鄉，我要接受貧下中農再教育，我要走革命化的道路。所以去了以後就拼命的幹活，再苦也不叫苦，插秧累的這個胯骨疼的，躬著腰，晚上都爬不上去床，真的累，那個年代我就是那個想法吧。

安娜：所以 11 年您沒離開沂蒙？

王世華：對，1964 年下的鄉，1975 年回的城，11 個年頭。

安娜：知青是單獨自己住，還是住老鄉家裡？

王世華：我們剛去的時候是住老鄉家裡，後來給知青蓋房子，我們那兒是乾打壘牆，就是土牆，用木板夾起來，把黃土拌拌，用木錘砸牆。

剛去的時候那一年是吃集體食堂，一個人一個月 9 塊錢的生活費，是國家給的。我們 9 塊錢覺得很苦了，可是當地的社員說你們過得真好，你們還有 9 塊錢的生活費，因為他們幹一天活，男勞力一天才 3 毛 7 分錢，女社員只有 8 分工，年底一家還要欠隊裡的錢。

安娜：您對這十一年的赤腳醫生有什麼感想？

王世華：我說我挺想念那段生活，你會信嗎？我覺得我曾經給大家解除痛苦，雖然我自己也苦，但我很高興，我做了有意義的事情，我覺得這是我一生中值得留戀的一段時光。所以我退休以後還在幫別人治病，算是有赤腳醫生的情結吧。

安娜：聽說山東地區冬天冷夏天熱？

王世華：冬天那地方人可受苦了，很多人家裡沒有門，一個半截的柵欄門，沒個窗戶，更沒有暖氣和爐火，我們在屋裡都要穿棉襖棉褲。夏天就更受不了，村裡連樹都沒有幾棵，熱的人都不知道該怎麼辦好。

安娜：你們村裡面有多少人？

王世華：我們下鄉的知青是 17 個人，村民戶數不多，有

50戶吧，人不多，一二百人就頂天了，那個莊少。

安娜：您年輕時候的理想是什麼？

王世華：我讀書時候的理想是考北京電影學院，學表演。我在淄博市第一中學是舞蹈隊的隊長，也是體操隊的主力，1959年國家運動會在淄博市舉辦，我們學校的體育老師楊老師拿了體操冠軍，他看中了我，要培養我練體操。合唱隊、美術組裡面也有我，我哪一樣也不想捨，學習綜合藝術。我當時想考到北京去，想去那兒學表演、學舞蹈。初中的時候就是這樣想的，高中的時候，我父親說他身體不好，弟弟妹妹又小，你別上學了，我哭了，就偷著考高中了。那時候我爸爸身體很不好，都吐血了，肺心病很厲害，但還是同意我上高中了。

高中等我快畢業的時候，北京電影學院表演系不招生了，那怎麼辦啊？我就自己寫信，北京解放軍藝術學院給我發來了招生簡章，我就奔解放軍藝術學院去了。一中的老師真好，告訴到北京要注意什麼什麼的，但到了北京，解放軍藝術學院招生的人說，我們要高大全，你個子矮不行，我給你寫個信你到中央戲劇學院試試吧，於是就給我寫了一個信，我就又去了戲劇學院。到中央戲劇學院，招考的老師說解放軍藝術學院嫌你矮，我們就要矮個兒嗎？也不行。我就急了，我就去找領導，結果就破例讓我報名了。當時全國招25個人，四個考區，北京最多招8個人，當時初試報名的500多個，參加複試的72個，這72個人就要8個人。我參加了複試，但因為成份問題刷下來了，以後就開始文化大革命了，我這輩子再沒那個機會了，理想也就破滅了。

安娜：所以您從來沒有想過會當赤腳醫生？

王世華：小時候肯定沒想過做醫生，當時在中學談報考大學意願的時候，我就沒想過學醫這一塊兒。因為我小時候砸著指頭了，推磨把指頭壓壞了，那時候醫生就是要我每天用藥水

泡，那味道特別大，我聞著噁心。所以我一到醫院，那些消毒水味就熏得我受不了，我最怕進醫院了，結果沒有想到後來居然當赤腳醫生。

小時候媽媽就說，做菜的時候來看看，做衣服的時候來看看，我說不看不看，她說你不看，以後你就背著糞筐拾糞吧，果然，我就下鄉去拾大糞了，誰知道將來會走到哪一步啊。不過我也很幸運，能做赤腳醫生給大家解除痛苦，至少我曾經做過對別人有益的事，也值得懷念了。

這次我們插隊50周年紀念活動的時候，我們準備都回去，回到村裡去，和大家再回憶回憶那一段青春的時光。

安娜：相信您會有一個很好的回憶活動。我今天對您的訪談內容，會用在我的研究論文中，也許將來也會有一本訪談錄出版，不知您同意我用嗎？

王世華：當然同意。姑娘將來一定要再來淄博，書出版後也要送我一本。俺非常喜歡你，你可不要將俺忘了啊！

安娜：我不會忘了您，非常謝謝您花這麼多的時間陪我聊。

（結束）

＊訪談時間：2014年5月29日
＊訪談地點：山東省淄博市陶瓷藝術研究所會議室

15 楊壽成訪談

　　找他猶如大海撈針，在一個兩千萬人口的北京能找到他實在不容易。在網上看到他的資訊，只知道他原在北京市通縣胡各莊鄉的前北營村當過赤腳醫生，其他的如電話號碼、家庭地址都不知道。從北京城區到通縣，也就是現在的通州區，距離雖然不是很遠，但時間絕對超過從紐約到費城。我們從已經消失的胡各莊鄉的前北營村找到他曾工作過的潞城鎮衛生院，又從潞城鎮找到喬莊鎮，歷盡艱辛，終於在通州區喬莊監獄旁的一所老年公寓醫務室裡找到了他……

安娜：能找到您眞不容易！

楊壽成：我在潞城鎭衛生院已經退休了，這不在家待不住，所以就聘到這裡給老人們看看病，麻煩您辛苦了！

安娜：您是怎麼當上赤腳醫生的？

楊壽成：那時候正趕上文化大革命，中學畢業之後回鄉務農，在村裡面勞動了一兩年，什麼經歷都有。後來由村裡面推薦，說有赤腳醫生這個事兒，那會兒是推薦，後來被送去進修，參加了一個短期培訓班。

安娜：學習了多久？

楊壽成：不到半年，三到六個月。

安娜：在哪兒培訓的？

楊壽成：鄉衛生院，基本上那時候做赤腳醫生就是這個過程，培訓很短的時間。實習也在衛生院實習，從理論方面講講，講完就在衛生院實習，實習完以後就在村衛生室了。原來衛生室在我前任還有兩個，一塊互相帶著。

安娜：實習了多長時間？

楊壽成：都在那三到六個月裡了，時間長了記不清了。

安娜：這是哪一年？

楊壽成：1972 年。

安娜：那時候您多大？

楊壽成：十八九歲的樣子，那時候學校都斷檔了，各學校鬧文化大革命。我們屬於隊裡推薦選拔，上面也需要醫療人才。文化大革命整個醫療系統都癱瘓了，因爲醫學院校全停課了，每年沒有畢業生，但你醫療衛生還是需要發展的。那會簡單就是這個情況，後來推薦選拔我當了赤腳醫生，過幾年又讓我上了衛校，在衛校系統學了兩年。

安娜：就在通州區？

楊壽成：對，在西大街，原始的建校就在西大街那裡，我

是第三批學員，學兩年。我們是屬於醫護班，學的是醫療和護理，綜合性的，包括中西結合。後來學了兩年之後還得回老家的鄉衛生院，一直在鄉衛生院幹的，在胡莊衛生院我待了20年。

安娜：怎麼在潞城鎮衛生院退休？

楊壽成：到那兒是第四個單位了。

安娜：您是哪個科的？

楊壽成：計畫免疫，管傳染病這一塊。

安娜：您當赤腳醫生主要看什麼病？

楊壽成：那就雜了，農村也不分科，內外科，小傷小病的都弄，外傷縫合，有個小粉瘤那會也切切，牙實在不行了，也拔拔牙。

安娜：牙也拔？

楊壽成：當時就那個條件，在農村嘛。

安娜：牲口病了看嗎？

楊壽成：也看過，我曾經當過獸醫防疫員，我學赤腳醫生之前學過獸醫，也進鄉里小學習班給豬打針，預防針什麼的，在那裡幹了幾個月以後，我又重新學的醫療。

安娜：那時候學過中醫嗎？

楊壽成：當時講究中西醫結合，那時候在農村中醫都得學點。那會兒農村講究吃中藥，那時候窮啊，西藥吃不起，那個貴，中藥的飲片便宜。現在飲片比過去貴了，那時候草藥便宜，農村講究自己製藥，制這制那，制藥丸，那時候窮，沒辦法。雖然有效果，但是也沒有現在的效果好，製藥的整個工藝水準達不到，反正就是當時的社會情況，能解決基本的小問題。關鍵就是窮，沒有錢，那時候看病都是交三分錢五分錢，合作醫療，那農民也嫌貴，關鍵是窮。

安娜：您是專門當赤腳醫生，沒有一邊勞動，一邊做醫生？

楊壽成：勞動也就是戰三夏的時候下地裡去，很少，我們那個村不大，也就七百多人，得值班，夜裡有人常找你看病，基本是脫離了一線的勞動，基本算脫離了。也好多事呢，醫藥方面的事兒，你還得學習、買藥，做一些準備工作、消毒，很多事兒。

安娜：大隊有衛生室嗎？

壽成：那時候有個小衛生室，到時候老百姓有地方找你。你想縫合什麼的不能到外面去，得有固定的地方。

安娜：您看的病人你都認識嗎？一般一個村有幾個赤腳醫生？

楊壽成：都是村裡人，都認識，我們就是為本村服務的赤腳醫生。那時候，一個村裡有幾個的，也有一個人的，根據村子的大小不一樣，村子大，村長願意多培養兩個，趕上鄉里有班，就是兩個，三個，都有，根據村裡的需要。

安娜：那時候掙工分？

楊壽成：你脫離了一線，但也得掙工分，不掙錢。

安娜：您今年多大？

楊壽成：今年 61 了，去年 60 周歲。

安娜：頭髮一點不像。

楊壽成：頭髮早白了，染的。

安娜：村民們對您是什麼態度？

楊壽成：在農村這個是屬於比較乾淨的活，老百姓要求你看病，態度當然好。那會人很窮，但也有看病的需求，我們之間肯定就是需求的關係。

安娜：收錢嗎？

楊壽成：收幾分錢診費，3毛、5毛的，大隊到時候出點錢，就是普通的藥，也沒有太高檔次的藥，反正就是村裡維持著。大隊拿點錢，個人小量的拿點錢。

安娜：有沒有特別難治的病人？

楊壽成：真重一點的他自己就走了，有的不一定通過你，也沒有什麼約束，有的他覺得你這兒弄不了，直接到縣裡面，通州醫院。有時候我也幫著轉轉院，一塊去，這個都有。

安娜：您的後代有學醫的嗎？

楊壽成：沒有，我的小孩沒學，他在北京工業大學，後來念的研究生，上的人民大學，他學的是工商管理。

安娜：結婚了嗎？

楊壽成：還沒結呢，都 30 了。

安娜：您有幾個？

楊壽成：就一個。

安娜：您急嗎？

楊壽成：急有什麼用，急他不聽你的，所以也不管了，讓他自然發展吧。

安娜：您當時的理想是當醫生嗎？

楊壽成：不是，也是一種機遇，當時在特定的歷史條件下，大隊覺得你這個青年不錯，這幾個幹部一商量，找你，同意不同意？同意，同意就去了，就是這麼簡單。他們選人也得考量考量，根據你自身的情況，選的相對來說優秀點的，起碼認為是農村老實巴交的，不錯的，可靠。你說那時候文化底子哪有啊，像我們正趕上文革，沒有上什麼學，兩年的初中，不是鬥老師，就是幹別的，不講什麼課。說三年初中，實際是兩年，文化基礎沒有。後來上衛校也還是推薦選拔，所謂的考試也是象徵性的考考。

安娜：主要靠後來的實踐經驗？

楊壽成：對，因為在農村老接觸病人，實踐多一點，你再上了學，稍微到醫院實習一下，理論聯繫實踐，慢慢的就專業一點了。

安娜：村裡遇到最大的手術是什麼手術？

楊壽成：像闌尾炎這樣算大的了，我們做不了。我們也就是一般的外傷縫合，切個膿腫、小粉瘤什麼的，就是這個。外傷縫合，拉個口子給縫上，這是簡單的。

安娜：那些藥都是從縣醫院裡面給的？

楊壽成：對，但是也有的藥批，通縣給鄉鎮也有一個藥批，原來屬於國家系統的，供銷社，本身一個鄉鎮就有一個供藥的地方。

安娜：就是劃撥的？

楊壽成：對，那是屬於區域性的，屬於統派統銷那種性質的，不是現在這種。我們通州這兒有一個醫藥公司，醫藥公司這兒也進藥。

安娜：那是買還是領？

楊壽成：那是買，不花錢怎麼行。

安娜：誰出錢？

楊壽成：大隊出錢。

安娜：那個大隊不是很大？

楊壽成：不大，一個村才七百多人。

安娜：是哪個村？

楊壽成：前北營村，現在這個村都拆遷了，去年整個拔沒了。

安娜：現在都沒有了？都成住宅區了？

楊壽成：村裡都蓋樓了，地鐵六號線正在村頭，終點站，就是我們村原來的地方。

安娜：您在這兒主要做什麼？

楊壽成：這個養老院有一個衛生室，老人有小毛病幫著看看。

安娜：挺忙的？

楊壽成：有時忙，將近有一百多人。

安娜：這是屬於公營還是私人的？

楊壽成：這個有點合作的性質。

安娜：老人住這裡需要多少錢？

楊壽成：這個根據情況，是完全不能自理，能夠自理，還是半自理，收費不一樣。

安娜：完全能自理的多少錢？

楊壽成：完全能自理的少一點，完全躺在床上的就收費高一點。

安娜：五千？

楊壽成：用不了，這兒沒那麼高，這兒也就三千多塊錢。

安娜：還用排隊嗎？

楊壽成：不用，這兒一半都是三千多塊錢。

安娜：這裡有護士嗎？

楊壽成：護士也有，護工也有。

安娜：您就是看病？

楊壽成：對，我們是屬於衛生室，有點病，家裡帶點藥，負責給他發發，打個針什麼的，個別的給輸輸液。

安娜：就您一個人？

楊壽成：三個人。

安娜：三班倒？

楊壽成：不，晚上有一個人，晚上我一般回去，我在運河中學那兒住。

安娜：您為什麼會選擇一輩子當醫生？

楊壽成：我幹著幹著就退休了，沒想過為什麼幹一輩子醫生。但在這個系統內，至少屬於國家編制內的人員。

安娜：當年赤腳醫生這批人繼續行醫的基本很少了？

楊壽成：很少，占過去的三分之一。有三分之一可能幹別

的行業去了，有的病了、死了，剩下三分之一了，就是這樣。現在剩的都得持證上崗，沒有證現在不能上崗，都有證，鄉村醫生得考證。

安娜：您是不是很喜歡這個職業？

楊壽成：算是喜歡吧，幹一輩子了。當時有什麼壓力也得幹，你說你辭職吧，像我們這一代人是那種觀念：隨遇而安，不像現在的人想不幹就不幹了，我們幹就幹一輩子，怎麼樣的苦累都得幹。不願意出這個口，出這個口你能幹什麼？出了這個口你別的也什麼都不是。

安娜：你當赤腳醫生最困難的是什麼？

楊壽成：那時候既然幹也願意提高，願意深造，願意慢慢的把技術提高。一個村裡三個赤腳醫生，人家老不找你看，你心裡也不是滋味。人家一來找張大夫，你總坐在這兒，你也不踏實，就願意上進，沒人找你你幹什麼？也得繼續上進，所以困難是怎麼克服自己。

安娜：醫生這個職業越老越值錢，因為有經驗。

楊壽成：整體的這個職業是這個情況，一個理論和經驗結合的科學，實踐挺重要的，書本理論再好，到實踐當中不一樣，千變萬化。不單純是疾病方面的，還有心理方面的，其他方面都有。所以現在醫患關係特別緊張就在這兒，高風險的職業，一般孩子都不讓他學這個，風險太大、累。還要老得學習，這一輩子都得學習，沒有說你學成了，沒有。來個病你弄不透，癌症你解決不了，怎麼治癒，從發病到化療，解決不了，醫學難題太大了，風險大，只許成功不許失敗。給你看病，有一點閃失，立馬你就打過來了，然後就是醫鬧。這治病，有的時候是不可控的，醫生也不是完人，保證百分之百全部成功？不可能！醫生也可能誤診、失誤，都有，哪個沒有？小醫院、大醫院的，都會發生這種問題。所以這個行業是高風險行業，精神

壓力比較大。

　　安娜：謝謝您聊了這麼多，謝謝！

（結束）

　　＊訪談時間：2014 年 6 月 10 日上午

　　＊訪談地點：北京市通州區喬莊鎮老年公寓醫務室

16 路受光訪談

　　我們在山東平度縣做過訪談之後，驅車到青島時已經接近黃昏時分，黃海的波光粼粼十分誘人，海邊沙灘上到處都是游泳的人。在青島知青的幫助下，我住在了青島最著名的景點棧橋旁邊，因為我明天一早就要離開青島去北京，所以他們希望我在晚霞中，好好欣賞一下青島美麗的濱海風光。但就在此時，我聯繫到了住在青島新區的她，於是立刻叫了計程車直奔她家。車在擁擠的路上走了很久很久，到了地方由於門牌號碼標識不清楚，在一片樓群中又尋找了大半個小時，好在最終見到了正在焦急等待著的她……

路受光：你爲什麼要不遠萬里地來到中國做這些訪問？

安娜：我是在讀一些醫學歷史資料的時候，看到英文的一些材料有關赤腳醫生的事情，但這些有關赤腳醫生和知識青年的資料都不是很詳細，至少我目前能看到的資料是這樣。於是我就想來看看聽聽這些歷史，想採訪到個人親歷的故事，甚至有機會想把這個群體介紹到西方。

路受光：做赤腳醫生的條件很艱苦，特別在我們生產建設兵團。我是以知識青年的身份到青海的，到了青海以後，根本沒想到能學醫。我開始是在工農團，工作一段時間以後，因爲我們是搞水利的，水利搞完以後就分到農業團了，就是種地。時間不長又調我到衛生隊了，但我當時對醫學知識一無所知，因爲從來沒有學過醫學知識，一點知識都不懂。到了衛生隊以後，我們邊工作邊幹，那時候生活很艱苦。

我到衛生隊以後，第二天就開始上班，我們隊長把我領到護士長面前，隊長說從今以後你跟著護士長上班，護士長就是我的老師。我剛跟著護士長上班，護士長就說，從現在開始，以我爲主，我幹你看，不懂的地方你問。一個月以後，她說我們的角色就改變了，我幹她看，以我爲主，以她爲輔，我不懂的地方再請教她。一下子我感覺壓力很大，我們衛生隊伍基本不分科，因爲很小，條件很艱苦，內、外、婦、兒科什麼都看。

當時對我來說，打吊瓶是最困難的，打肌肉針掌握兩快一慢，把藥液開上，醫生開的處方，劑量掌握好了，然後就注射。難度更大的是打小孩的頭皮針，剛一開始學肯定是比較困難，我記得印象最深的，我上班以後以我爲首，護士長跟我說今天小孩頭皮針你來打，我說不行，還是你來打吧，她說不行，你必須開始打第一針。我碰上第一個要打頭皮針的小孩，正好是我青島同學的女兒，他女兒發高燒，肺炎。我們的關係很好，她的女兒很嬌氣，血管又很細，她又哭又鬧的，我就退卻了。

我就跟護士長說，這是我同學的女兒，我們關係很好，你看她的小孩那麼小，萬一我一針打不上，我以後沒法面對她。我說：這一針你先打吧，下一針我再來。護士長看我一眼，沒說什麼，病號很急，她就打上了。可偏偏下一個小孩頭又要打頭皮針，護士長瞪我一眼，意思就是你這針非打不可，我一看這個病號，這麼巧，是我們農場裡女霸王的孩子，那女霸王特別厲害，她長的五大三粗，我曾經和她在一個連裡待過，她和男知青打起仗來，她都能拿鐵鍬，說我今天非鍬了你，她就是這個樣子。

我一看是她的孩子又打退堂鼓了，我就跟護士長說，我說護士長，這是女霸王的孩子，全農場有名的女霸王，我可不敢打，萬一我打不好，她真的會打我。護士長又瞪了我一眼，護士長也知道那個女霸王，大家都知道，護士長只好又打上了。到第三個病人的時候，我真沒辦法了，愁的我啊，好在第三個算是我有福氣，第三個是個老兵的孩子。你知道老兵嗎？老兵就是復員軍人，老兵他們孩子都很多，知青的孩子都是一個，頂多是兩個，都很嬌氣，老兵的孩子三四個，他們的孩子比較潑辣，他們都是農村去的。第三個正好是老兵的孩子，我戰戰兢兢的總算是打上了，因為這時候也沒法再推辭了，所以我的第一個頭皮針真是一波三折，還行吧。就是學習起來很艱苦，沒書沒資料，我們不是先學好了再幹，而是邊幹邊學習。

安娜：您插隊在哪個地方？

路受光：青海省格爾木建設兵團。格爾木是高原氣候，缺氧。

安娜：您怎麼會去那麼遠的地方？

路受光：我是 1965 年初中畢業，畢業以後青島市不包分配，所以就去了。

安娜：您繼續講。

我在衛生隊工作起來了，後來衛生隊又進來幾個人，本來衛生隊就不是很充足，那時候有的人結婚生孩子了，有的回家探親了，也有調走的，因爲那個地方很艱苦，大家都不願意在那個地方待，所以才輪到我有機會到衛生隊。我們新來的都不大會幹，衛生隊也怕出事，就組織了學習班，衛生隊的隊長，還有醫生，他們輪流的給我們講課。平時我們自己上班就跟班，八個小時你要幹下來，不會的地方衛生隊那麼多醫生，你可以問。好處是我們宿舍和衛生隊隔的很近，青海那個地方環境所限，都隔的很近。你有什麼不懂的地方，或者有急診病號處理不了的，你馬上就可以叫醫生。我當時學的是護士，當班的都有醫生，你請醫生，這個醫生處理不了，他再找別的醫生會診。

我們那時候的環境很艱苦，那時候藥材很缺，不像現在，什麼高檔的藥都有。在學習班的時候我們很努力地學習，不謙虛的說，我是學的很好的，衛生隊的領導，對我都比較認可，本身我也喜歡這個工作。老師下一堂課講什麼都事先通知我們，我就自己在下面看看書。上課的時候如果老師提問一些問題，他說：我們今天講什麼，有誰知道？我馬上就能說出來，因爲預先看書，但是學習班辦的時間不長就停了。

安娜：您繼續講怎麼去的格爾木。

路受光：我說過，我初中畢業以後，青島市不給分配工作，因爲領導說青島市滿員了，沒有工作崗位。

安娜：但是格爾木太遠了。

路受光：當時都聽毛主席的號召，到農村去，到邊疆去，到祖國最需要的地方去。當時有部《崑崙山的一棵草》那個電影你看沒看過，我們當時受那個電影的影響很大，新疆、青海、內蒙也有生產建設兵團，去了很多知識青年，那個電影影響了很多人，年輕人那個時候眞是一顆紅心跟黨走。

安娜：家裡讓你去嗎？家裡有阻力嗎？

路受光：我出身不好，1965 年我初中畢業，我哥哥是高中畢業，我們畢業以後都沒有工作，因爲我們家出身不好，這個你可能不會能明白。

安娜：我明白，這是中國文化大革命的特色，許多人都受到影響。

路受光：我哥哥他想這樣在青島沒工作，混社會青年，挺丟人的，還不如到祖國最需要的地方鍛煉自己，和家庭劃清界線。當時純粹就是這種思想，一點也不攙假，沒有現在的功利啊，眞的就是這樣的。我哥哥先去了青海格爾木建設兵團，半年之後我哥哥回來探親，給我講青海怎麼樣鍛煉人，怎麼樣廣闊天地大有作爲，給我講了好多思想進步教育的話。

那個時候我一直沒有就業，家庭出身不好，也沒有出路，我也不想在家裡當社會青年。正好青島市還組織知識青年去青海支邊，因爲那邊很荒涼，人煙稀少，工業、農業都不發達，那個地方氣候也不好，土地也不好，但我還是去了。

安娜：這就是當時那個時代人的理想，沒有雜念，就是一心聽黨的話？

路受光：對，沒有任何雜念，我們就是爲了建設祖國，保衛邊疆，屯墾蓄邊，就是這個想法，很單純，也不考慮什麼功利，不考慮什麼待遇，就去了。

安娜：很單純的。

路受光：對！去的時候在火車站上，家裡送的人都哭，難過的不行了，我們反而覺得沒有什麼。當然，那麼小就離開父母也挺難過的，火車一開也掉眼淚了。帶隊的領導都很會調整情緒，組織大家唱歌：迎著春風，迎著陽光，跨山跨水到邊疆。我們當時唱軍歌戰歌，建設兵團的歌，一唱起來大家情緒就很高漲。其實我們就是一顆紅心兩種準備，保衛祖國，建設

祖國……就是這樣，一路歌聲就到了青海，沿途到西寧等地都受到歡迎，還給我們安排了農墾教育展覽。

其實，一到青海我就有高原反應了，第二天我們參觀農墾教育展覽會，聽著聽著我就感覺頭暈了，站不住了。那個時候還不到 20 歲，還沒有你大，不好意思說出來，剛一到西寧就報病號，根本就不好意思。人家都在前面看展覽會，我看著看著實在是站不住了，我就跑到後面牆上，倚著牆在那兒站著，閉著眼，那時候噁心頭暈得真是站不住了。這時候帶隊的過來了，那個人挺好的，他當年也就有 40 多歲。他過來以後跟我說，你怎麼了？看著你臉黃黃的，你哪兒不舒服？我就跟他如實說了，頭暈、噁心，站不住了，說著我就掉眼淚了。他說你是哪個班的？你叫什麼名字？你們班長叫什麼？我就告訴他了，他把我們班長叫過來了，他和班長說，你領著她到醫務室去看看病，你看她的臉蠟黃蠟黃的。然後我們班長帶我去了招待所醫務室，醫生給我打了針，吃了藥，送我回房間睡了一覺，就好了。我當時不知道，那就是高原反應，因為高原缺氧，那時候剛到西寧。

在西寧學習了三天，我們就去格爾木了。年輕，也仗著身體棒，適應能力強，到格爾木以後我就慢慢的適應了。其實我們到格爾木很艱苦，那個艱苦沒法說了，三天三夜也說不完。那個蚊子真厲害，我們是 4 月份到的格爾木，他們說我們要過生活關、勞動關和蚊子關。生活關就是飲食不習慣，在青島吃慣了米和麵，這邊都是混合麵，特別難咽，其實那種糧食本來是當飼料的，我們當時也不知道。再加上青海高原缺氧，水 80 多度就開，東西都煮不熟，再加上高原火也不旺，蒸什麼都蒸不熟，饅頭黏糊糊。那時候知青鬧伙房非常厲害，很多男生去鬧伙房，他們拿起饅頭沖著伙房的牆扔，那個牆不像我們的牆那麼平，是土坯抹上泥蓋的房子。他們拿起饅頭，往牆上

一扔，那個饅頭就粘在牆上，就能黏到那個程度。那些男知青說我們幹這麼重的活，你們蒸這樣的饅頭，太不像話了，就鬧伙房，吵架。

後來領導他們出來解釋，不是他們做的不好，是高原缺氧，木柴又不好，麵又是混合的，大家後來才慢慢的理解了。饅頭再難吃，勞動那麼累，回來也得吃飯。有的知青就哭，中午吃飯的時候他就哭，我們都勸他：你別哭了，幹一上午活很累了，中午休息一會，下午還要出工。他就說，哎呀，你們怎麼樣啊？我是一點也吃不下去，他一口也吃不下去，哭、鬧。半年以後，你吃也得吃，不吃也得吃，你總不能餓著。再就是蚊子太多了，夏天格爾木將近 40 度的太陽，戈壁灘太陽一出，地裡都往外面散熱。到晚上太陽落下來的時候，地又開始吸熱，所以那裡溫差特別大。白天出工有多麼熱？我們都戴著手套，戴著防蚊紗帽，捂得嚴嚴實實的，那個領子也不敢有一點縫隙。你只要露出一點縫，一圈全是蚊子咬的紅疙瘩，沒法說了，這就是蚊子關。還有勞動關，比如我們要碼水渠，我們那個水渠一米六八高，我們要把土揚到上面，有時候太高了，有時候你碰到地勢很高的時候，揚不上去的時候，要用筐往上抬。本身我這個人個子不是很高，我長的又不是很壯，那個筐我抬不動，在青島哪幹過這這麼重的活啊！我初中畢業就過來了。筐我抬不動，我就用手使勁這樣擎著，我後面那個知青他比我個子高，也比我壯，他把筐使勁往他跟前拉，想減輕我一點負擔。但是我們抬上筐，裡面又是沙，又是土，還有鵝卵石，你要往坡上上，簡直就上不去。

那時候，你上不去，人家說你偷懶，不好好工作，評不上五好戰士，所以就拼著命使勁往上上。本來我就有點高原反應，實在上不去了，腿一軟，一下子就趴在地上，然後我就放聲大哭，這一哭才喘過這口氣來，很多時候就是這樣熬過來

的。我們當時勞動很艱苦，後來我們領導，看我實在不能幹，他就給我安排工作去修坡。你把水渠挖好以後，有一個坡度，水渠有個高度，上頂多寬，底多寬，挖好以後我去修那個坡。有的地方鼓出來了，所以你去修修，鼓的地方給它鏟一鏟，把土揚上來，凹的地方你想辦法補上這個土，修坡這個工作相對比較輕鬆。

水渠修好以後，工農團沒有活幹了，大家都去種地，那麼多的地你儘管種就是了，於是就到了農業團。到了農業團以後分我在炊事班，在炊事班幹了一段時間以後，正好有一個機會衛生隊調人，就算是一個機遇，我就又調到了衛生隊。長話短說吧，幹了這麼多年，我自己真是邊幹邊學，邊參加學習班，那個時候團部辦的學習班，師部辦的學習班，大家經常學習學習，還有點條件，書啊也買一些，不過那時候買書都買不著。

到衛生隊以後工作環境稍微好一點了，因為起碼你學了一定的知識。後來團部黨委看我們這批學員出身有很多不好的，就強行解散了學習班，所以把我們全下放了。下放以後，你從哪個團隊來，你再回哪個連隊去，我又回到炊事班了，後來又幾上幾下。

我學醫的經歷很坎坷，儘管我經歷了這麼多的坎坷，這麼多的困難，但是後來還是學成了，我又考了職稱，又轉了幹。但這一切，調回青島之後，這些全都沒了，你回來以後要服從青島市的安排，就是這樣。

安娜：您退休之前一直在醫院？

路受光：一直在幹醫務工作。

安娜：赤腳醫生經歷是影響您這一生的？

路受光：是。當年好多赤腳醫生，回來以後有一小部分再幹，大部分就沒有幹了。我們青海回來的這些也是大部分都轉行了，當時因為年限和其他的原因，他趕不上考職稱這個事，

再一個四人幫倒臺以後，國家比較重視文化，對這些醫務單位要求特別嚴格，你必須有正規醫學院校畢業，像我們這樣繼續幹醫療工作都很困難。

但是在當時兵團那個情況下，趕鴨子上架，你實在是沒有辦法。人不可能不生病，你生了病必須有人要看，有這個人邊學邊幹，總比沒有的強。我們不光是看自己兵團的，我們還要給高原上的少數民族服務，哈薩克、藏民，他們就住在我們連隊的附近。有時候他們碰到有病號了，就騎著馬，騎著駱駝，到我們那兒的衛生室找我們。如果他們實在不方便，比如說要接生了，他們就請我們過去幫他們接生。

我最後去了一團十連，離團部特別遠，條件特別艱苦，而且它是大連地，管理特別嚴格。這裡原來有一個衛生員，她是我們副團長的夫人，她也是個知青，但她是副團長太太。她身體不好，副團長又肯定在團部工作，他們兩個人肯定不能老是夫妻分居，所以團裡為照顧她，把她調到衛生隊去了。這樣十連就缺了一個衛生員，十連是大連隊，勞動強度那麼大，離團部又格外遠，衛生隊的人又誰都不願意來。

就這麼一個機會，領導說，把小路調過去，既然大家都不願意去，艱苦的環境，把她調過去鍛煉鍛煉，把十連的衛生工作能擔當起來，就是這樣一個機會把我調回到衛生工作。當時領導找我談話的時候跟我說，你去吧，不管怎麼樣，十連條件雖然艱苦，但是很鍛煉人。你要想學醫，必須多接觸病號，你不接觸病號你學理論學一輩子也沒用，你見一個病人比你學一天學一學期都管用。他說你去了以後好好學，繼續學，以後有機會我一定把你再調回衛生隊。

就這樣我就去了十連，後來又分配下來一個醫生，四川醫學院畢業的，原來是團衛生隊的頂樑柱，因為一些問題被處分，把他下放到十連了。我跟著他一段時間，跟他學了很多東

西，比如接生、產前檢查、檢查胎位，給他們正胎什麼的，包括接生，都是我們自己做。有時候一天都能接生兩三個，挺忙的，但是也挺好的，我可以學到東西。你若沒有接生的實踐過程，你書本上學多少年也沒有用。有的時候會碰到難產，包括難產也是我們自己處理，因為連隊沒有汽車，只有拖拉機和馬車，送團衛生隊根本來不及。

我就這麼在十連幹了很多年，雖然也挺艱苦，工作幹起來倒還算順心。衛生員這個工作必須隨叫隨到，平時也做些消毒、打掃衛生這些工作，連隊裡面的知青都很幫助我。比如我想消毒，那個時候不像現在的消毒條件那麼好，我們都用高壓消毒器，高壓消毒器很重，我這個個子抬不動，還有我們是生的鐵爐子，鐵爐子燒木柴，知青都很幫助，見我是一個女的，沒有那麼大的體力，他們幫著抬消毒器，幫助撿木柴，然後他們把木柴幫著給劈成一小塊一小塊的。我們消毒最多的就是產包、縫合包，縫合工作做的也挺多的，特別秋收的時候，鐮刀大家都磨的很快，不小心碰到哪個地方，你就要處理傷口，做縫合。

安娜：您好像沒有種過地？

路受光：我幾乎就沒幹過農業，一下去就挖水渠，挖完水渠，我調到農業團在炊事班幹，後來我就從炊事班調到衛生隊學習，再調到農業十連，但是我在醫務室，我就沒幹過大田的活。雖然有時候農田活忙了，我們也下地，但那都是背著藥箱，看大家誰手腳破了，幫人縫合縫合，或者抹點藥水，或者夏天那麼熱，怕中暑了，給他們發個藿香水什麼的，我一直在幹醫務工作。

安娜：您主要用西藥、中藥？

路受光：那時候青海中藥很少，我們主要就是用西藥。但是我自己學了針灸，我家爺爺就是中醫，我姥爺也是中醫，所

以我會一些。

我們在連隊裡面都是常見病、多發病，就是平時檢查胎位、接生，頂多有個胎位不正，你給她正胎。但是在正胎的時候，我特別喜歡中醫，也可能是家庭的原因，我從小有哪兒不舒服，姥爺就給我做針灸，我印象很深。如果有胎位不正的話，給他正胎的時候，我們就用灸條，你知道灸條嗎？

安娜：不知道。

路受光：你不知道，我拿個灸條給你看看。我特別喜歡中醫，我現在還在學習中醫，這就是針灸的針，這也叫銀針，我自己都可以給我自己扎，這個是合谷。

安娜：這個要扎到皮膚裡面？

路受光：我扎一下給你看看，不要緊，我經常給我自己扎。你不敢扎？我不給你扎，我母親90了，她有心臟病，她房顫，我有時用這個給她治。

我很喜歡中醫，正胎的時候我們不用其他的辦法，也不用粗暴的辦法，就用這個灸條，把它用打火機點著以後，需要灸哪個地方就灸哪個地方。比如我下個針給你看看，你別害怕，我們學的時候就在自己身上做試驗。中醫不像西醫要求那麼嚴格，但是我們這個針也要高壓消毒，但是我自己用就沒那麼嚴格了。我針的這個合谷穴，是一個常見的穴，你用拇指這一道門，緊扣這個虎口，很自然的過來，這個拇指到達處就是合谷穴。首先是刺破皮膚，有層次的，有天部，有人部，有地部，一個層次，一個層次的，慢慢的扎，這樣就下來了。這樣進針，要停半個小時，或者停20分鐘，這就是行針，針就在這個地方起作用，我們行針20分鐘吧。

如果是婦科病，比如你是受寒了、受涼、受潮、水汽太多了，就把這個點著了，就這樣灸。灸條，這是個艾，裡面是一種天然的植物，內地到處都是，就可以把藥帶進去，把灸條的

味通過熱量帶進去，把你身體裡面疏經通絡，就是這樣。

你準備讀醫學院？其實你應該學點中醫，我只是給你提這個建議。中醫的辦法特好，比如我怎麼樣處理胎位不正，有的胎位不正了，我們就用灸條給她灸，就在腳指頭那個穴位，那個穴位叫治陰，就用灸條點著以後熏治陰穴。

安娜：這在美國人無法理解，西方醫生無法理解，這個東西怎麼熏一下，就把胎位弄正了。

路受光：做的時候病人仰臥，要把衣服搞寬鬆些，皮帶、腰帶全要鬆開，然後讓她躺在床上，小腳指頭旁邊，你就給她灸熏就行了。灸的時候她自己就能感覺到胎動，你也能感覺到腹中胎兒在動，灸一陣，胎位就好多了，尤其是臀部正胎率特別高，臀部在沒生產之前完全可以正過來，一正過來，發現胎位正了以後，馬上給她用腹帶固定，別讓再轉了。

我喜歡用中醫，因為我們當時缺醫少藥，比如消炎用的最多的就是磺胺，你知道磺胺這個藥嗎，現在已經淘汰了，它的副作用特別大，我們用的磺胺藥最常用，但是對胃腸刺激很大。即使這樣，這個藥也供不應求，有時候病人牙痛啊什麼的，我就給他們用針灸。還有痛經，我們知青裡面痛經的特別多，因為勞動強度大，有時候她們痛的直哭，我就給他們用針灸扎，叫做針灸止痛，效果很好，而且沒有副作用。

我很喜歡用針灸，我現在還在學習中醫，一點副作用也沒有。你們不瞭解我們在中國看病有多難多貴，你無法理解。我母親 90 了，我母親中風中了三次，你知道腦中風吧？我母親中風中了三次，我們都沒住過院。就是上醫院做個 CT，做個檢查，然後看看醫院裡下個什麼結論，看看醫院裡面怎麼用藥，然後我就給我母親簽字畫押出院，否則人家醫生不讓出院，我就把母親領回家了，三次都是我自己在家裡面給她治。去年我母親 89 了，又中風一次，半邊臉都腫了，肉都掉下來

了，第三次中風。我們去醫院做的檢查確診了是腦血栓，不是腦溢血，然後就回家我給她打吊瓶，擴張血管，打完吊瓶以後我又給母親做針灸治療，我剛做完這一個療程的針灸。今年老人90了，自己又能走路了，生活基本自理，90歲老人有這個狀態也就不錯了。

安娜：幸虧她有您這個懂醫術的女兒。

路受光：爲了這個醫，我自己知道吃了多少苦。所以我說人生就是曲徑通幽，經歷了那麼多坎坷，但是能到最後通幽也可以，我也滿足了，我也知足了。

安娜：所以回望人生您有什麼想法？

路受光：我感覺光陰似箭，這是我最大的感覺。第二個感覺是我沒有虛度光陰，其實我還有很多話沒有說，現在都半夜了，我有很多都沒有說，下次吧。

我喜歡醫務這個工作，我的感覺是我一生沒有虛度，無論我調到伙房還是幹醫務室工作的時候，沒事我就看書，那時候也沒有電視，也沒有業餘生活，大家下班就在家裡面坐著聊天，我就在床頭上看書，沒事我就看書。我反正就喜歡讀書，我當時想醫學的書看了總沒有壞處，大不了我自己不舒服的時候還可以用一點，所以我一直沒有放下學習，挺好的。

我的人生感悟就是曲徑通幽，雖然經歷那麼多的坎坷，吃了那麼多的苦，受了那麼多的挫折，但是最後我覺得挺好的。我現在不爲別人，就爲了我的父母，活好。我父親活了93歲，今年3月6日剛過世，他有心臟病，血壓也高，髖關節脫位，做過手術，拄著雙拐，而且生前前列腺做了尿道造痩手術，平常的時候掛了一個尿袋，今天堵了，明天漏了，後天掉出來了，都是我在伺候。這十多年，我學的這些東西，最起碼可以爲我自己家人服務，我覺得我過去所受過的苦值得。

安娜：您的經歷確實很坎坷，我可以用您的訪談資料用在

我的研究報告中或出版書籍中嗎？

　　路受光：沒有問題。只是你的時間太緊張了，爲什麼不在青島多玩幾天？

　　安娜：我一定還會再來。

　　路受光：下次，有機會我給你講講高原上的故事。

　　安娜：好，非常感謝您！

（結束）

　　＊訪談時間：2014 年 5 月 31 日 -6 月 1 日凌晨

　　＊訪談地點：青島市新區路宅

17 郭凱軍訪談

　　從北京市區找到通州區的時候，一路問人，很多人都不知道通州區梨園鄉小稿村這個地址，直到在大雨中找到一個漂亮的住宅社區，幾十棟像紐約曼哈頓上城那些高層豪華公寓聳立在路邊，我被告知這就是原來的梨園鄉小稿村。由於沒有可以事先聯繫他的方式，我在極度的失望下還是努力了一把，應了中國人那句成語：老天不負有心人，我居然在一個老人的指引下，找到了他位於社區內的診所。進屋的時候，他還在睡午覺，我是把他從床上驚醒的，這樣尷尬地面對一個陌生人，這在我人生中還是第一次……

安娜：眞對不起！把您吵醒了。

郭凱軍：這不算什麼，病人常常這樣叫醒我。

安娜：您這裡可眞難找，這裡是小稿村？

郭凱軍：小稿村已經沒有農田了，都變成住宅區了。這裡是一期，還有二期。

安娜：完全想不到。

郭凱軍：要是沒來過的人，要找以前的小稿村根本沒有了。

安娜：您是回鄉青年嗎？

郭凱軍：算是初中畢業。雖然我有大學文憑，實際說起來就是小學畢業。因爲正趕上文化大革命，中學那時候也不上課，三年學制再縮成兩年，而且兩年不上課，後來就讓回家幹活，快畢業去了到時候給一個證完了，等於中學的知識一點都沒學。

安娜：您這不是也有醫生證書了，是後來上的學校，還是進修的？

郭凱軍：沒進修，我是自己自學的，我參加了全國自學高考，取得了畢業證。

安娜：那很厲害，自考很厲害。

郭凱軍：對，全是自學的。

安娜：您是哪一年當的赤腳醫生？

郭凱軍：1972 年，是那個時候。

安娜：那個時候是村裡推薦的？您是怎麼當赤腳醫生的？

郭凱軍：那是村裡的叫去的，就是經過大隊黨支部推薦的，提議推薦的。

安娜：1972 年開始的？

郭凱軍：1972 年。

安娜：您今年高壽？

郭凱軍：今年 60 了，還不到 61。

安娜：就一直在這個村裡從赤腳醫生幹到現在的鄉村醫生？

郭凱軍：對。

安娜：就算沒離開過。

郭凱軍：就算沒離開過。中間有一點小波折，30多年，就不要再提了。

安娜：您當赤腳醫生是看什麼樣的病人？

郭凱軍：當初剛幹時參加了一個短期培訓，我們這些人都是由短期培訓出來的，三兩個月，到村裡以後什麼人都看，什麼病都看。

安娜：有沒有做過手術？

郭凱軍：沒有。

安娜：小的手術也沒做過。

郭凱軍：手術沒做過。後來我自己弄點縫合，主要是外傷縫合。因為我沒在大的醫院學習過，屬於大批發展赤腳醫生那部分人。早期赤腳醫生第一批、第二批都在一些大醫院，正規的培養過，有些人可能能做一點小的手術。我後來就是一個短期的培訓班，沒有做過。

安娜：您那時候是誰教的，在哪兒學的？

郭凱軍：那時我們屬於通縣城關公社，現在的名叫潞城鎮，一般的各縣好像都是城關公社，因為離城比較近，主要培訓是在衛生院。

安娜：那時候你當赤腳醫生還需要勞動嗎？或者不需要？

郭凱軍：我們就基本上沒怎麼勞動，農忙也下去。

安娜：也算工分？

郭凱軍：掙工分。也下地去過，主要是幹兩秋，秋收秋種，後來有一段時間輪班回生產隊勞動，幹幾天以後再回來。這樣有過，基本還是主要是收麥和秋收的時候下去，到各村轉轉，

到地裡轉轉。我記得早些時候，1973年、1974年還種點草藥，其實也沒形成作用。

安娜：草藥是自己種的？

郭凱軍：草藥不是自己種，隊裡幫著種。那時候大環境有這種形勢，大家都種一點，但也沒起什麼作用。我們這個村還是靠買的藥多，咱們這個小稿村還做過中藥飲片，我是1973年時在城關衛生院學習製藥，接觸了中醫，再加上自己學點，當然學的比較膚淺，制了一些中藥飲片，因為那時候藥品管制不像現在這麼嚴格。現在職業分工規定太細了，鄉村醫生外傷都不能瞧，因為你沒有外科執照。我說你讓我們在農村看病不讓瞧外傷，但一年總有幾個碰到不理解的，你不是讓我們挨罵嗎。來一個外傷的找你，您拿創可貼貼上讓他上衛生院，他能不跟你抬杠嗎？真不瞧不是讓我們挨罵嗎！真來了，你必須得給人家包上，就算讓他到醫院去瞧，你也得給人家包上。舉著流血的口子來，再讓人家提著走啊，擱咱們這兒也不行。

安娜：農村現在的醫療體制變化最大的是什麼？

郭凱軍：醫療變化最大的就是農村合作醫療城鎮報銷。

安娜：能報多少？70%？

郭凱軍：沒有。

安娜：不到70%？

郭凱軍：今年發的醫療本我沒怎麼看，好像在衛生院看病能報一半，是55%還是50%。

安娜：縣醫院呢？

郭凱軍：縣醫院可能就低10個百分點了，越往上越低。一級醫院就是衛生院，二級醫院指的是縣級醫院，三級就是區域的大醫院。

安娜：文革那時候都是全報嗎？

郭凱軍：我知道一開始的時候由村縣醫院給三聯單，拿著

三聯單到各級醫院看病，劃一劃價，看病。看病完了之後花多少錢你不要管，都跟村裡結帳，村裡有合作醫療資金，人家劃走多少錢，村裡付完該付的數，還需你要付多少錢，再跟你算。主要就是那個時候看病就花五分錢，到醫院看病也沒多少錢，後來有很多賬也都沒結了。我記得我們村和縣醫院那時候有很多賬都沒結了，因為那時候確實沒錢。

安娜：那時候村裡面就你一個赤腳醫生？

郭凱軍：不是，最多的時候五個人，後來從 1984 年村集體解體了，生產隊解體了，都分田到戶，個人都分田了，農村衛生室不屬於村集體了，就不辦了，不辦以後我們各自都回自己家了。

安娜：現在小稿村的地都蓋房子了，村民們怎麼辦？

郭凱軍：村資產都搞成股份制了，每年有一個固定的分紅，每月有一個固定的股金，股民給你的股金，每個月一個人給幾百塊錢。

安娜：那不是很多。

郭凱軍：不是很多。

安娜：社保都給安排了嗎？

郭凱軍：社保由市、縣、個人分攤。市、縣各拿 40%，我們個人拿 20%。另外，男的在 60 周歲，女的在 55 周歲，有鄉村養老保險，每月 300 塊錢。

安娜：那個宅基地補償沒有錢嗎？

郭凱軍：宅基地房屋給錢了，但是你得買房子住。

安娜：現在開這個診所夠不夠維持生活？

郭凱軍：我現在要是一個人當然夠，掙個千兒八百的，但養家糊口肯定懸。反正我這兒情況是這樣，我旁邊是藥店，梨園衛生院社區服務站也在邊上，小稿村總共一千多口人，加上外地租房子的，兩千多人，反正大概齊吧，還湊合著吧，有時

候村民來我這兒，是因為熟悉，加上我可以配中藥。上午剛給一個病人抓了八劑藥，這都是吃過好幾回的了。

安娜：您的孩子有沒有繼承學醫？

郭凱軍：我姑娘是學醫的，就在梨園衛生院。

安娜：那不錯的，後繼有人。

郭凱軍：當初大女兒說要幹，我說你別幹這行，這行不好找工作，但她就學定這行了。

安娜：喜歡？

郭凱軍：她就學定這行了，你勸什麼都不行，非要學這行，別的專業不報。當年考大學時，我說你報這個也不礙事，把第一意願報這個，再選一個別的，她不填，非學這個，後來在河北白求恩醫科大學畢業的。

安娜：那很好啊，學完又回來了？

郭凱軍：那個時候梨園衛生院正趕上發展社區衛生，農村衛生院都招人。

安娜：您裡面的人都比較熟啊？

郭凱軍：倒沒有什麼太大的妨礙，再說正趕上招人，也不用多費勁。這樣畢業就上班。

安娜：這很好了，中國一年有好幾百萬的大學生找不到工作。

郭凱軍：他媽講，你這麼幹一輩子管什麼，人家剛畢業就比你強。我說是是，女兒比我強。現在國家說落實補助，去年3月份衛生部長下來了，說是保障鄉村醫生的補助每年不低於兩萬，希望我能看到落實那天。我這裡跟您哭窮，但跟那些老少邊窮比強多了，比他們強多了。那種地方確實苦，赤腳醫生更苦，咱跟人比差遠了，咱的辛苦也比人家差遠了。河南那個鄉村醫生，全國人大代表，馬文芳任了五屆人大代表，每年都提鄉村醫生待遇問題，這是《健康報》登的，其實從我心裡挺

感謝《健康報》的，挺爲我們這幫人說話的。他有一年調查了一百多個農村衛生室，訪談了一百多個鄉村醫生，附上自己的意見，專門送給溫家寶總理，他拿著這個提案有 30 位代表簽字同意，形成議案，健康報登過，但到現在都沒結果。

安娜：您覺得您年輕時候的理想就是做醫生嗎？

郭凱軍：年輕的時候的理想就是把這個幹好了，當時也就只能這樣想了，確實是。

安娜：這是最好的職業，救死扶傷。

郭凱軍：也幹那麼多年了，從 1972 年到現在，幹 42 年了，也沒幹出什麼成績。

安娜：至少問心無愧啊！謝謝您接受我的訪談，我會用這些資料用於我的研究，也許會出書，您同意嗎？

郭凱軍：同意，都是實話。

（結束）

❋ 訪談時間：2014 年 6 月 10 日下午

❋ 訪談地點：北京市通州區梨園鄉小稿村醫務室

18 楊翠英訪談

　　在從連雲港市到贛榆縣黑林鄉的半路上，我們在一家民辦中學見到了目前做校醫的她，很熱情也很乾脆，很富態的身材，陽光的臉上總是掛著笑容。在車上她聊了很多過去做赤腳醫生的故事，可惜我都沒有聽懂也沒有錄音，感覺非常可惜。離開中國前，雖然我用電話聯繫到了她，但還是有些許多遺憾的地方。我們到黑林鄉後，她基本就成了我們的領路人和介紹人，因為這是她成長的地方，地兒熟，人熟……

安娜：您好，楊醫生，我們在車裡聊了很多，但都沒有記錄下來。後來到黑林鄉時，因為院長請我們吃飯了，最後又沒時間採訪您了，我可以在電話上再採訪您一下嗎？

楊翠英：可以。

安娜：您能說一下當赤腳醫生的經歷嗎，您怎麼當上的赤腳醫生，那一年您幾歲？

楊翠英：那年我是 17 歲，一開始在幼稚園當幼教，後來因為村衛生室裡面缺個會計，大隊書記讓我到衛生室裡工作，我說我不能打針，我怕打針，他說不讓你打針，就讓你在裡面當會計弄賬，我說那可以。結果剛幹了三個月，又讓我去鎮裡衛生院學習培訓，我說我不去，我不幹那個，我絕對不會給人打針的。大隊書記又找到我父親、母親，我父母就勸我去吧，父母也希望我幹那個，就去了。

回到家就一邊弄賬，一邊給人打針、拿藥、刨藥草。一星期要到山上去刨一次藥草，刨到家，熬大鍋湯，送到幹活的地頭上，休息的時候就拿大鍋草藥湯，柴胡什麼的，每天幾乎都要送一回大鍋湯去。後來什麼都接觸了，開始學著給病人開藥，那段時間藥劑很多。那時病也很多，人幹著活不知道怎麼就發燒了，一燒人就被放倒了，一天一個生產隊怎麼也有四五個的被放倒。我們就把草藥都編成歌來唱：「瘧疾蚊子傳，吃藥不要錢，八天服八次，防止以後犯。」

安娜：您受過幾年的教育？

楊翠英：農業的還是醫學的？

安娜：就是小學、初中上了幾年級？

楊翠英：小學上了三年級就不上了，主要是沒有錢上學。我們家每年勞動一年也分不到錢，年底還要給隊裡面交錢，連交了八年，我們家實在沒有錢再交了。那時候真窮，我媽媽還是一個婦聯主任，我媽媽說讓我別上學了，讓我弟弟上，說我

上學不能幹活，後來我就從學校出來了。其實我很想上學，我經常趴在人家學校視窗外面看，老師在裡面教，我就在外面看著，跟著學。家裡那時候沒有筆，也沒有紙，我就裝了一袋子土，就是地裡的土，回到家裡放在地上，看人家怎麼寫的，在地上畫。白天趴人家視窗上看，晚上回家畫，我媽媽說你怎麼還不睡覺啊，你點燈不得用油嗎，那不是浪費錢嗎？當時是煤油燈，煤油很貴，我說我這就睡，看到我媽媽睡著了，再起來畫，再寫。

後來劉大姐她就下鄉插隊來了，她是教初中的，她白天教學生，晚上回家教我。她教我，我很感謝，我也很認真，我的算數語文外語都是她教的。那時候我還有一個弟弟，我天天要背我弟弟，一上課我就背我弟弟到外面去，我奶奶還在家裡罵我，嫌我沒把弟弟帶好。沒有辦法，天天要看著弟弟，弟弟都是我背大的。學校一上課我就背著弟弟去學校，後來劉大姐來了，就不用天天到學校偷聽上課了。

到後來我結婚了，結婚以後不會的就讓我對象教，一直到現在，我不管什麼，什麼都想學。我看人家打電腦，我不會打字，我又開始學電腦，學打字。一直到現在，從小到大，我都在學上，我都是很愛學習。因為學歷太淺了，你知道有多吃力了啊。人家寫的字好看，我寫的不好看，我就一張一張紙地練，練好多。我跟孩子們說，你們想怎麼學就怎麼學，媽媽都支持，媽媽沒有上學受多大的罪，想學都學不到。

現在我常常晚上把孩子哄睡著後，每天晚上得把字典拿過來看一下，因為你知道年齡大了，學完就忘了。特別是醫學知識，我看其他醫生開的處方，開完的處方我再拿過來問人家為什麼這麼開。在醫院裡面學習的時候，人家醫生開處方，讓我打針，等醫生走了，我再問病人，你這個症狀減輕了嗎？舒服嗎？有什麼其他問題嗎？有的醫生看到了就說我，病人都沒說

什麼，你多管他幹什麼，你不要問了。我想我是來學習的不是上班來的，一定要問。

　　比如肝炎診斷，以前都是用手摸。以前一個院長他帶著我，摸到什麼，右手放在下面，左手放在右手面以上，輕輕的一按，要是有點硬，發硬的感覺，這肯定就是肝炎。一開始我回回都摸，到最後我的手感很好，兩手一按，就能測出來。還有一次查胸膜炎，我一開始聽那個聽診器，我不會聽，人家都會聽，我就聽不出來。我就天天抱著聽診器聽，天天晚上我就把聽診器放在床頭上，人家睡覺了我就拿聽診器聽自己的呼吸。後來我們那裡有一個人他發燒，通過他喘氣我用聽診器聽出來了，我說你是胸膜炎，我突然一下感覺很明顯就是胸膜炎。他不信，後來到醫院裡面不知道找哪個醫生看的，說不是胸膜炎，把他打發回家了。我說是的，絕對是胸膜炎，他下午就不行了，馬上被送到縣醫院急救，縣醫院說是胸膜炎。我覺得裡面的聲音就是胸膜炎，我一聽馬上就知道了。我第一次用聽診器聽胎動，也不會聽，一直到練了大半年，我才能感覺出來，現在誰懷孕了，我一聽就知道。

　　安娜：您哪一年出生的？

　　楊翠英：我 1954 年出生。

　　安娜：您對您當赤腳醫生的經歷有什麼想法？

　　楊翠英：一開始不想幹，幹一段時間就想幹了，就好好幹唄，天天打針拿藥的，天天幫助別人，心裡就上去了，一心一意的好好幹吧，入門了。當時沒辦法，當時以當會計為主，天天學這個醫覺得很難，不過我就是在弄賬的時候看，一看有的赤腳醫生學歷也不高，但也可以治病救人，有時候看病人打一針，就好了。我天天看人家學人家，怎麼開處方啊，一天拿多少藥，處方什麼樣？後來來了一個醫療隊，我常常去泡在那裡，看他們怎麼看病。那段時間太可憐了，家務活又多，還有

地裡的活，要幹的活太多了。

安娜：謝謝您，麻煩您這麼長時間。

楊翠英：這個不用客氣，你有什麼事，我要是知道的，隨時隨地都可以溝通的，都不要客氣了，你需要我都可以隨時跟我溝通。

安娜：我們剛才談的話都錄音了，您同意我用嗎，在我的研究方面或出版用嗎？

楊翠英：沒有什麼關係。

安娜：您能說同意不同意嗎？

楊翠英：同意，可以。

安娜：那很謝謝您了。

楊翠英：那再見吧。

（結束）

＊訪談時間：2014 年 6 月 4、17 日

＊訪談地點：江蘇省贛榆縣縣黑林鎮／北京電話採訪

19 蔡超英訪談

　　我到達上海後，首先是被這繁華現代的大都市震驚了，然後就是面對一個常住人口二千四百萬的城市，有一種不知所措的茫然。如果不是《上海知青》雜誌社王建國主編的熱心幫助，我真的不知道怎樣去尋找這茫茫人海中的知青赤腳醫生。所以當她一早就趕到我住在市中心的上海國際酒店接我，說是代表王主編來接我去參加知青聚會時，我真是感動萬分。她身材嬌小玲瓏，有著上海女人特有的優雅與矜持。我們的車從較為擁堵的市區慢慢地「擠」過黃浦江，開闊的高速路讓我們擺脫了剛才的擁擠，眼前豁然開朗。她不斷地指著正在建設中的高大建築物說：這就是建設中的上海自由貿易區。略顯自豪的語音中還帶有絲絲的惆悵……和所有同齡的上海知青一樣，他們最美麗的年華被錯過了……

安娜：您可以簡單介紹一下你當年是怎麼插隊和當赤腳醫生的？

蔡超英：我們應該是共和國最後一批知青，我是到了江蘇省大豐市海豐農場插隊，是農場的安置知青點。因為是最後一批，所以不像前面的知青走得那麼遠：像雲南，黑龍江、東北、內蒙古，我們挨不著去那麼遠，我們到了農場。因為文革已經十年了，我們是最後一批。那時農場基本上滿員了，我們被分到黃海邊，最後的一塊空地，那蘆葦有那麼高，比人還高，就開了一塊空地安置我們知青。

當時我記得我們這一批是九個，上一屆也是九個，九個人管理九個人。我們是作為學校的骨幹去的，去了以後就進行培訓。當時隊裡面什麼都沒有，就是基本的的建設也不健全。我們這九個人去了以後，才給我們分了誰管財務，誰管食堂的。再有就是生產隊劃分，第一、第二生產隊。當時沒有赤腳醫生，我們叫衛生員，那時什麼都沒有。

那以後呢，當時因為我們年紀輕嘛，有沒有醫生也無所謂的，對吧。但是後面呢，過了一個月，大批的知青陸續都來了。那時候呢，還是沒有隊醫。設隊醫是以後的事，後來就派了一個外面的，也沒到位，他去外面搞培訓，隊上就沒有人了。因為我當時去，第一批是搞財務。那時財務、衛生員，和大隊長都在一個寢室裡。所以這個房間裡，就是這個房間隔了一半，後面住人，前面就辦公，都在一塊兒，衛生室、財務室、那個書記辦公室都在一個地方。就是弄一個簡單的，處理的地方，那麼就弄一些紅藥水、紫藥水，還有就是一些感冒藥。因為呢，我媽媽原來是醫院裡的護士，我從小呢，跟我媽媽學醫嘛。我媽媽在醫院裡值班，我們孩子沒人帶，我媽就把我們帶到醫院裡頭去，所以，從小就是在這方面比較靈光，人家常說，沒見過殺豬還沒見過豬跑嗎，對吧。所以就一直看，嗯，換藥啊，

打針啊，什麼的。那麼從小耳濡目染，看了很多。媽媽是學醫的，那麼自己對這方面也是比較喜歡，還有一個就是我從小呢，體弱多病，人家說，久病成良醫嗎，對吧。

我從小打針多，一生病就打針，一個什麼不好吧就吃藥，所以，就那個人家說久病成良醫，好像自己對這個方面也有一點感性認識。然後，就是到了隊裡邊，因為沒有隊醫嘛，那麼就是你臨時幫忙，幫忙看一下。有人來嘛，就硬著頭皮上，就是做這個的話也可以為隊友服務嘛。他們那個時候，有的生病嘛，就幫他們拿拿藥，當然，那些藥都是比較常用的。還有打針，打針大概知道吧？我當時根本就沒有練過，怎麼辦呢？又沒有人。如果說，他們要是打個針，到連隊去，起碼要走大半個小時。因為我們的生產隊離連隊很遠，而且又沒有車，那時候都是要靠自己的兩條腿走，要不然，就是拖拉機，可拖拉機要到地裡幹活，所以我只有硬著頭皮幹。我知道抗生素不能隨便打，打了要死人的，這個是知道的。鏈黴素，消炎的，這個問題不大，所以就硬著頭皮給他們打。有些身體不舒服的，那時我們年輕，說身體不舒服了就可以不用下地幹活。那時我還會搭脈，就給他們弄弄，我連聽診器都沒有。其實很多東西都是在實踐中學的。

知道要做這個，我就叫媽媽從上海給我寄醫學書《醫學常識》、《醫藥常識》。我一邊告訴那些不舒服的隊友回去好好休息，一邊就趕緊看書，看什麼症狀，給什麼藥，哪怕就是能暫緩一下也是好的，那時也是給自己一種歷練。我還在隊裡給開些病假條，那時隊裡規定，女孩子來例假就可以不用下大田，那時沒病的也來我這裡混混，泡個假條，我能為他們做點什麼很開心。記得印象最深的事，有一隊友，她嚴重暈針，你學醫的，懂的。

安娜：就是打針嚇暈了？

　　蔡超英：嗯，就是暈針。針筒剛拿出來，她就暈倒了，把我嚇的，也很害怕。後來我知道了，她以後來，不能把針筒先拿出來，先不讓她看見，跟她聊聊天，說說話，緩解一下，以後再也沒有出現暈針的情況。我做隊醫的時間也不常，大概也就半年的時間，後來我從農場上來，去了衛生學校，還是跟醫學有關。就是這樣了，很簡單。

　　安娜：剛開始，沒有訓練過，看到媽媽給人打針，就……

　　蔡超英：對啊。我根本沒學過。剛才有人還說，往自己身上打針練習。那時候，就是這樣的，我從小一直看嘛，小時候，跟媽媽上班，看護士打針，就是看嘛。我不知道你學過嗎？就是那個部位（她用手掌比劃了一下臀部），差不多的。我那時候也不知道自己手大手小，就大概了。打第一針的時候，使勁打，針也戳不進去，針頭都有點彎了，把我嚇壞了。有了第一次的經歷，第二次就好多了，

　　安娜：然後第三次，就……

　　蔡超英：對，其實很多東西都是在實踐中學會的。我嘛，不像那些科班的，先學理論，再實習。我們什麼都不懂，也沒學，完全是被推上去的。在實踐中，沒人呢，那怎麼辦，人家是全懂，我是半懂，可那總比一點不懂的要好些，就這樣，自己動手。

　　安娜：那你看病的時候，那些人就……

　　蔡超英：是，是啊，他們還特別信任我呢，因為大家都是知根知底的。那時候沒選擇，要麼就是我給你打，要麼就是自己走，走上半個小時到一個小時。那路，不像現在都是柏油路，那都是爛泥路，他們肯定是不願意的，沒辦法。其實，打針就是那麼一下子，我不會，也不跟別人講。就邊看邊學。

　　安娜：你那時候沒有用中藥？

　　蔡超英：沒有。因為我們那農場沒有中藥。我們那個地方

都是鹽鹼地，沒有的。只不過就是說，講起來還很難爲情的，那時候，打針沒有藥水消毒，我們用唾沫，呸呸兩下，然後趕快用手指弄一下。那時候，我們沒有自來水，用河水，可那河水也很遠，根本沒有水。人家都說，唾沫星子可以消毒，也不管，就是這樣了，那時候，不管的，年輕嘛。反正那時候就是想個法子爲大家服務，也就那麼過來了。

　　安娜：在那半年裡，有什麼意外發生嗎？或是特別厲害的病，碰到過嗎？

　　蔡超英：有的。我們那時候在農場有一種病，對外就稱二號病，就是霍亂。我們隊裡當時有一個，我們知道，霍亂要死人的，傳染病嘛，上吐下瀉，就是帶菌的。還有最可怕的就是有一個上吊自殺的。

　　安娜：噢……

　　蔡超英：就是我們一道去的。我們在地裡幹活，回來的時候……家裡可能有什麼因素，不開心，就在宿舍裡用繩子吊著，發現後，那時候我們隊裡沒有醫生，我看了，嚇得腿都軟了，趕緊就到旁邊的隊把赤腳醫生叫來，很可怕的……

　　安娜：謝謝儂！這裡有個《知情同意書》您需要簽一下，就是您同意我在以後的研究報告中或書籍中，使用我們這次談話的內容。

　　蔡超英：可以，沒問題，我的比較簡單。

（結束）

* 訪談時間：2014 年 6 月 6 日
* 訪談地點：上海浦東機場附近某公司二樓辦公室

20 楊洪彥訪談

　　他高高的個子在那個鄉下很顯眼，我們從江蘇省連雲港市開車去贛榆縣黑林口花了近三個小時，到達時一眼就看到了他。不知是因為陌生還是他普通話說的不太好，一直到在鎮衛生院吃飯，他都沒有說過幾句長話。本來準備了時間專門對他做一個訪談，但所有的時間好像都被鎮衛生院長和村幹部們的盛情所用掉了，到告別都無法找機會與他詳談，直到我經歷了許多省市的訪談之後的很多天以後，才對他在電話上進行了再次採訪……

安娜：上次在黑林口鎮時本來已經做好了訪談您，最後沒有時間了，院長請我們吃飯了吃了太多的時間，現在有點時間我們可不可以聊一聊，您的經歷會對我有很多的幫助。

楊洪彥：好的。

安娜：您能說一下您當赤腳醫生的經歷嗎？您怎麼當上的，哪一年，您常看的病，以及看病的方式。

楊洪彥：那是 1969 年，我們這個地方缺醫少藥，那個時候可能普遍性的培養了一批赤腳醫生，邊幹邊學習，上面邊培訓，解決了我們這一批鄉村赤腳醫生，解決農村老百姓常見病、多發病，和預防這一塊起了一定的作用。

安娜：您培訓了多長時間？

楊洪彥：那年只培訓了幾個月，一個月上理論，上完理論上臨床，來了病號，平時根據學習，結合實際，臨床上我們就解決了。那時候缺藥，我們這個地方一根針一把草，常見病、多發病，也給他實行分針療法，然後再結合中藥，熬點水湯，解決了不少疾病。

安娜：那年您多大歲數？

楊洪彥：我今年 62 歲。

安娜：那一年您剛剛當赤腳醫生的時候多大？

楊洪彥：16 歲。

安娜：您受過幾年教育？

楊洪彥：小學教育六年，從那以後下了學就不上了，大隊領導，大隊書記安排我學這個。因為開始要上初中了，大隊書記說你不要上了，我們農村缺一個醫生，國家要培養一批赤腳醫生，我看你不上學了，你當醫生吧，我們莊上也沒有醫生，看病也難，有病到處的找醫生，你就學吧，所以我就沒有上初中。那時上面培訓，那時候是部隊，部隊下來在我們江蘇北部培養這一批赤腳醫生。

安娜：您看病的時候用什麼樣的方式？比如針灸、草藥，都用什麼方式？

楊洪彥：臨床把病決定下來，普通感冒可以用針灸，針合谷穴、內關，頭疼針太陽穴，感冒用針灸。草藥我們這個地方有柴胡、板藍根，熬水喝，效果也是不錯的。還有蒲公英消炎的，都能起到一定的作用。

安娜：您那個村有多大，有多少人口？

楊洪彥：我們莊上是一千四五百口。

安娜：整個村就您一個赤腳醫生？

楊洪彥：我們莊上開始就我一個，以後又發展了一個女的，後來1970年知青下放，我都幹很長時間了，幹了大半年了，下放知青劉蘭玉也到衛生室了裡面了。後來又有楊曉蘭、楊翠英。到了1974年的時候，鄉鎮衛生院按人口比例，因為醫生不夠，而我們下面的赤腳醫生那時候比較能幹的，把我弄到衛生院了，莊裡就是劉蘭玉、楊曉蘭、楊翠英她們幹了。

我就到衛生院了，一直幹到現在退休。當時還是合作醫療，缺醫少藥的情況下，國家弄合作醫療，每個人兩塊錢，看病吃藥打針，那時候以草藥針灸為主，一人兩塊錢的合作醫療，到年底也不夠用。那時候的西藥少，我們還得上山去採草藥，我們這個地方山多，到山上去採中藥是經常的，那時候149醫療隊在這裡培訓的時候也是以中草藥為主。

安娜：都是什麼樣的藥？

楊洪彥：我們那個山上有柴胡，有蒲公英，很多很多的。

安娜：是自己採的嗎？

楊洪彥：對，我們赤腳醫生都要採。那時候農村衛生條件差，到春天、夏天、秋天有病的很多，我們就採用中草藥熬水預防。那時候是農村社員，老百姓叫社員，我們赤腳醫生給每個人都送到地頭上、莊頭上，熬好了，抬過去，見到誰都喝一

碗，起到預防疾病的作用。夏天有乙腦傳染病，也喝那個水，預防乙腦。家家戶戶都要求用敵敵畏噴屋裡屋外，長期堅持下來，傳染病在我們這個莊上就少了很多。那時候的草藥多，有預防的草藥，有治療的草藥，應該是比較有效的。

安娜：您做過什麼小手術嗎？

楊洪彥：正式的手術沒有，那時候只是割個瘤子，長在什麼地方，把它割了。比如膿包大了，可以用手術刀割開，換點藥，就好了。那時候沒有什麼手術，常見病、多發病，或者生瘤子了，這是比較大的，化膿以後，我們就給他處理。

安娜：您的醫藥都是用合作醫療那筆錢買的嗎？

楊洪彥：對，那時候西藥很少，兩塊錢的合作醫療，都是公用的。

安娜：如果有什麼大病，也可以在合作醫療費用裡報銷嗎？

楊洪彥：大病按照百分之多少報，比如一百塊錢報銷多少，不全報。

安娜：村裡給您一個衛生室嗎？

楊洪彥：是，衛生室是大隊辦的，大隊拿出幾間屋來，放藥品、醫療器械，還有體溫表、聽診器，那時候是三間草房，就是大隊的衛生室。

安娜：您當赤腳醫生的時候，您大部分時間是看病，還是幹活？

楊洪彥：看病不忙的時候就要下地幹活，那時候提倡也能拿針頭，也能拿鋤頭，下地了能幹活，回到衛生室能看病，那時候思想教育提倡這個：既能看病，又能拿針頭，又能拿鋤頭。

安娜：您當時是掙工分嗎？

楊洪彥：對，我們下地裡幹活勞動的時候，和在衛生室裡面是一樣的，一天掙工分。

安娜：當赤腳醫生會得到幾分？

楊洪彥：一天和普通的勞力是一樣的，幹活的人，十七八歲的，一天掙 10 分，也給我 10 分，如果幹的活勞力給 8 分，我也就是 8 分。

安娜：您碰到最不好治的病是什麼？

楊洪彥：醫療事情最怕的就是疑難病，我不會診斷，看不透，這是最難的時候。比如來了一個病號，通過臨床檢查，我看不透這是什麼病，最難的是這個。

安娜：您當時有什麼赤腳醫生手冊或者書嗎？

楊洪彥：那時候有書，上課，有書，還有筆記，來了病號，診斷不出來，我可以翻著去看看，大體上對上，如果實在診斷不出來，我就轉到衛生院了，送到衛生院。

安娜：村裡的人對您是什麼態度？

楊洪彥：那時候看病沒有什麼態度，有病號咱就看，也不煩，最難的就是黑天，冷天的時候，黑天常常沒有電，冷天沒有暖爐。

安娜：村裡人相信您的醫術嗎？

楊洪彥：還可以，相信，有很多病看好了，他就相信你了。

安娜：在您以前村裡沒有醫生嗎？

楊洪彥：我以前沒有醫生，我學習完回來以後才有。有些病扎針扎好了，他就相信你了，有些普通感冒，還有腸絞痛、胃痛，施針療法一針就好了，他就信你了。

安娜：您接生過嗎？

楊洪彥：接生我不會，我們這個地方很守舊，男的不能給女的接生，過去的思想不能給女的接生，在農村不能這樣。那時候可以查胎位，聽聽胎音正常不正常，那個屬於檢查。

安娜：村裡有一個赤腳醫生，對村裡有什麼影響嗎，對您有什麼好處？

楊洪彥：對村裡來說，就是看病方便了許多。但當赤腳醫生對我並沒有什麼特別的好處，能給你工分就行了。來了病號我就去看，治好了就高興，那時候的思想就是那種想法，治好了特別高興，來個病號不得了，這兒疼那兒疼的，不行了，你給他針灸一下，下個針、打個針，好了，就很高興。那時候沒有什麼要求，只要這個病到我這裡能治好了，我就要求這個，只要病號來到我這裡治好了，這是最好最好的願望了。那時候沒有想到有什麼報酬，比如說你給我錢，多給我工分，那時候沒有這個想法。

安娜：您覺得赤腳醫生對中國農村來說是好事還是壞事？

楊洪彥：肯定是好事！有病了，很快有人來看你的病了，我覺得是好事，老百姓也覺得是好事。

安娜：您自己對當赤腳醫生的經歷有什麼看法？

楊洪彥：當時我想的就是當個好醫生，有病我都能看透了，當時是那麼想的。後來逐漸的條件也好了，我們就學習，衛生院也培訓，一年培訓幾次，我們增加知識，逐漸我們在臨床上就能看病治病，也瞭解病情了，一些多發病基本都能處理了，這是赤腳醫生的貢獻。

安娜：您當時的理想是什麼？

楊洪彥：當時的理想就是這樣，就想當個好醫生，農村的疑難病都能看，就是這樣的想法，青年時候的想法。

安娜：您覺得當赤腳醫生對你的生活有什麼影響？對你自己本人的人生有什麼影響？

楊洪彥：我也說不出來什麼大影響，反正當赤腳醫生以後，這個工作就喜歡幹吧，生活上和老百姓都是一樣的，到時候看病幹活，到點回家吃飯，生活上沒有受什麼影響，人幹什麼都要幹。

我們幹這一行也不覺得厭煩。後來有時候夜裡被病人叫起

來的次數多了，是有些麻煩，農民都是黑天看病，黑天看病的多。那時候在生產隊裡，白天要到地裡幹活，白天得幹活照顧小孩，晚上吃完飯了，小孩睡覺了，這才找赤腳醫生，那時候夜裡的看病的不少，但你不能不管啊，這是你選的人生啊。

安娜：我們今天說的話，您同意在我的研究中或出版書裡面用嗎？

楊洪彥：你覺得哪樣合適就哪樣辦，只要你覺得的合適用。我說的都是真實情況，都是我們在實踐當中過來的，在那種環境裡過來的，沒有水分，我是實話實說的。

安娜：您同意還是不同意？

楊洪彥：同意。

安娜：好，謝謝，那麻煩您了。

楊洪彥：不麻煩。

安娜：謝謝您，再見。

（結束）

＊訪談時間：2014 年 6 月 4、17 日

＊訪談地點：江蘇省贛榆縣縣黑林鎮／北京電話採訪

21 葉匀雲訪談

　　採訪葉匀雲是在上海浦東機場附近的一個民辦地質博物館裡，曾在上海崇明縣紅星農場 24 連做赤腳醫生的她，並沒有知青們身上所特有的幹練和大大咧咧，相反，她很文靜，講起話來慢條斯理，有著上海女人特有的一種溫文爾雅和淡然……

葉勻雲：我是上海的知青，我是 1971 年 12 月 1 日到崇明紅星農場 24 連的，那是一個新建的連隊，當時那裡沒有醫務工作者。

我是 1972 年 3 月份到紅星農場場部醫院培訓了三個月，那時候每個連隊都要去的，很多人。三個月培訓完了之後就回到連隊當赤腳醫生。赤腳醫生就是半農半醫，平時我們跟著大家一起到農田裡面幹活，背著藥箱，帶一些簡單的藥品，如包紮用的什麼東西，都帶去。碰到哪一個受傷了，或者哪一個胃痛了，哪一個發燒了，在田間裡幫他們簡單的弄一下，包紮一下。

我們赤腳醫生也蠻辛苦的，白天跟他們一起去勞動，回家休息的時候就坐在醫務室裡面幫他們看病。我當時學醫回到連隊一個禮拜，就搶救過一個溺水的，當時救他已經晚了，救上來的時候已經不太行了，我們一直給他做人工呼吸，心臟按摩。那時候要送到南門崗，不是場部，而是崇明的南門崗中心醫院，最後人還是走了。因為那時候真是缺醫少藥的，也沒有什麼藥，後來我們自學了針灸、推拿，自己採了一些草藥。比如說農場裡面的青年經常會拉肚子，我們就採一些馬齒莧草藥，燒了之後給他們吃，好像效果也蠻不錯的。還有胃痛啊，頭疼啊，痛經啊，一般簡單的我們用針灸幫他們治療。還有那時候也配置抗生素的，那個針，都是我們來打，那個時候膽子蠻大的，萬一發生什麼過敏情況，自己怎麼弄？

還有縫針啊，也做。有一個人被刀割了，我給她縫了 20 幾針，就打一點麻藥，不管用，這還是一個女同志，她也自己蠻能忍的，也沒有辦法，因為連隊離場部很遠，這種情況都是我們自己弄的。平時自己也給他們打針輸液，還有靜脈注射，都是自己做，那個時候也沒有辦法，逼著一邊做，一邊學。我們那個時候只有一本赤腳醫生手冊可以讀，裡面告訴你一般的

醫療知識，就是簡單的毛病，還有中草藥、針灸，都有，反正就是邊學邊幹。

我在農場裡面做了四年多，1976 年 3 月份就回到上海。當時我在學校工作，一直是在學校裡，學校開始是一個技校，後來是一個黨校，再後來是一個職工大學，我一直從事醫務工作。

從農場上來以後，因為我們當時是赤腳醫生，也沒有什麼文憑，後來上海市針對我們這批人，又經過了醫學培訓一年，也是考核的，但是後來也不作數了。我們在這個短訓班裡，中醫啊，針灸啊，都學。最後我是在 1982 年考取了上海市電視大學，讀了四年，畢業之後又在瑞金醫院進修了一年，才回到原來的單位。畢業五年之後，我就考了一個中級職稱。到最後我又讀了一個全科，現在不是要求全科醫生嗎，臨退休之後學了一個全科。我 50 歲退休之後，又在貝爾公司上班，就是這樣。

安娜：您是幾屆的知青？

葉勻雲：我是六八屆的，1971 年到紅星農場。

安娜：幹了幾年？

葉勻雲：幹了四年多。

安娜：當赤腳醫生也是推薦上去做的？

葉勻雲：對。當時我們連隊是新建連隊，那時候我們學校去了一百多個人，當時學校老師帶隊去的，可能他對我印象蠻好。因為我那個時候參加過學校的教育改革，被評了普陀區的紅代會代表，表現比較好，所以那個連隊我是第一個被抽出來的。

安娜：給你們培訓多少時間？

葉勻雲：三個月。

安娜：三個月後馬上就做赤腳醫生了？

270

葉勻雲：差不多。

安娜：一般處理外傷的問題，比如出血了，這種情況下作為女生肯定心裡面要害怕？

葉勻雲：有一點的。

安娜：您怎麼處理的？

葉勻雲：農場裡面勞動的時候一般都是手割破什麼的，出血都是蠻大的，看到血我也是有點暈的，開始，腳有點軟的。但是這種責任感，自己覺得要鎮定，不要怕，我自己是醫生，不能再害怕，一般就這樣子消消毒，弄好了之後，有時候縫針，有時候要包紮。

安娜：這些都是小的傷口，如果是大傷口的話，您處理嗎？

葉勻雲：處理。

安娜：您直接動手？

葉勻雲：對，自己動手，我們在農場培訓的時候教過我們，我不是說一個人我給她縫了20幾針，都是我縫的。

安娜：打麻藥嗎？

葉勻雲：有時候打的。

安娜：傷口的疤怎麼樣？

葉勻雲：應該說還可以。

安娜：在什麼情況下，您的連隊裡面的赤腳醫生處理不了的話，接下來應該送到哪裡？

葉勻雲：因為那個時候年紀輕，急性闌尾炎的比較多，膽囊炎，還有消化道大出血，還有肝炎，那時候還有痢疾，這種疾病比較多。碰到急性闌尾炎什麼的，一般開始不是很嚴重的，我們就保守療法，打打抗生素之類的。實在不行的話，就送到場部醫院。

安娜：不需要送到上海？

葉勻雲：不送上海，場部醫院都能解決，有時候我們半夜

遇到急診，看著不行的話，就送到場部，一起送，跟他們一起去，一起進手術室，我們看他們怎麼做。

安娜：您能學三個月做成這樣，不簡單。

葉匀雲：我好像蠻幸運的，我在讀中學的時候，那時候學校裡有學工學農，也有學醫，我當時被選擇學醫。學醫了之後，我也榮幸的到普陀區中心醫院學過一個月，在學生時代就有過，那時候教會我們打針。那個時候就是肌肉注射，靜脈針什麼的，那時候學過。當時各個科室兜了一下，簡單的看了一下。我們那個手術室也進的，產科啊，外科啊，都讓我們稍微瞭解了一點。後來我到農場，農工我就當了兩個月，是 1971 年 12 月份去的，1972 年 3 月份我就被送去培訓了三個月，回來就是赤腳醫生，後來一直走這條路。

安娜：那時候主要就是中藥，就是針灸？

葉匀雲：中藥啊、針灸啊，中藥比較簡單的，比如拉肚子、感冒啊，預防肝炎啊，比較簡單的。我們這裡的草藥還不多，靠近上海這個地方，不像邊遠地方，他們更加缺醫少藥，他們就是土法，炮製中藥。我們簡單的就是弄一下，燙傷的沒有燙傷藥，就是用小老鼠，幼鼠浸點油，就用這個土法。

安娜：當時你們紅星連隊多少人？

葉匀雲：我們連隊大概兩三百人。兩個赤腳醫生，一個男的，一個女的，其他連隊不一定是一個男的一個女的，大部分兩個女的比較多。我去學習的時候來了一位，他大概是 10 月份到農場，我 12 月份去的，他先培訓好，先過來，然後我回去，我們兩個人做的。後來那個醫生當了連隊指導員，基本是我一個人獨當一面。

安娜：您當時的理想和現在回頭看的概念和態度有什麼變化嗎？

葉匀雲：現在我覺得當醫生蠻辛苦的，當赤腳醫生更辛苦，

但是我不後悔，我覺得這條路應該是走對了，因爲到現在爲止我還能發揮餘熱，眞的不容易。當時我們這個年齡又要結婚生孩子，我是 1982 年 9 月 1 日開始讀電大的，我孩子是 9 月 15 日出生的，所以我整個過程就是很累的，而且家務都是我幹的，什麼活都是我幹的，那個時候家裡住的又很遠，很辛苦的。

安娜：當赤腳醫生沒掙工資，是嗎？

葉勻雲：我們農場是規定有工資的，不像農村掙工分的，農場我們是發工資的。

安娜：當赤腳醫生額外補助嗎？

葉勻雲：沒有，什麼都沒有，和他們一樣，我們那時候開 18 塊，第二年是 21、24、27，我那次表現好的拿了 27。

安娜：所以您覺得最苦的，最困難的事情，就是一邊帶孩子，一邊工作，一邊學習，一邊看病。

葉勻雲：對，這個時候是最累最累的，反正把所有的時間，只要有空的時間我就那個。那個時候我女兒眞的是在我旁邊睡，我弄她睡著了，在她面前我翻書，翻到第一頁她就醒了，每次都是這樣，因爲學習很多東西要背。整個過程孩子都是我帶，因爲我先生也比較忙，他經常出國，這個是最累最苦的。

安娜：您現在是眞正的醫生了？

葉勻雲：對，現在是中級的，因爲我一直在基層，基層那時候應該算內科，我後來在學校裡面，學校裡面什麼科都簡單的，到最後是大專文憑。

安娜：您從小對醫藥感興趣？

葉勻雲：從小我其實想當老師的。

安娜：後來爲什麼一直在堅持？

葉勻雲：後來因爲在農場幹了醫學，對醫生也有感情了，上來以後又被分配到學校裡的醫務室，既然幹一行就愛一行，後來一直從事這個工作，一直在讀書。反正做醫生都有這個經

歷，做到老，學到老，一直在不斷的培訓啊，那時候精神科啊，中醫科啊，心理學啊，都培訓。後來我在學校裡面也當老師，因為要給中專生、大專生上健康教育課。我們做醫生，一個是看病，一個是預防保健，還有環境衛生，學校的宣傳，都要做的。

安娜：真的很辛苦。

葉勻雲：對，反正這是最辛苦的，四年讀完之後，後來我在學校，帶學生教訓，那時候五天四夜我基本上沒睡覺，我們領導，我們校長說，葉醫生，你這麼厲害啊。因為白天跟他們一起，晚上他們急診很多的，現在體制都不太好的，晚上經常是被叫急診出去，基本上四個晚上我沒怎麼睡覺，我們校長說你真厲害。我說這個不算苦，我們在農場就這麼過來的。

安娜：您現在已經退休了吧。

葉勻雲：現在退休了，但現在也被反聘了。

安娜：您現在在什麼醫院？

葉勻雲：我現在不在醫院，我一直在基層，我現在在央企的貝爾公司醫務室。

（結束）

＊訪談時間：2014 年 6 月 7 日上午

＊訪談地點：上海浦東機場附近

22 袁兆蘭訪談

　　她是我在江蘇省贛榆縣黑林口鄉一個村子裡面遇到的鄉村醫生，一口濃重的蘇北口音我幾乎完全聽不懂，但這並不妨礙她的熱情與熱心。她不但讓我認真地參觀了她的衛生室和藥品庫，而且還領我參觀了鄰村新建的鄉村診所，回答我的所有問題，雖然大部分內容要經過「翻譯」，但我絲毫不懷疑她的能力與真誠。最讓我吃驚的是，她是我在所有訪談中為數不多的，從七十年代初期的赤腳醫生一直幹到現在的鄉村醫生，而且是四十年如一日地堅持在同一個村子裡⋯⋯⋯

安娜：您好袁醫生，我們現在能的聊一聊您的過去嗎？

袁兆蘭：可以。

安娜：您能說一下您是怎麼當赤腳醫生的？是哪一年？您多大歲數？

袁兆蘭：我是 1972 年，通過縣的培訓班，縣醫院的醫生講課，學習了一年。

安娜：那一年您幾歲？

袁兆蘭：我是 19 歲。

安娜：您培訓了多長時間？

袁兆蘭：培訓了一年。

安娜：您都學的是什麼？

袁兆蘭：學的是全科。

安娜：您學的是中醫還是西醫？

袁兆蘭：學的是西醫。

安娜：兩個都學了嗎？

袁兆蘭：中醫也講的，就是最基本的。

安娜：您能回顧一下嗎？

袁兆蘭：他們講的是全科，包括內外科，還有護理，都講的，都是常見的。

安娜：您有什麼當赤腳醫生的故事或者經歷嗎？

袁兆蘭：有啊。

安娜：您能說一下嗎？

袁兆蘭：畢竟學的時間短，知識也少，回村之後就開始在衛生室幹了，還在鎮醫院實習了三個月。

安娜：您當赤腳醫生的時候都看什麼樣的病？

袁兆蘭：就看一般的常見病、感冒了，都是很經常的，很一般化的。

安娜：比如說？

袁兆蘭：有的發燒了，感冒了，肚子不好受，比較常見的。

安娜：都給什麼樣的藥？

袁兆蘭：發燒了給一點發燒的，給一點退燒的藥。

安娜：還有什麼？

袁兆蘭：然後再問一問，查一查，有時候看看是不是嗓子發炎，過去的消炎藥也很少。

安娜：您繼續說吧。

袁兆蘭：有時候喝點中藥，嗓子疼弄點小柴胡，發燒了，小柴胡，還有蒲公英一類的，煎點水喝，大體就是這樣。

安娜：村裡的人對您什麼態度？

袁兆蘭：你說病人？

安娜：對，對您當醫生有什麼態度？

袁兆蘭：當時赤腳醫生是大隊培養的，我是初中畢業，我們一個大隊上只有兩個初中畢業，女的，別的都是男的，那時候生活條件差，都要去掙工分。我好像上學了，有點知識，就讓你去學這個，幹這個，也好想幹，蠻高興的。

安娜：他們信任您的醫術嗎？

袁兆蘭：一上來也是不太那個，慢慢的，反正就慢慢來吧。前面我們村裡有一個，他開了什麼藥我也學著點。

安娜：您能說一下當時的故事嗎？

袁兆蘭：有的小孩發燒了，現在說的是高熱驚厥，我們都害怕，又怕治不了，又怕發生什麼意外、風險，然後是物理療法，用溫水給他擦一擦，別的沒有什麼很特殊的成績。

安娜：最後怎麼樣了？

袁兆蘭：最後也好了。

安娜：當時都是什麼樣的傳染病？

袁兆蘭：當時小孩流腦比較多，麻疹。

安娜：就這幾個？

袁兆蘭：嗯，還有痢疾，還有瘧疾也多。

安娜：您當赤腳醫生還需要做什麼預防措施嗎？

袁兆蘭：過去他們生活差，有很多蛔蟲，就可以用苦連樹，夏天用苦連樹熬水給他們喝，或者用桶抬到地邊給他們喝，打蛔蟲，不用吃藥了。有的小孩流感感冒，就熬蘆根和茅草根這一類的，熬水給他們喝。有的送到田間地頭，或者中午他們地裡幹活的時候，搞預防，預防感冒，流腦這一類的。

安娜：村裡的廁所要撒藥嗎？

袁兆蘭：廁所到夏天每家都開始噴敵敵畏，有的時候用那種很苦的藥放在廁所裡面，把蒼蠅和蛆給藥死了，防止傳染病，過去的腸道傳染病很多的。

安娜：這是您的工作，採藥也是您的責任嗎？

袁兆蘭：是，我們要到山上採草藥，到春天帶著幾個上學的人，可以說是衛生員，到山上去採，春天去採茵陳，陽曆在3月份，就開始採了，茵陳是防止肝炎的，那時候我們這裡甲肝可多了。

安娜：西藥從哪裡買？

袁兆蘭：我剛說的是草藥、中藥。西藥有時是衛生院發的，有時要買。

安娜：您當赤腳醫生的時候還需要幹活嗎？

袁兆蘭：幹，也要下地幹活。到插秧的時候，我們還要背著藥箱去插秧。下工後我們還要挑水，把藥配到噴霧器裡面，一人拿一個杆子，把噴頭綁在杆子上，各家噴，預防疾病。

安娜：您大部分的時間是看病？

袁兆蘭：大部分的時間看病，農忙的時候幹活。

安娜：您下地幹活掙工分嗎？

袁兆蘭：掙工分。

安娜：幾分？

袁兆蘭：同等勞動力的工分。他們在地裡和我們年齡一樣的，田地裡的女的，他們幾分，我們就幾分。

安娜：您對過去赤腳醫生的經歷有什麼看法？

袁兆蘭：當時農村是缺醫少藥，我們學了一點點，也是蠻起作用的。

安娜：您現在還在當村醫？

袁兆蘭：對，現在還在當。

安娜：有很多人他們不當了，都放棄了。

袁兆蘭：是的，最主要的一條就是責任大，怕擔風險，出責任，經濟也不如其他的多。

安娜：您哪一年出生的？

袁兆蘭：我是 1956 年出生的。

安娜：我們剛才談的話我都錄音了，我能寫書的時候用嗎？

袁兆蘭：行。

安娜：好，謝謝您。

袁兆蘭：希望你有時間再來我們黑林。

安娜：好的，非常謝謝您。

（結束）

＊訪談時間：2014 年 6 月 4、17 日

＊訪談地點：江蘇省贛榆縣縣黑林鎮／北京電話採訪

23 北京座談會

　　從北京地鐵阜成門站出來後，問了許多人都不知道月壇賓館這個地方，直到在萬通大廈樓下，碰上一位看車的老大爺，才知道這是一家歷史很老的賓館，早已被湮沒在附近鱗次櫛比的樓群中。能有機會與眾多的知青和赤腳醫生一起座談，是我這次來中國從沒敢想像過的，如果不是北京知青網負責人姜成武老人的熱心籌辦，這對於我這個來自美國的香蕉人來說，幾乎就是天方夜譚的事兒。老人不但古道熱心腸，而且更具有老北京人的熱情、好客、爽快……還有幽默：自幼生長在北京，地地道道老知青；東北插隊七餘載，石油工人八年行。歷經磨練返京城，胸有成竹從頭擎；落地生根務實事，縱橫多業腳生

風。一生淡泊名與利，唯求堂堂男人行；笑對風雨看落花，大江東去迎彩虹……

姜成武：今天把大家召集起來，主要是爲從美國杜克大學來的安娜小姐提供一個交流的機會，她研究的方向是知青赤腳醫生。赤腳醫生的出現是我國的具體國情所決定的，那個時代國家貧窮，生病人也多，尤其是廣大農村，醫生奇缺，一時又培養不出那麼多有醫學方面專業的人才，只有培訓一批略懂醫術的赤腳醫生來應急所需。

而赤腳醫生的出現，從農村的實際情況來看，也的確解決了當時農民缺醫少藥看病難的燃眉之急的大問題。而大批的知識青年上山下鄉，又成爲了農村亟需赤腳醫生的重要人才來源。據不精確的統計，文化大革命前後，全國僅城鎮知識青年上山下鄉就達一千八百多萬，如果再把回鄉、返鄉知識青年統計在內，那麼可能高達數千萬之多。這其中，當年下鄉當過赤腳醫生的知青，僅以最低的1.5%概率來計算，就達一百多萬。在全國範圍內，可以說，凡是有知青下鄉的地方，就都有赤腳醫生的身影存在，而這些知識青年赤腳醫生，由於他們認真好學，不怕吃苦，善於鑽研，而且結合自己的知識敢於大膽創新，再加上廣大農民群眾的充分信任與支持，所以在那個貧窮落後的年代，爲解決農村的廣大人民群眾看病難的問題，作出了巨大的貢獻。其中，在陝北延安地區下鄉的北京知青孫立哲，就是當時最爲突出的代表典範。

當前，在知青文化研究領域，至今尚未有人來對當過赤腳醫生的知青進行專題研究。應當說，安娜是我們接觸過的第一個來做這個項目研究的第一人。爲此，我代表北京知青文化研究會和北京知青網向安娜表示衷心的欽佩，我們一定全力以赴

支持安娜的研究工作，希望大家也能夠爲安娜提供更多的歷史資料。

安娜：我本人是個 90 後，是在美國出生長大的 ABC，目前在美國杜克大學讀腦神經專業。我在大量閱覽世界有關醫學類書籍刊物時，在一本世界衛生史中無意發現了有關對中國赤腳醫生的介紹，同時，我也從中瞭解到中國的知青群體是赤腳醫生的主力軍。雖然我出生在美國，但是我的父母都是在八十年代從中國移民到美國的北京人，所以我對中國的知青群體產生了極大的興趣。隨著閱讀和瞭解的深入，我被知青們的自強不息與奉獻犧牲精神所深深感動，尤其是中國知識青年赤腳醫生的事蹟，讓我簡直著了迷。在那樣貧窮落後的農村，條件異常簡陋的情況下，赤腳醫生竟然給那麼多的農民治病，並且不收分文報酬，因地制宜用許多土方法治好了眾多的疑難病症，簡直令人不可思議。因爲，在西方國家，成爲一個真正的醫生，除具備大學學歷之外，還起碼再需要三到五年的專業醫科實習，才能成爲醫生。而中國在不具備這一條件的情況下，又確確實實爲中國農民做了那麼多實實在在的事情。

所以，我這次看到你們很激動，就想聽聽你們的故事。

嘉賓 A：赤腳醫生問題，它和毛澤東當時提出的一系列想法有關係，包括他的教育革命的思想，教育改革，還有一個打破特權，這些思想都是毛澤東的。美國人怎麼會研究這個問題？我覺得有些怪，知青這個問題現在不研究的話，將來沒有人研究了，第一手的東西完全喪失了，因爲我們年齡都已經是六七十歲了，都進入老年狀態了。我覺得這個問題迴避不了，因爲當時所謂的上山下鄉，大家可能記得是一場運動，毛澤東發動這場文革後的一系列的運動，我認爲真正觸動到了中國社會的底層。

中國農村那個時候還是非常落後的，我們到農村的時候

印象非常深刻的是什麼呢？農民用的犁，跟我們在歷史博物館看到的漢代的犁是一模一樣的，就是這種情況，幾千年幾乎未變。真正我們說中國農村，從最基本上發生一些變化，其實知青是起到了重要作用的，是有影響的。但是我不知道安娜是怎麼看待這個問題的？剛才也講了，關於知青赤腳醫生的碩博士論文只有 6 篇，太不合理了，因為我覺得知青赤腳醫生這個問題的研究是很有價值的，我首先肯定安娜這一點。你將來的成果是什麼樣的成果我不知道，但是至少在我們知青這個圈子裡面拿到了第一手的材料，你是很了不起的。

因為我們沒有做這個事情，我們學術界沒有做這個事情，我們沒有從知青赤腳醫生的第一手材料裡面反思我們的歷史。我們當時也是在政府的支持之下，它不僅僅是解決農村缺醫少藥的問題，毛澤東甚至把它作為教育革命或者教育改革的一種嘗試，甚至還要解決民粹主義思想也好，或者反對這種城市的特權也好，他的這種思想，我們不知道用什麼樣的觀念來講更準確。

嘉賓 B：培養無產階級革命事業接班人。

嘉賓 C：也有改造思想的目的。我不知道別人怎麼看，我到了農村是很受觸動的，因為我們在城市裡面長大，沒見過特貧困的。我到了陝西，看到有要飯的人我很吃驚，看到陝北農民要飯，我們怎麼會有要飯的人呢？就是這樣一個震驚。看到農村這樣一個狀況，當時這種情況對我們自己是一個很深的觸動。至於知青政治目的等等我們都可以不談了，這裡面肯定有兩種，我也說的很直率，理想主義者和投機主義者都有。事後已經沒有什麼可以驗證的東西，但是我認為兩者都有，有理想主義，真的去獻身，我就是主動到農村去，改造我自己，這些是另外一回事，我不講了。這樣的問題和政治問題是沒辦法分開的，因為沒有政治背景不可能有知青，也不可能有赤腳醫

生。其實赤腳醫生在知青沒有去之前已經有一些了，作為文革中又再一次壯大了這個群體，當時叫做新生事物，我們學英文的時候就已經有這個概念了，有這個名詞了。

　　嘉賓 D：當時鄉下也有合作醫療制度，但誰來弄呢？那時候基層不可能有專職人員，公社有衛生院，大隊這一級只有不脫產的，叫衛生員也好，叫赤腳醫生也好，這個人等於要把這些事情組織起來，都要做起來。不但管人的感冒發燒，獸醫的事你也得做，像這些本來都是作為村一級的機構裡面應該必備的專職人員，被赤腳醫生給替代了。

　　嘉賓 E：合作醫療那點錢是不夠的，一個隊每個月下來只有幾塊錢，阿司匹林、四環素、土黴素，還有顛茄片，就是最簡單的，最便宜的。

　　嘉賓 D：對，是這樣，沒有資源，怎麼發揮赤腳醫生這個作用呢？只能依靠傳統的東西，傳統的就是針灸、中草藥、按摩、拔罐。所以我們這些赤腳醫生當時必須會針灸，還有按摩，還有號脈，望聞問切。中醫那套傳統，就是陰陽分支，你若是屬於冷病、寒病，就針灸加艾灸，當時有一個口號，叫一根銀針，一把草藥，來解決農村的問題，我們說的就是農村的醫療。

　　當時有一個口號我認為是對的，就是農村醫療工作以預防為主，誰來做這個預防工作？還是知青赤腳醫生來做。我們那時候經常熬一大鍋草藥湯，讓大家喝了，預防感冒，到夏天的時候弄點馬齒莧什麼的，防止拉肚子，就和現在喝的王老吉一樣，清熱敗火，夏天就好過一些。這個工作的開展，赤腳醫生也好，我認為即使不是赤腳醫生，知青在這裡面基本上都是全力以赴的，包括採草藥，不可能只是赤腳醫生採，很多知青都參與這個活動。這種情況下，當時我認為所治療的病主要是常見病，比如說胳膊腿疼，針灸還真管用，還有拉肚子，有些草藥就很管用，感冒、頭疼、腦熱，這些東西都是起作用的。

但是我這裡面要說的一個問題可能不一定和大家一致，你在農村裡面要是給人開刀，這個東西太玄乎了。我當赤腳醫生的時候，孫立哲這個故事就出來了，有些人很想跟他學。後來我就很反對，我說孫立哲這個東西不能學，你學了以後草菅人命。你沒有消毒條件，也沒有這個技術的情況之下，對病人是不負責任的。

孫立哲給我的印象，他第一次開刀是死馬當活馬醫，因為有一個老鄉腸梗阻，那怎麼辦，你讓他梗阻就死了，你不讓他梗阻的話，就割一刀給他順過來就完了。這種情況之下，就等於是在沒有任何辦法的情況之下，試一把。但是這個事情後來成了一種典型之後，當時大家有點看法，當時有人說我們能不能也弄這個東西？形式主義就出來了。我說這個東西絕對不能弄，為什麼呢，你得根據自己的情況，根據自己的條件，你有可能才能弄。

現在咱們回顧這些全是故事了，就這個事情來講，像孫立哲拿手術刀，完全用西醫的方法進行治療的，這種情況恐怕屬於特例，不多的。大部分赤腳醫生我認為做的是一種什麼工作呢？普及醫療知識，普及衛生知識，同時把一種文明，把城市的一些文明習慣，包括刷牙之類的，帶給農民。我剛才還跟人說，我們那時候一刷牙，圍十幾個小孩在看，還有蹲在那兒看的，他覺得很新鮮，城裡人還要刷牙呢，他們從不知道牙每天還要刷。

嘉賓Ａ：還有很多的衛生習慣，比如洗衣服用洗衣粉，包括被褥的整潔等等，知識青年確實在這一點上把城市的文明帶到農村去了。我們那裡到現在很多農民回憶，是知青來了之後，把一些好的習慣，文明的東西帶了進來。所以從這個角度來講，我們不管它任何政治原因，在幾千年中國社會裡面，城市的文明能夠波及到整個農村，尤其邊遠農村，這個文化的影

響知青是獨一無二的，而且可能在世界的文明史上來講都是極為罕見的事情。所以我覺得這個問題可以展開來談，當然細節的問題可能還有很多，因為我本身是搞社會科學的，很多知青的問題，包括文革的問題，我一直認為知青問題要從大的環境來說，和當時的歷史環境，和政治背景，都是分不開的。但是比較奇怪的一點是，我們一直不願意正視這個問題。這個問題，安娜你如果有興趣，也許可以涉及一下。

嘉賓 F：我是在山西原平插隊，是眞正的農村裡面，和兵團的不太一樣。我們這個村是一個比較正規的大村，我今天帶來了一本村志，我首先給你介紹一下農村醫療是怎麼演變過來的，最後怎麼叫赤腳醫生。你看我們這裡有一個章節，專門說到什麼時候建的合作醫療，什麼時候又把我們給納入進去，就是整個過程，當時醫療條件是什麼樣的條件。我特想呼應嘉賓 D 剛才說的那個問題，你們沒學，怎麼敢去做。當時的醫療條件農村非常落後，落後到什麼情況呢，剛才有些人都說了，比如不刷牙，很多病都是由於沒有良好的衛生習慣而引起的。

剛才他們都提到了，赤腳醫生是文革期間才出現的名詞，但是這個合作醫療卻是隨著新中國建立之後，農村互助合作化運動興起的，但是到文革的時候，合作醫療被賦予了新的解釋。告訴你一個數字，合作醫療在 50 年代屬於初級階段，60 年代、70 年代是屬於鼎盛年代，1971 年發展的赤腳醫生一度達到 150 萬。1985 年 1 月 25 日人民日報發表社論要求「不再使用赤腳醫生名稱，鞏固發展鄉村醫生隊伍」，赤腳醫生被取消了，我們村志上說，1985 年就解散了，眞正的合作醫療沒有了。村志上都有記載。

1955 年的時候，我們這個村是三千人的一個大村，衛生室解放前就有，那時候都是提藥箱子的中醫。1955 年才從大隊裡拿了五百塊錢，建立了合作醫療，衛生員人選的是那些醫

生世家的應屆畢業生，那時候還沒有知識青年，然後去培訓。

我是 1968 年去的，因爲這個大隊領導層對知青還不很認可，我們當時是打著改天換地去的旗幟去的，他們不願意的，他願意說你們是來接受貧下中農再教育。比如我們開會的時候說些話，他聽不明白，很多知青去了以後想改天換地，有所作爲，結果他都給抵制了。我是怎麼進去的？我在那兒種了六年地，到了 1974 年初，才有幸去了衛生所，因爲當時有這麼一個政策，衛生所裡面如果有知青的話，可以給匹配一批醫療器械。我所謂做的貢獻是，以我的名義給我們大隊弄來了一批醫療器械。主要是計劃生育的器械，

大家也許不知道，1973 年農村就開始計劃生育了，而城市裡面是 1976 年才開始的。我去了之後拿上這些器械，培訓一個多星期，第一件事就是做人流，不想要了，我們就給她做，結紮，做上環。給我們的器械裡只有刮宮器，負壓那些東西沒有，不知道是誰發明的，我們就用葡萄糖瓶子，拿獸醫用的大針管，往外抽空氣把它抽眞空了，刮宮器上面有管子，就連上了，做人流時，呼嚕一下就出來了。

咱們現在說的容易，你可能想像不出來，但是農村當時落後的現象，只能用這種辦法。而且他們還非常崇拜你，非常敬重你。因爲他缺乏知識，農村特別閉塞。就像剛才這位先生說的一樣，那根本就是不應該有的情況，可是當時培養不出來這麼多人來，只能把知青赤腳醫生趕鴨子上架。

話說回來，人都是很聰明的，被逼急了，什麼人間奇跡都可以創造。所以我就非常欽佩孫立哲，他能想出這麼多辦法來給農民治病，而且具備動刀動手術的能力，這樣的人在赤腳醫生中也非常少。

嘉賓 G：我覺得知青絕對不能一概而論，因爲地方不一樣，地域不一樣，風俗不一樣，你聽的故事也不一樣。安娜，我等

會想贈你一本關於知青生活的書，這個和赤腳醫生沒有什麼關係，但是我想讓你瞭解一下知青的真實情況。

嘉賓 H：我簡單的說一下，我是在內蒙插隊，1968 年去的，1969 年開始當赤腳醫生，一直到 1979 年。我身旁這位老兄是從北京 1967 年走的，1968 年幹赤腳醫生，幹到 1982 年，時間更長，我們倆可以說是職業的赤腳醫生了。我在內蒙待了 22 年，跟大夥剛才說的給病人針灸一下，給點草藥，完全不是一個概念了。

剛才有老師從宏觀上面分析過，赤腳醫生的產生脫不開文革和插隊這兩件事。文革大家都知道，中央定調就是浩劫了，但是插隊大夥有說好有說壞的，我們就不說了。我為什麼幹那麼長的時間？也是有原因的，一個是我出身不好，我到那兒以後上大學也沒份，工農兵大學生也沒份，招工也不招我，家裡面都轟到農村去了，窮的沒有飯吃，我只能待在那裡。

雖然牧區要比農區富裕一點，沒有要飯的，也不至於餓肚子，但是貧窮、落後，尤其是醫療條件的落後，簡直不可想像。文化大革命有點喇嘛醫生，也都給打倒了，所以根本就沒有醫生。我們那時候，赤腳醫生可以說是牧區唯一的醫生，等於是趕鴨子上架，不上也不行。我 1968 年去，1969 年當赤腳醫生，只學了兩個月，跟巡迴醫療隊學了兩個月。兩個月回去，第一個活就開始接生，我那時候是 18 周歲，記得很清楚，回去第一件事就是替人家接生。那時候真是不懂，當時巡迴醫療隊都是醫學院的老師，教我們很認真，所以學得也認真，我第一次接生操作還挺好，回去老師還誇我。

隨著後來兵團成立了，知青大多去了兵團，因為我出身不好一直留在大隊，沒去兵團。兵團後來也走了，兵團一走醫療更是一個空白，赤腳醫生就成為當地唯一的醫療。尤其我們牧區一到冬天大雪封山，交通根本走不了，尤其是急症的急病

人，我就成了職業的赤腳醫生。那時候整天騎著馬，一人好幾匹馬，牧民這邊病了，那邊病了，整天到處走，到處給人看病。我們那個赤腳醫生基本脫離了扎針灸啊，草藥啊，屬於專業醫生的活，你真正要給人家看病。像接生，針灸草藥全沒有用，完全是西醫的這一套，怎麼消毒，各種難產怎麼處理，包括各種疾病傳染病處理。那時候草原上傳染病特別多，麻疹、百日咳，一兩年一流行。

我認為，知識青年上山下鄉，不客氣地說，是我們這一代人的一場災難，大夥現在說該上學的時候你插隊了，該上班的時候你下崗了，這是大多數知青的命運。當然我們在座的都算混得好的，專家、老闆、醫生、學者，但還有更多的混得不好的呢。

嘉賓I：我情況特殊一點，我是1966年屆的高中畢業，1967年自願報名去的內蒙，待了25年，15年在牧區，娶了一個牧民媳婦。我跟大家不一樣在哪兒呢，我們雖然心氣很高地去，當時喊出了20年改變內蒙的面貌，實際上到那兒以後什麼也幹不了。我們那兒是純牧區，95%以上都是蒙古族，只說蒙語，很少有人會漢語。地廣人稀，我們去的那兒是牧場，有七千平方公里土地，只有一千三百人口，相當於五平方公里左右才一個人，但是牲畜多，有八萬多牲畜。我們好是好在不愁吃不愁穿，壞在哪兒呢，交通極端的閉塞。中國地圖是一個大公雞，就在雞脖子那個地方，就是我們那兒，中蒙邊界線上。

那時候常有越境的，但在外蒙那兒轉了三天，連個人影都碰不到，又回來了。所以我們那兒的特點，先得學蒙語，你不會蒙古話，人家理都不理你。他們罵人最厲害一句話，就是蒙古人不會說蒙古話。一開始簡單，我們去頭幾個月，吃飯、喝水這些都會了。但是過了沒兩三個月，正好下來一個醫療隊，說給你們培養點赤腳醫生。我因為父母原來都是搞醫的，走的

時候給我帶了一個藥箱，怕那裡缺醫少藥。結果大家知道了，說你去吧，你有藥箱，你又懂行。於是我就去了，本來計畫是培訓半個月，結果到第三天，剛學了一個生理解剖，學了一個扎針灸，連打針都沒學。人家醫療隊有緊急任務回去了，實際上我們就學了三天，就趕鴨子上架，反正人家也知道你學了大夫了。

結果沒幾天就有人找我，一個老太太，估計現在看是高血壓，腦動脈硬化，就跟我說頭暈，當時我也不懂，頭暈是什麼意思，她給我比劃了一下我明白了，腦袋轉圈，就是暈，我給她幾片氨茶鹼，吃了以後老太太好受多了，說你這個大夫真好，就這麼著稀里糊塗的把病看了。

那兒跟內地看病不一樣，一個是語言關，再一個必須騎馬。我第一次出診就轉向了，那個地方非常容易轉向，因為內蒙草原到處都是很平緩的山坡，缺少特徵。碰見一個看來就是感冒，發高燒，結果我旁邊有幾個知青瞎說，說是不是傷寒，打寒顫，出大汗。我也不懂啊，你想三天半畢業的，根本不懂這個。我說我去給你請大夫吧，牧場衛生所離那個地方大概有50里路，我騎著馬走，走著走著天就黑了。草原上天黑特別快，剛才看著還有太陽，太陽一落山，馬上就黑了，黑了以後，天上到處星星眨著眼。

忽然看見前面有燈亮，就騎著馬往那兒跑吧，可是我怎麼也到不了，怎麼也找不著道兒，這就像你在平原上看一座山很近，但你怎麼也走不到一樣。結果我轉了一夜也沒找到一個地兒，後來我也急了，估計一兩點鐘了，不找了，把馬一卸，往地上一躺，睡覺。結果睡到大概五六點左右，一看天亮了，我離牧場衛生所蒙古包不到一里地。

這麼艱難地把大夫請到隊裡，讓人家一看，都是小事，給幾片 VC，給包四環素結束了。但是我就接受了兩個教訓，

一個草原上看病頭一條要會人語言，第二條要認道，不能再轉向，剩下看病技術是慢慢來的事。所以後來我蒙語讀寫的還可以，最起碼什麼病我都能說上來，因爲它都是比較特殊的名詞，你問老鄉也不知道，就抓住機會問蒙古族的大夫。再後來自己感覺醫術不行，怎麼辦呢？跑回北京來學習，先在唐山學了八個月，又跑到北京第四醫院學了五個月，後來自己又上延慶縣醫院待了一陣兒，學的比較全面了，內科、外科，連麻醉我都學了。1980 年去學的，1981 年底回到牧區，1982 年我一人幹了 56 台手術。因爲那地方人很少，56 台手術就超水準了，歷史沒有過。

　　爲什麼娶了當地的媳婦？也是個運氣。我媳婦的叔叔當年36 歲，蒙古人有的喝酒以後特別的凶，喝酒以前都是好人，喝完酒又喊又叫，又吵又鬧。他當時和朋友喝酒，最後不知兩人爲啥生氣了，互相罵，罵完以後喝涼水，一下心梗了。來報信的人跟我說他肚子疼，滿身的大汗，我一聽就不是急腹症，就是心梗，因爲我曾經在學習的時候見過一個 35 歲的心梗，考慮他很有可能就是。我初步查一下，估計是這個，幸虧我手裡還有點藥，打嗎啡，吐，用阿托品，然後再給他輸點液，當時沒別的東西，就輸氨茶鹼，也管事，反正它有擴張平滑肌作用。結果打完針，疼止住了，輸點液，好受了。這時候才去找救護車，因爲很遠，正規醫院離我們 180 里地。他們派了一個大夫來，一聽肚子疼，摸了摸，肚子也硬，說不像心梗，說你是不是鬧錯了。我也不敢多說，我說你們大夫看著辦吧，這個病人肯定重，你們拉走吧。走了一夜才到他們醫院，一做心電圖，後壁梗塞，這幫人都吃驚了，說你一個赤腳醫生懂這個？

　　牧區那個地方也有好處，牧民他一旦相信你以後，他就說你治吧，治好了算你功勞，治不好我該走就走了，不會怨你。因爲把我媳婦的叔叔救活了，沒死，活了以後他老想報答我，

就問我，你有媳婦嗎？我說沒有媳婦，我們知青到這兒來上哪兒找媳婦去。他說那我給你找一個，蒙古人還真講義氣，說找就找了，就把自己的侄女找來，那時候她比我強，人家在我們上級醫院，在師部醫院，她在那個醫院裡面當內科護士長。愣把他的侄女說給我，咱當時就是個一個赤腳醫生，下嫁我了。

我們倆還不錯，38年了，一直挺好。在知青裡面找了當地牧民的子女，而且一直堅持下來，也不棄不離的，還確實不多。我就想這個，人家年輕輕的，比我小8歲，人家跟了我，從來沒說過跟我吹燈，我就得對人家好。她也是那樣，她說你救了我叔叔，救了我們家人，我當然要對你好。

不過我也有遺憾，一直也沒上大學，為什麼呢？就是老想著毛主席說上山下鄉是大方向，是黨的百年大計、千年大計、萬年大計，說咱們就聽毛主席的話，不走了。當然也有客觀原因，我們那個地方偏僻到什麼程度，來一份報紙至少等半個月，信也是，電報也是。唐山地震的時候我媳婦在天津，一個報平安的電報隔了半個月以後我才接到。那會兒哪有書啊？什麼書都沒有，就靠回北京找本書，找點醫療方面的書。

安娜：當時藥品怎麼弄的？

嘉賓 I：這一點牧區還相對好一點，比較富足，不缺錢，藥品都可以買，看病基本是免費。但就是條件特別差，交通極端不方便。那個地方落後到什麼地方，生一個孩子扔一條褲子，生孩子不許人家看，就掉到褲兜子裡面。而且婦女生孩子不許在屋裡待著，蒙古包都不許待，到外面牛舍裡面去，他們認為是很髒的事情，很埋汰，蒙話的髒和漢話差不多，都叫埋汰。

安娜：冬天也在外面生？

嘉賓 I：冬天也一樣，最多生個火，在牛圈的地下鋪個破毯子，孩子掉褲子裡，然後再拿出來擦，褲子就扔了。我碰見

一個孕婦，生了第五胎還是第六胎，宮縮乏力，生不下來，兩天了，肚子疼。怎麼辦呢，那時候我也不懂，確實沒學過，我第一次看人接生我哆嗦了一天，哪見過這個啊，男孩子，那時候沒結婚。結果她生不下來我也沒辦法，我說往上級醫院送吧，180 里路，攔個汽車就走。走著走著她喊起來，說趕快停車，我一看壞了，要生了，這個我懂。我說快停車，正好汽車開到羊圈門口，她就往羊圈裡面跑，司機嚇的也跑了，司機哪見過這種事情。我沒辦法，我再撓頭也得跟著進去，就在羊圈裡面幫她生的。生完孩子，她說沒事了，回家去，車掉頭就回去了。

我們鄰居一個女孩子 18 歲，剛結婚，一年生一個，後來不到一年，11 個月生一個，到生完第五個，心臟病，心衰，24 歲，死了。所以後來你說我不幹行嗎，最後在內蒙古後十年看的最多的就是婦產科，我就覺得婦女太可憐了，一定得做好這個，男的在內蒙幹婦產科的很少。

我定下目標一定幹，言必行行必果，再一個我信奉幹自己的事讓別人去說吧，你愛說什麼說什麼，我不在乎那個東西。我孩子們都害羞，說爸你怎麼幹婦產科，我都沒辦法跟同學說。我說沒法說你就甭說。在草原為什麼我比較專注婦產科，因為確實覺得她們太可憐了。有一個牧民，生完孩子，是多胎，胎盤滯留一天一夜，下不來，我一看怎麼辦啊，當時我還沒學過婦產科，我只懂外科。就趕緊拿出赤腳醫生手冊，上面有婦產科胎盤滯留怎麼辦，手怎麼進去，紡錘狀進去，慢慢摳，我就那麼幹的，給摳出來了。摳出來以後，簡單清了清子宮。沒輸液瓶，就拿 100 毫升注射器推，推了 500 毫升，累的我手都快抽筋了，救好了。

剛才有的人說針灸有用，也有人說沒有用，但說起扎針灸來，我還有一個故事。那天我跑了 120 里路去看一個病人，現

在看是神經官能症的一個病人。這個人怎麼回事呢？特別小心眼，有點事就鬧唧唧，總覺得自己不行了。大年初二，他們家人找我說這個人不行了，四五天不吃飯，手腳冰涼，躺在那兒，說要死了，問我怎麼辦？我說怎麼辦，那就去看看吧，騎 120里來回。見到我後，他說大夫我冷啊，渾身的血都不流通了，血不走了，我要死了。我大概看了看，又摸了摸，沒啥器質性問題，我想得了，按神經官能症處理吧。我說你不要怕，我有法子，我給你一個熱的藥，保證這個藥輸進去以後你渾身血管都擴張開來，保證你渾身發熱。他說有那麼神嗎，我說有。

實際我帶了一支葡萄糖酸鈣，葡萄糖酸鈣放在葡萄糖裡面，輸進去，馬上發熱，很簡單的一個事。我就給他輸，輸進去以後，我說胳膊熱了嗎，他說熱了，我說胸脯熱了嗎，他說熱了，最後到腳丫子熱了。緊接著我說別著急，這回你血管擴張開了，我再給你長長精神，就給他扎了針灸，扎什麼合谷、強壯穴。艾灸卷也沒有，他們家有煙捲，拿煙捲烤。我說這回怎麼樣，他說渾身舒服了，我說起來吃飯，馬上起來吃飯。這針灸對精神病人真管事，半心理半治療的功能，病人當時就吃了飯。完事後已經是大年初三了，120 里路來回，我也付出代價了，回來我就拉血了，肛裂，顛裂的。

所以我後來跟牧民們處的關係特別好，比較有感情。爲什麼我能待 25 年，跟感情確實有關係。其實我都不想回來，但1992 年底還是回北京了，因爲我是兩個姑娘，在內蒙地區重男輕女，如果你上不了好大學，基本上就沒有工作。所以爲了姑娘才決定回來，人生有時候真的很無奈。

安娜：不錯，真的不錯，您的事蹟很感人。

嘉賓 I：我都是做的小事。

嘉賓 B：你今天來值了，材料多豐富啊。

安娜：是啊。

嘉賓J：我是六六屆初中畢業到延安插隊的，我們小隊一共去了11個學生，有8個女生，3個男生，我們8個女生住在一個大窯洞裡面，站在門口看不到裡面，當時生活條件很艱苦。當時延安地區有三大地方病，我們縣是重病區，一個是克山病，一個是柳拐病，就是大骨節，人都不高，都這麼高，他的骨頭都變形了，走道兩邊晃，走不動，一開始我們見到他們的時候還以為是妖怪，都害怕，第三個是甲狀腺，大脖子，三種病，很嚴重。

當時說要多少年消除這些病，後來我們走了以後也沒消除。因為這個原因我們縣流動人口特別大，都不用計劃生育，每年的人口急劇下降。我們到了之後我們都成了當地人了，因為我們住的時間比他們都長。各方面就比較落後，我們是點煤油燈，沒電，根本沒有交通，全憑走路，藥就更不用提了，更落後了。因為當時沒地方看病，問老鄉，老鄉說沒有看病的，縣醫院離我們那裡是十幾里的山路，要走半天。

當時我就有一個念頭，我能不能往這方面看看，能不能學習，能解決我們自身的問題，也可以解決老百姓的痛苦。隊長對我們知青還是比較看重的，就找我談話，他說你有知識，能不能把赤腳醫生幹上？我說行，這樣就幹上赤腳醫生了。到生產隊不到一個月，就幹赤腳醫生了，那會也是勞動幹赤腳醫生，下地背著藥箱。後來正好有解放軍醫療隊，支援老區建設，我們是老區，就給我們培訓，手把手的教我們扎針，打針，首先要學靜脈注射。那時候輸液都不是掛吊瓶，都是拿手推。然後打針、扎針灸，就是學最簡單的、初步的，還有就是接生。上午學習，下午就到醫院實踐，他們在那兒待了二個月，一些常識知識掌握一點了。我記得第一次給人家接生，接完生以後我三天沒吃飯，你想那時候剛十八九歲。

我們大隊有三個小隊，小隊和小隊之間都相隔十里八里

的，自然村特別多，有的一戶一個自然村，一個自然村和一個自然村之間得有十里地，全是羊腸小徑，他們有了病你就得去看。那時候人家來信兒了，說有病了，氣管炎，喘不上氣來，我就得趕緊過去。自然村有十里地，走在路上就碰見狼了，一條羊腸小徑，狼在那頭，我在這頭，我走牠走，我停牠停，把我嚇得呀，那次真把我嚇壞了。後來他們老鄉說，你出去的時候拿根棍子或者什麼的，一個是撥草，防止蛇的，再一個就是嚇唬狼的，再有你就喊，就使勁叫喚。

嘉賓 I：喊就對了，我就遇見過，狼就就是這樣，你走牠也走，你停牠也停。這時候你一定要鼓足勁，沖著牠衝過去，我就這樣。有一次夏天我碰到的，沖著牠衝過去，我正好拿著馬鞭子，揮著馬鞭子一喊，跑了，牠翻過山就沒事了。你就別讓牠老看著你，狼這個東西特別狡猾，牠看著你，牠就琢磨你，牠看不見你了，牠就不琢磨你了。

嘉賓 K：您是一個男同志，畢竟膽大點，我們晚上去給病人看病都得穿樹林子，在東北，一個人，我才 16，走到空曠地方，就聽到狼叫，嚇的我不敢動了，還特黑。我想找個棍，還找不到棍，真是嚇的我啊，到底怎麼辦啊，走不走？

嘉賓 I：其實牠叫，你跟牠一起叫。

嘉賓 K：哪敢啊，那會嚇的啊，找棍都找不到。東北的狼都是在大晚上出來，還看不見，光聽見牠叫喚。

嘉賓 I：有一次我下半夜看羊，我剛進屋喝口水，忽然我的羊就炸窩了，我有五節的大手電筒，趕緊衝過去，啪，一照，正好照到牠。那個狼正好叼著羊的脖子，牠的尾巴翹著羊的尾巴，我就大吼一聲，手電筒照到牠了，狼把羊放開了。我過去那個羊已經嚇暈了，磴磴磴，原地亂轉，亂跳。

嘉賓 J：去了以後跟那個老鄉說碰到狼了，老鄉特別受感動，趕緊安慰我。我們那時赤腳醫生主要是扎針灸和做按摩，

這樣老百姓可以不花錢，我們都是義務的看病，不管是什麼時候去，只要讓去。後來我們慢慢的對生產隊，所有我們的管轄地區摸了底，都有哪些病，心裡有數以後，定期的去看看。我們隊柳拐病特別厲害，尤其是陰天下雨的時候，走路都很困難，別說幹活了。經常給他們扎針灸或者做按摩爲主，這樣他們可以緩解疼痛，因爲骨頭都已經變形了，大骨節都這麼大，腿也是，都是這樣，個子都這麼高，他長不高。

老鄉生活特別苦，這是眞實的，全家人就一條被子，一件好衣服誰出門誰穿。我去了以後，常常把我多餘的衣服給他們，他們不管是心境好壞，都特別高興，拿我當親人似的。生活是挺苦的，連菜都算糧食，糧食特別緊張，要吃純糧，沒有。所以我去給病人看病，他家裡的人拿純糧招待你吃，純棒子麵蒸窩頭吃，這是最好的飯，拿這個招待我，對我特別好。對這點我特別受感動，要不說知青這一代不怕吃苦，白天、黑天，什麼時候只要有人不舒服了，就去。而且閑的時候，各種針灸書，內科、外科我全都學，其實我也有很好的機會上首都醫科大學，錯過了。

安娜：錯過了挺遺憾的。

嘉賓J：那時候關鍵沒想過離開，歲數小，不懂。

嘉賓L：我簡單說一下吧，剛才聽大家說的都挺受感動的。我們這一代人，都是學習毛主席的思想，聽毛主席的話長大的，打小就是這樣，所以毛主席讓我們上山下鄉，到農村去，我們就得去，都有那種抱負。我們集體戶其中有6個人在北京參加過赤腳醫生的培訓班，參加完培訓班以後，我們準備好了下鄉要用的聽診器、注射器，我們到那兒眞是想幹一番大事業，眞有這種想法。可是到那兒才知道不是那麼回事，我們村不但沒有衛生室，連基本用藥也沒有。我們天天要下地去幹活，跟著社員一起，每天早晨日頭沒出就得去幹活，幹完活，

晚上日頭落了，收工之後才能給病人看病。

我們到那兒去以後，當地社員都信我們，所以方圓幾十里都是我們包了，大病小病的。因為我們戶裡面不是一個人幹，注射器、針管消毒啊，都是集體戶自己在家裡弄，做飯的同時幫助消毒好，大家輪著該誰看病誰就去，有時候去是兩個人或者集體一塊去，有什麼事可以商量，大家都比較團結。

因為我是戶長，抽調任務下來以後，大家都謙讓，有去上學的，有去工廠的，有去油田的，我肯定得讓他們先去。另外那時候還宣傳扎根農村幹革命，領導說讓我做這個典型。我這邊用大喇叭廣播喊扎根農村，那邊又被家裡逼著去參加工農兵大學生考試，心裡特矛盾。最後還是上了吉林醫科大學。

那時候都是開門辦學，上長白山去採藥，還到輝南縣醫院去實習，又到海隆縣去當赤腳醫生。當地人特別純樸，你跟人家在一起，等於你跟人家融在一起了，你不可能不全心全意地給人家看病。扎針灸都是先從自己身上開始練的，我們都是互相練，然後才給病人扎，你說我得吃藥，那時沒有藥，就得針灸治療。

有一個小男孩給我印象特別深，19歲。他是骨髓灰質炎，他進行性的呼吸麻痺，急需送到長春。從他家到長春得要四個小時的火車，當時沒想過害怕，就想著趕緊送。真是害怕半道他窒息，有痰，一路上我們想盡各種辦法，實在不行就口對口的吸。會不會傳染什麼病什麼的，想都沒想這些事，救病人最重要。後來我就想為什麼當時什麼都沒想，還真是有這份全心全意地為人民服務的情感在裡面，所以才促使你做了這些。當過赤腳醫生的，都特別有這種情感。

姜成武：談的都很好。今天咱們北京知青網的版主也來了一些，安娜做的這件事情，它的意義是什麼？你們有什麼看法？以及聽完剛才當過赤腳醫生的這些人的發言，自己還有什

麼感觸、感想？都簡單說兩句。

　　嘉賓M：我簡單說兩句吧，我今天來，原以為安娜是當年當過知青的呢，沒想到是一個咱們所說的香蕉人，她屬於香蕉人，西方的白芯，外觀是中國的，東方的黃黃皮，咱們叫香蕉人。作為這樣一個香蕉人，能夠想到研究我們這一代的事情，確實是我沒有想到的。

　　因為在中國大陸受各種限制，研究知青的問題不容易，要不是習主席主持中央現在放鬆一點，那兩年連知青兩個字都不許提，最早出的知青的書後來再版都不行了。所以現在海外有人，特別是他們年輕這一代人能研究知青，甭管是研究知青當年插隊也罷，知青赤腳醫生也罷，這確實很讓我意外，也很讓我很感動。

　　作為赤腳醫生，從春苗那兒開始正式說，實際上赤腳醫生在那時候的農村、邊疆，救死扶傷，任勞任怨，他們是那個時代中國老百姓生命的最後一道籬笆，這道籬笆雖然不能保證他們全都活下來，但是多多少少起到了保護老百姓生命的作用。我插隊的時候，第三年得了腹傷寒，發高燒，三天三夜昏迷不醒，我們插隊的地方在深山溝裡，有人生病了送醫院，老百姓沒有這個概念。最後就是我們村的知青赤腳醫生把我救了，我記得很清楚，陝北燒炕的灶，後面是大鍋，前面是小鍋，前鍋熬米湯，後鍋蒸窩頭，蒸窩頭的鍋水裡面煮著給我打針的針頭和針管，窩頭熟了，把針管撈出來，吹吹，給我打的金黴素，把我救活了，到現在還沒死，我很感謝赤腳醫生。

　　嘉賓C：那時候炎症相對也好治，一針抗生素下去就有效果。

　　嘉賓M：那時候人都沒有抗藥性，特別是農村，祖祖輩輩沒吃過西藥，你給個阿司匹林，給個四環素，立刻頂大用，不像現在。所以我說一下，我很驚訝，也很感動，能夠有安娜這

樣的香蕉人還能想到我們當年的那一切，謝謝你。

嘉賓 N：我說幾句，確實安娜能做這個研究課題，不容易，但通過你這個課題，你不僅可以結識這麼多的知青朋友，而且你也可以從他們身上看到很多的閃光點。真的，十七八歲，在那個年代，人完全是靠精神世界支撐的，才會無私地為大家奉獻，這種道德，這種人性，在現在的生活當中是很少了。你如果能在你的研究中，能把我們這些人的精神展現出來，我覺得你就是為口述歷史做貢獻了。我感覺這個事情做的很好，我希望你能夠做好，而且今後能看到這個結果。謝謝你。

嘉賓 O：我說兩句，我不是赤腳醫生，但是我是一個知青。關於當年農村缺醫少藥，我是有親身體會的，大家都說了，我不想多說了。安娜能夠從美國那麼老遠來這兒，與我們座談，我們覺得是對我們的關心和關懷。

我在農村插過隊，當地的人，如果你要能去他們家，你能跟他說說話，你能給他看病，就是看得起他，所以他們會用滿腔的熱情來招待你。今天我給你說這個是什麼意思，因為我們都是當過知青的，我們把當年那些純樸的民風也學會了，安娜你能這麼地關心我們，寫我們的東西，我們絕對熱情的接待你，祝你把事業辦成。

第二點要說知青文化，和知青赤腳醫生研究一樣，它都是一個文化研究。誰走在前面？老江走了前面，北京知青文化研究會走在了前面。你這個赤腳醫生研究只是研究會應該研究的一部分，你是剛開始做，他已經做了很多年了，所以在此我向老江、向安娜表示衷心地感謝，謝謝大家。

嘉賓 P：我也是個知青，陝北知青，農村缺醫少藥，後來從知青當中選出來這些赤腳醫生，這幾位曾經當過赤腳醫生，生動的介紹令人佩服、感慨。另外令我非常感動的是，安娜不遠萬里跑到中國來，就為研究我們知青，研究知青赤腳醫生，

這是非常感動人的。

從我自己本身說，下鄉以後農村沒有醫生，缺醫少藥，我自己都很有體會。到農村以後，由於環境的改變，到那以後，突然得了非常非常重的感冒，感冒時間很長，一個多月根本都沒好，沒有醫生可以看，也沒有藥可以吃，硬扛，最後落下一個很難治的病根：慢性咽炎。一直到現在，造成我高血壓、糖尿病，都是那時候這個病根遺留下來，造成現在這樣。

後來我進入北京知青網以後，尋求了一種戶外健身訓練，扇子隊。我有這種想法，大家晚年要常聚聚，通過聊天，心理健康，通過戶外活動，增強自己的體質。

我們這個群體裡，湧現出咱們這些非常非常優秀的赤腳醫生，今天又聽到這麼多很生動的故事，是讓我非常感動的一件事情。謝謝。

嘉賓R：我剛聽這個事兒的時候，我真以為安娜是一個美國人，洋人。你看安娜這兩個字，很容易讓人這麼想。來了以後，怎麼還來了一個小姑娘？後來才知道，這就是今天的主角。

我當年在安塞插隊，張思德燒炭的地方，很貧窮落後。那時候我們大隊的赤腳醫生是當地人，他原來是公安局的員警，那時候收繳賭局，他把賭具麻將偷偷拿過去給他爸玩，事漏了，把他開除了。回農村以後怎麼辦，他又幹不了活，員警嘛，有一點文化，後來就當赤腳醫生了。那時候我們大隊五個小隊，方圓十里地，他一個人背著藥箱每天轉，隊裡給計工分。我下鄉之後也帶了不少藥去，你給老鄉，老鄉很高興，拿著錢要給我，我說我不要錢。缺醫少藥，沒辦法。我們剛到那兒水土不服，那幾個同學都病了，有一個都快死了，最後是北京醫療隊的大夫給治的。就像剛才這位老兄說的，關於知青赤腳醫生的研究沒有幾篇文章，這在頭兩年還是個禁區，是不能涉及

的禁區。大學老師都知道，知青課題這是一個禁區，說深了不行，說淺了不是，沒有人系統的做這些，因為這是一個費力不討好的事情。安娜你現在能有這個想法，有這個心氣，做這個研究，是一個好事。

當然做這個的時候，希望不要帶有色眼鏡去做，不要憑著主觀願望，要根據客觀事實，有什麼是什麼，這麼做拿出的東西比較令人信服，希望你成功。

嘉賓 S：我簡單說說吧，首先感謝安娜做研究我們知青赤腳醫生這一課題，再一個我們一定會盡最大的努力配合你。另外我講兩個小故事，特別特別短的：一個是我們村裡生產隊隊長的妹妹，她病了，得了結核以後，請的跳大神的，把人擱在熱水鍋上面蒸，人都不能動了，最後才到醫院去做手術，才好的。我說這個故事是什麼意思呢，當時農村很愚昧，真是缺醫少藥。第二個小故事是，我們同學是赤腳醫生，他第一次給當地一個孩子打針，因為剛學，沒有經驗，他還真把人打壞了，後來小孩就成瘸子了，跟小兒麻痺似的，他打到神經上了。我為什麼說這個呢，這個老鄉家裡後來還是拿他當親人，並不是說出了事故，我怎麼恨你，不是的，他們關係處得特別融洽，特別好。當地老鄉特別信任我們知青赤腳醫生，知青和老鄉的關係真是處得特別好。我就簡單說這麼兩句。

姜成武：最後我說說，今天的座談會開的還是比較成功的，雖然時間很短，大家仍能夠暢所欲言，能夠說出心裡的話，能夠把過去當年當赤腳醫生的經歷講出來。而且這些知青赤腳醫生經歷說出來之後，我想咱們沒當過赤腳醫生的知青，包括我在內，有些事情也是第一次聽到。這些事例是非常真實的，不但非常真實，而且非常感人，這是不為人所知的真實的歷史的一段，感人的事情。所以挖掘這個，安娜你做對了，這個事情太對了。

今天大家談的僅僅是一個初步的座談會，下一步安娜還要訪談一些人，咱們再分別把每個人的經歷詳細的談一談。這裡面我想講的是，第一咱們當過赤腳醫生的知青，回去以後盡可能的從回憶當中，挖掘出來更多的更詳細的一些當年的實例，最好整理出來電子文稿，另外再找一找當年的知青赤腳醫生，有沒有當年的照片，或者是實物，有的話最好，然後拍成照片，給我們北京知青網發過來。以今天為起點，正式的啟動安娜這個知青赤腳醫生研究的起點，因為全國僅僅城鎮知青將近一千八百萬，按 1% 赤腳醫生的比例算，有多少？這是個很龐大很龐大的隊伍。咱們北京知青是將近九十萬，你想 1% 的赤腳醫生是多少，全國各地也是這樣。

這個研究太有價值了，安娜你是做這個史料研究的第一人，你要把這個課題做大、做深、做全面、做深入、延展開。不僅僅是當過赤腳醫生的這一個經歷，不僅僅是回顧，把他們翔實的經歷講述出來，整理出來，特別是那些當年的赤腳醫生，後來又做了專職醫生，像陳文玉、冷明、張革等等這些人，他們這種對醫療事業的奉獻，這種鍥而不捨的精神，好好的挖掘出來。

當年的知青赤腳醫生，現在很多都在各自的研究領域，工作領域，取得了相當的成果。據我所知他們在醫學界獲得研究優秀成果的，取得突出成績的，不在少數。所以咱們要把他們的經歷、他們的成績講出來。因為現在，不但西方人不瞭解，就是作為當代的中國人也有很多人不太瞭解知青，不瞭解赤腳醫生的歷史，所以安娜這個研究意義很大。

資料整理出來以後，我們要在北京知青網上做成系列文章，每個人的資料都整理出來，有照片的配上照片，咱們要宣傳出來。我剛才說了，安娜這次來也啟發了我，這次專項研究就是要專項做下去，好好的真正下決心，把知青當赤腳醫生這

塊不爲人所知的眞實歷史，我們給它整理出來，在北京知青網上發表，然後在知青雜誌上發表，之後再彙集成書，系統的來介紹知青赤腳醫生。

可能有的人還不知道，當年習近平同志在陝北延川縣文安驛公社梁家河大隊當知青的時候，也做過赤腳醫生，習近平同志在他自己的那篇《我是黃土地的兒子》文章裡面，特意提到過。這是很重要的，這說明赤腳醫生的經歷，對他來說，也是一段難忘的經歷。

下面我就不多說了，這個研究方向意義非常大，非常深遠，這個課題研究大有可爲，所以希望你能夠堅持下去，我們會全力支持你，希望你把它做好。

安娜：非常感謝！

（結束）

＊訪談時間：2014 年 5 月 24 日
＊訪談地點：北京市西城區月壇賓館二樓會議室

參加座談會的都是到全國各地上山下鄉的北京知青，其中許多都做過赤腳醫生，他們是：姜成武、宋寄春、陳文玉、秦征、張琴基、張麗華、冷明、張革、劉德順、林威、靳振孟、劉淑蘭、呂天俐、光前、善嫣、梁勁泰、蜜蜂、張靜潔、孟昭林等二十餘人。

【附】孫立哲：一個赤腳醫生的傳奇

口述：孫立哲　文／閻陽生

　　孫立哲，原名孫立喆，1951 年 11 月生。1964 年考入清華附中；1969 年初插隊成為赤腳醫生。1979 年，考入北京第二醫學院（現為首都醫科大學）讀碩士學位；1982 年，赴澳洲留學；1983 年，考入美國西北大學攻讀器官移植免疫博士學位。後在多國攻讀多學科的學位。1985 年在美國創辦萬國

圖文電腦出版集團公司；1993 年回國創業。創辦多家萬國系列公司任董事長，並兼任清華大學等著名大學教授。

孫立哲的傳奇持續時間之長為當代人少有。自 1968 年從清華附中到陝北插隊，在土窯洞裡為農民做了上千例手術，被毛澤東欽點為全國知青先進典型；文革後因堅持赤腳醫生政策被隔離批判，被萬民折驚動的胡耀邦親自過問解救。

對他的採訪歷時五年。最近一年，情同手足的「清華附中三友」中陳小悅、史鐵生相繼去世，給他震撼。我由此隨他上長白，下版納，邊走邊談不覺日夜。他年近花甲風雲閱盡，對過往傳奇率意自嘲極盡調侃，反而更加樸實真切。先摘取一二，或可見傳奇老三屆之一斑。

1966 年我 14 歲，在清華附中上初二。文革前我就生長在清華園，父親孫紹先是清華大學電機系的教授。父母早先是在昆明西南聯大結的婚，校長梅貽琦是他們的證婚人。上清華大學，當個工程師，走科學技術的道路，那時候大家都是那麼想的。

那年 5 月，在清華附中爆發了紅衛兵運動。我當時的印象，是感到眼前突然一亮，覺得他們是很神奇的一群新人。駱小海的文章《造反精神萬歲》，讓人看了熱血沸騰。王任重帶來的毛主席給清華附中的信，大家歡欣雀躍。

但他們非人道的行為，使我的印象產生了變化。比如一些年輕的女紅衛兵，讓人跪在雨地裡拔草，解開武裝帶打人。我一個鄰居叫徐經雄，是高三的高才生。他背後被打爛了都不吭一聲，是條硬漢子。

後來因為出身問題嘛，我們就處在一個被動、壓抑的狀態。我父親在美國麻省理工學院讀過書，他（被迫）承認自己

是美國特務。後來他有過兩次自殺。這印象很深，使我至今悲劇的色彩非常濃。

紅衛兵以後有分化。紅衛兵血統論的基礎，是對上一輩流血打下的江山的承襲。但是這個基礎忽然變了，有的人一夜之間父親出了問題，原來好的「紅五類」忽然變成了「狗崽子」。

後來大串聯的時候，我們每到一個地方就開油印機刻革命傳單。人們知道我們是清華附中來的，把我們也當作起始的紅衛兵。我們就以清華附中紅衛兵的名義行事，充滿了使命感。

串聯回來以後，我們就變成了逍遙派。清華園天地自由，子弟也沒什麼攀比。我們家成了公共場所，大家都來連吃帶喝的。我們找大人教授的皮鞋，用鐵皮油膏盒熬透明膠，去粘知了、馬蜂。有一次我被偶像陳小悅哄去看一個捅破的馬蜂窩，被馬蜂蜇得頭腫了一圈幾乎休克，但自此以後五毒不侵。

我那時有兩個絕活，一個是下圍棋，一個是跳芭蕾。後來插隊時我還能同時模仿楊白勞和喜兒跳白毛女全場。圍棋在清華園已經沒對手了，就找國家隊。聶衛平書裡寫的，兩撥各來幾百輛自行車，圍著地壇公園約棋，就是那會兒的事。

文革紅衛兵是我人生第一個震撼，同時是對舊我的自尊心的一種挑戰。清華附中競爭向上的理想主義影響了我的一生，後來我一生就都沒有停過學習。

第二個震撼是插隊，是對你走入社會的基本生存能力和價值的重構。我當赤腳醫生也不是我想當，我壓根就沒有想扎根。人生首先是一個偶然，是史鐵生的一句玩笑逼我走上行醫路。

1969 年 1 月。就在下鄉的那一天，老鄉幫我們背行李，木箱子裡的書估計有七八十斤重。在我們翻山快到村口的時候，史鐵生指著我跟老鄉說：這是個大夫。

巧到什麼程度，到了村裡頭，正碰上一個發燒病號找大

夫。一個老太太，發燒，臉上長了一個紅色的大包。我們對著赤腳醫生手冊左翻右查，最後得到一個共同的結論：丹毒。我們知青把阿司匹林、抗菌素、紅糖水全都拿出來。兩天就退燒下地了。但這紅包沒下去。問老太太你這東西長了多少天了？「唉呀，生下就有嘛。」生下就有的血管瘤，大紅記！

實際上史鐵生是懂醫的。早前他就在一個醫院學習班學會了扎針灸，下鄉時帶了醫書買了藥。其他村的女生都不要我，說這個人賴呼呼的。我只好找到史鐵生他們那個隊，還寫了一首詩巴結他，就是心懷揣紅寶書、豪情啊壯志什麼的。被他踩乎的：這也叫詩？說你這輩子不要寫詩了！但從此我就和他睡到了一個炕上。

史鐵生教我扎針灸、看病。當時老百姓鬧得劇烈的傳染病，大多是鬧傷寒。很多人死在送往醫院的擔架上。有一次我們倆一起出診，村裡的大白狗一下竄出來了，我撒丫子就跑啊，他沒跑過我，讓狗把褲子扯下一大塊。

他的面子比較薄，不像我「是不要臉精神」，什麼病都敢治。史鐵生又加上一句：他是祖傳的，就把我撂那兒啦。讓我治我就治，拿著書開始比劃，治著治著就什麼病都治了。

我們上山採藥，自己種草藥、置辦器械、在窯洞裡建手術室，成本非常低。成立了醫療站，很多手術器械都是在醫院學習時偷的。那時無法無天，為了實習，偷出遺體解剖死屍。手術從簡單到複雜：從闌尾到腸胃，到後來心肺、癌症、腦子都做。

有個孩子大面積脫水，奄奄一息。我翻山到那個村，只帶了個大針管，就用注射器打點滴一點兒一點兒往裡推。從晚上推到第二天白天，30多個小時！手都僵了，把孩子給救活了，孩子叫我乾爸，我才18歲。

最邪乎的就是婆姨上吊的事。在打則坪，我已經睡了，

忽然外面非常嘈雜，四五個人打著火把跑啊，邊跑邊叫我的名字。等我到那兒一看，門板上躺著一個女的，直了。婆婆跟媳婦打架上吊，放下（斷氣）已經半小時了。有幾個老漢就拿煙袋鍋蹲著抽，人家在那兒商量後事吶！

我剛下鄉，哪兒見過死人啊，那也得動手啊。扎人中，一點兒反應都沒有。這時我想起來書上看的，最好的穴是湧泉穴。我用這麼長的針，反正豁出去了，使勁咔咔咔往腳底板扎。扎著扎著，突然她喉嚨這兒「嗑」一聲，這一聲就能把人嚇著，死人吶！趕緊做人工呼吸。過了大概半個小時，活了。

這可能是假死，但這件事使我走上了不歸之路。「神醫」就是這麼來的，說死人一針扎活了，就是史鐵生起哄起的。結果周圍村的老鄉都來了，醫療站外每天都擠滿了人。忙時連上廁所的工夫都沒有，外面排隊讓看病，隔著半人高的圍子，一邊兒蹲著拉屎一邊開方子。還有婦女敞著胸，讓給懷裡吃奶的孩子看看病。

那一天，七八個小夥子，抬著個人就來了。年輕女的，17歲。我一看神經都嚇炸了，一個大鐵鍬把，從屁眼子進去，從肚子出來啦。她們修水利，把鐵鍬豎在下面，摸黑收工時嚇了一跳，不知什麼時候就把人給穿了，穿糖葫蘆。

我沒辦法，就只有拔。前面三個人，後面三個人，「一二三拔！」硬給拔出來了，我雙手一摁，止血消毒縫針。她家裡人說「還能生娃不？不能生就別救了。」後來我回鄉，一個婦女攔住我，讓她的三個孩子叫「大」。她就是當年那個姑娘。

獸醫也得做，以後敲豬、殺豬全是我。第一年殺這豬，我們十幾個小夥子按住，那殺豬刀咔就進去了，一拔，血呼地就噴出來了。結果一撒手，又跑了。你猜為什麼，那刀從肩膀進去了，根本沒扎中心臟。

好多知青都想學赤腳醫生。腦袋疼，拿聽診器聽腦袋；婦

女小肚子疼，說可能是前列腺炎；打抗生素試驗針，照著屁股咔嚓就一針，說：等著，別動！逗事多極了，我們小嘛。

丁愛笛他們村張家河大隊的一個知青，從北京農學院學會獸醫以後，要想提高生產力，公的牛要騸。但他結紮水準不成，把蛋拽出來一鉸，一下縮回去了，血就嘩嘩地冒。

我去了以後，做了手術，結紮好，輸了兩天血。然後把牛脖子這兒切一口，打一針，輸液。牛醒了，但再也幹不成活了。丁愛笛在一邊急得大罵，全隊就指望這頭老健牛呐！

老鄉送來的白饃、雞蛋，我說不要，趕緊送回去，就跑了。但我一走，史鐵生說話了：撂哈。老鄉一走，我們就喊裡喀嚓都吃了，「不吃？！餓得受不了啦。」那時哪兒吃得上白饃啊。搞批林批孔，老漢說：「這林彪沒良心，天天吃白饃還反對毛主席」。

那個時期的青年相當苦悶，我也很可憐他們。男知青之間打群架、血拼，沒什麼原因，沒有以前的派性。女學生的流產都是我做的，有二三十個吧。遠近村的都有。

第一批招工的走後，留下的人少了，流產的多了。沒什麼盼頭，失望了。那時也不會避孕。流產沒證明不給做，沒結婚證更不給做。那成了一個很大的道德問題，只有找我做，我保密。

那時看病的人太多了，人來人往。一個婦女裹著孩子：「娃不行嘞，燒得厲害。」整個一口陝北話。

「娃叫個什麼？」

「沒名字。」

「你叫個啥？」

「……。」

我趕快改成北京話問：「你是不是我們班某某某啊？」她蓬頭土面的根本認不出來。

她說：「是了嘛，孫立哲。」

那孩子病啊，那個瘦啊，捏起來皮都回不去。拉著大的抱著小的三個孩子的媽。我根本認不出來，她是我同班同學，清華教授的女兒啊。

那時根本沒什麼醫療條件。有一個寡婦推磨，暈倒在碾臺上了：宮外孕大出血，一聽心跳已經很弱，血壓就沒有了。直接割開肚子，把子宮兩頭一夾，切開靜脈插一個輸液瓶。用手扒著，用一個碗往外舀血，弄幾層紗布一裹，2000多毫升血，直接過濾。

我們那時候（做絕育手術）到什麼程度？就是開一個小口進去，閉著眼睛，全憑感覺，腦子裡解剖影像就出來了：腹壁，子宮、輸卵管，左右碰一碰，小鉤一鉤。不用縫針，小口上膠布一貼，就這麼痛快。

男的這個太容易了。先開三級幹部會，大隊長，公社的主任書記全得去，小隊長也全得去。在動手術的窯洞邊上，排隊挨個往下捋，（沒結過婚的、48歲以上的除外），一個一個報有多少孩子。

從書記開始，仨女兒，沒兒子，好，夠格，跟我上那個窯洞吧。一會兒，趔著腿晃出來了，「完了，騸完了」。下一個，該公社主任了，6個孩子，有男有女的，上。「啊，孫立哲，我是老漢兒了。」「那不行，正好48歲，沾邊了。政策是硬的。」

人家都是普查、宣傳、執行分離的，一撥人管一撥事兒。哪有我們這樣，既是宣傳又是執行、既是領導又是醫生，一氣呵成；咔嚓！

醫療隊排成一排先唱歌。老鄉都不知道深淺：這個好，還有唱：「計劃生育好，一個也不少，兩個剛剛好。」唱完開會，民兵把著現場。一家一家過，20多個，一氣都幹完了。

　　根據毛澤東「六・二六」指示，城市老爺衛生部不為人民服務。赤腳醫生到大醫院摻砂子，我兼西安二院黨委副書記，特別左。那時我已擔任了延川縣副縣長、延安地區衛生局長。我就拿出紅衛兵的勁頭，採取顛覆性政策，大醫院大夫每年下農村半年。

　　這婁子捅大了，拆散家庭，惹了無數人。後來揭發批判我的主要是這些醫院，說我上任時宣稱：我是不在其位不謀其政，在其位必謀其政！開著 130 改裝的救護車下鄉，車是吳德送的，全國就兩輛，可以在汽車裡做手術。

　　幾十年後我回到農村一看，比我在的時候更壞。當年的赤腳醫生全到城裡大醫院，當院長當主任了。農村還是缺醫少藥，你怎麼衡量這個成功？

　　在農村什麼事都有，你什麼病都得治。開顱手術不是我主動做的，（病人）他放炮的時候，把一個骨頭整個炸進去了。如果不撬出來，一打嚏，離死就不遠了。去城裡來不及，在我這兒就直接打開大腦辦了。

　　最火的時候，好幾台手術同時開始，流水作業。五、六個農民一字排開，肚子都豁開，然後我戴上手套依次咔咔幾下，「縫！」

　　這時抱出一個孩子：「趕緊，沒氣了！」喉痙攣，人憋成紫蛋了。我撈出一個扎腰的手術針，咔嚓一下扎進氣管裡啦。氣管太細，全是痰。趕緊把一個導尿管插進去，叫助手彭炎：趕緊吸！

　　大概是 1974 年，中央科教組派專家團到鄉下考察我。北京第二醫學院的副院長教授李光壁（音），帶著各科的十幾個專家醫生教授來了。

　　他們到我窯洞一看，全是外語書，西安影印的英語醫學雜誌。寫的病歷大部分是英文的。我的女朋友懂英文，我一天背

150 個單詞，通信全用英文。

李光壁啪地抽出一本：你還學德文吶？念念。他是留德的，濃眉大眼，很凶的樣子。我念了一段，他沒聽懂一個字。我是按英語發音念德文的，沒有人教我。他問，上面說的什麼？我翻譯了一遍，全對。

但看手術是最嚴格的，他們都是國內頂尖的臨床醫生啊。他們不相信在這麼簡陋的窯洞裡能做這麼大的手術，中國醫學科學院黃家駟老院長就站在旁邊。我大概是全國知青典型中唯一接受專業考察的。

他們這些主任們就很震驚，回來給科教組寫了個報告，轉發全國。黃老把我列為吳階平主編的《外科學》的正式編委。成為周恩來主抓的中央針刺麻醉領導小組成員。

回來就出名了，一大幫中央北京醫學院大夫來，一大幫本地赤腳醫生來實習。我們自己種地，製藥、蓋房子。村裡住滿了來看病的老鄉，一大片人，非要我摸一下不可。

報紙、小說、電影，還被編入小學和中學的語文課本。北京電視臺拍片，新影專題片：赤腳醫生孫立哲。電影不是《春苗》，叫《紅雨》。

原來我的名字是「喆」。人民日報登曹古溪寫的文章時，沒有「喆」這個鉛字。人家有文化，說古代「喆」「哲」是通用的

1976 年唐山大地震，頭一輛進入唐山的衛生列車，我是幾百名醫護人員的醫療總負責。半夜進到豐潤，到處是傷患，臭極了。我們唱歌、搶救、手術，一列車傷患，拉到蕭縣。

最早是 1971 年，縣裡派人找到我：你是孫立哲嗎？讓你參加一個回北京的彙報團。就像是天上掉餡餅一樣，居然第二天讓我去延安。

內容先試講一次，行醫怎麼學毛選？把我難住了，毛選沒

學，哪兒有工夫啊。北京寫作組幾個筆桿子熬了好幾夜，聽各種消息，給我編了一個稿。

我一看，沒法講。講第一次做手術，把貧下中農肚子打開以後，耳邊響起毛主席的教導：救死扶傷，實行革命的人道主義，頓時心中充滿了力量，快速找到了破裂的胃，把穿孔迅速縫合。這是毛澤東思想的偉大勝利，毛主席萬歲的歡呼響徹雲霄。

這哪兒跟哪兒啊，純說瞎話。這肚子打開了，我啊怎麼想？滿肚子血呼呼地直冒，找不著傷口啊，心裡直冒涼氣。

然後心裡發生巨大障礙。我從小有一個大問題，我大結巴，能說話，但是讓我演講，沒有實話就沒法講。

那天晚上在延安地區招待所，也就七八十人，聽我試講。我就講了三句話，喝了三暖壺水。以後結巴到一個字也講不出來。一個是緊張，一是純假話。

主持會的也愣了：這要當先進不就出婁子了嘛，不會說人話？！這是送回去還是接著講啊。北京說，學習毛選樹立的典型我們最生動的就是他了。找我談話，下定決心，不怕犧牲。對著大樹，趕緊練，念稿。

這時出婁子了。一個老頭追到延安來，哮喘發作。我大樹底下，稿也得念，病也得看。拿長針扎，一緊張，把肺給扎漏了。我渾身發軟，什麼設備都沒有，趕緊找我的大針管，一針扎到肺裡，用負壓吸。

我就一邊念著這稿子，一邊抽，這老先生真行，出不來氣，堅持著。抽了一天多，稿子給生背下來了。為什麼呢？沒有活路了，我要被遣返農村，我心裡扭曲啊。但意外的收穫是，結巴治好了。

到北京講座，開始是背稿。後來就脫稿。講真事就生動了，我從一個字不會說的大結巴到口若懸河。到什麼程度呢？一天

三場，一個月 100 多場報告。敲鑼打鼓，夾道歡迎。

最大的一次是 1974 年 3 月 5 日，全市紀念雷鋒多少周年。工人體育場是主會場，全北京 28 個分會場，幾十萬人聽。吳德主持，謝靜宜開幕講話。兩個發言的，我是代表農民的，工人代表是馬小六。

謝靜宜說講得好，高校講了一遍，各醫學院醫院敲鑼打鼓搶。在清華附中也講，常振明就在下面聽著。這觸發了第二次下鄉高潮，很多學生堅決要求去延安，一部分就是叫我忽悠的。

這個（影響）還擴大到國外。我作爲中國青年代表團的成員訪問了歐洲和非洲，那時出國是很罕見的。1973 年訪問法國，穿著中山裝在香榭麗舍大街上像個怪物。我對西方的發達感到震驚，隱約覺得中國要出大事。

1974 年，省委書記約談我：中央出檔了，點了 5 個人的名，邢燕子、侯雋、朱克家、孫立哲、程有志，樹爲扎根農村典型。1974 年知青會議，毛澤東圈閱文件。在幾千萬知識青年群體裡，五人被樹爲全國的榜樣。又通知填表，我和團省委書記韓志剛兩個人一起爲候選團中央委員。

開大會和作報告成了我的新「專業」。在報告團裡我和其他幾個報告人就熟了。侯雋和邢燕子就說：小孫啊，趕緊找一個農村的，趕緊結婚，才能表示你扎根農村。侯雋還專門到延安勸我：「丁愛笛找了農村的結婚啦，好。這才叫扎根，光口號不行。」

我當時有個女朋友，但沒敢暴露，是在美國喝洋奶長大的。她在舞臺上主演李鐵梅，沒有卸妝，就來找我。你想，那個年代，光禿禿的黃土山、黑乎乎的土窯洞，突然出來個這麼光彩照人的女孩兒，直接就是「我愛你」，那不是鬧著玩兒的。

跟她分手，純屬政治上的壓力，她父親是原國民黨駐美國

的總領事，起義回到中國來了，又打成右派。讓我扎根農村，是省裡的光榮，怎麼能讓你找這麼個危險家庭的？

我別提多後悔了。我那時雖然已做過上百例結紮，但沒經過感情萌動。我也沒有找農村的。我心裡最想的還是上大學。下農村，我帶的箱子裡全是書，幾乎都看爛了。那兩年推薦和考大學，我到縣裡考得相當好。雖然沒公佈成績，那絕對。

北京醫學院和北京外語學院都錄取我了。因為我的英文也挺好。那時我已經是延川副縣長了，當赤腳醫生後，又訂閱了西安影印的英文醫學雜誌，加上和女朋友秘密寫信，寫的都是英文。北外招生，主要是面試：沒想到這麼好，要了，高興壞了。

在北京巡迴講演時，遲群和謝靜宜幾次把我叫到工字廳談到深夜，談教育革命怎麼搞。那時張鐵生交白卷已出來了，我還是想上大學。她說：「你的案例對教育革命是一個很大支持。舊教育制度下，人越學越蠢，越學越死。你是實踐出真知，不用上學，比他們上學的強得多。」指我沒上過學，但醫學院畢業的專科大夫們都跟著我手下幹。

謝靜宜還是挺女性的，狂也是女人那種狂，和江青挺像，說話特厲害，出口的話就是命令。在北京工體大會，幾十個分會場幾十萬聽眾，她是報告會主持人，是代表北京市委、團中央的。說我的例子和張鐵生的例子，就不用上大學。我心裡涼了，想上學也沒法說了。

她讓我給清華和北大兩校作報告，還建議我和張鐵生一起去全國巡講。我藉口村裡幾百號病人等著我，先回村去了。幸虧沒去，去了就娶子了，張鐵生後來判刑十幾年呀。

1975年延安知青代表會議。我執筆給毛主席寫信反映陝北醫療太落後，有彭延、馬向東等六個赤腳醫生簽名。怎麼交？我說我有辦法，由謝靜宜轉交江青。

後來一個大的轉折使我完全灰色了。毛澤東去世，在大醫院悼念。我和一個管廣播女孩兒聊了一夜，被書記聽了牆根。第二天緊急會議，讓我說清楚。為什麼關燈？怕影響別人。談什麼？談人生理想，革命、人生、個人轉折。有無戀愛？死不承認。

實際不是一般好感，她是大家閨秀，非常漂亮，照片上了大型照相館櫥窗。在毛主席逝世期間敢談戀愛，你研究過嗎？什麼性質的問題？這涉及到她的人生名譽、我的政治前途。

接著「四人幫」倒臺，人們歡呼，我受審查，中央領導人批示，說我是衛生戰線上的「四人幫」爪牙。村裡知青全去高考或招工，就剩我一個啦。我性質變了，政治上垮了。我想，這回踏實了，扎根吧，別聊別的啦。

太難受了，在村裡房東家喝悶酒，兩瓶半西鳳酒、一瓶半葡萄酒，一口氣幹完，後來都沒味兒了。不省人事幾天醒來，皮膚和眼睛金黃，村裡赤腳醫生娃子說你咋變成了金絲猴。送到延安醫院一查，黃疸指數二百多，診斷亞急性肝壞死，死亡率97％以上。大量打激素，把糖尿病也打出來了，眼睛腫成了一條縫，站也站不起來，人都毀了，成了豬一樣。

出院以後，回清華家裡，拄著個小棍兒，慢慢騰騰地邁著方步，臉腫著。聽到的都是發小們上大學的消息，鄰居小悅、小苗兒弟倆一起考上了清華，華蘇（華羅庚之子）、籍傳恕也上了清華，龐沄上了鋼院，周圍的人都上大學了。我連考試都不能考。

有一天正在清華家裡，寄來了一個箱子，毛主席逝世時結交的那位女友把我給她的書和信都寄回來了，倒楣的事紮著堆來，心情跌到人生的低谷。想釣魚散散心，很長時間才能走到荷花池。我挖蚯蚓連鐵鍬都拿不動，讓爸爸幫我挖。我都二十好幾了，看著一幫七八歲到十來歲的孩子，粘蜻蜓，粘知了，

他們有身體，有未來，個個比我強。命運不知要把我帶到哪裡？

有一天我的外甥來了。他第一次釣魚，就釣出來一條半斤多的鯉魚，平常我只能釣上很小很小的鯽瓜子。興高采烈提了條大魚回家，看到解放軍站在門口。軍代表宣佈：孫立哲在「四人幫」問題犯有嚴重錯誤，立即回延安接受審查交待問題。那時已成立了省地縣三級聯合調查組，衛生部長上任，要抓「四人幫」在衛生部代理人，批示說我是「震派人物」。

只有幾天期限要寫出交待認罪材料，和「四人幫」有什麼關係？見過什麼人？一點兒一點兒挖。給毛主席的信，是通過謝靜宜轉江青，給江青的信是「效忠信」，抓捕江青時發現的。

「四人幫」沒有接見過我，但遲群和謝靜宜老跟我聊，讓我作報告啊。我腦子一片混亂，有苦說不出。好在中學同學史鐵生筆頭子好，幫我寫檢查交待材料，文字遊戲具體肯定抽象否定：犯了不可饒恕的政治錯誤，但是心是忠於革命的。

吳北玲上北大中文系 77 級了，每天下課就來鐵生家幫我寫認罪書。臨行前她叮囑我：最大的罪是思想罪，任何時候都不能承認主觀上是反革命的，一承認就不好翻案了。

押回延安，住進地委大院一個黑洞洞的窯洞裡，每天上午掃院子勞改，下午接受專案組詢問審查。記著史鐵生教的：有病、少說話。那就多抽煙唄，我以前從來不抽煙，交代問題煙不停地抽，還是雙槍，兩根並在一起抽。

一盒劣質的煙幾個鐘頭就完事兒，咳嗽、吐痰、手捂著腦門。按鐵生教的招兒：就說有病腦子壞了，什麼也想不起來啦！耗時間唄，讓我好好想想。

大禮堂開批判會，橫幅大標語，孫立哲幾個字倒著寫打上叉。兩個民兵押送，一進門口號聲響起：「肅清孫立哲在衛生戰線上的流毒！」沒有老鄉，全是衛生局、防疫站的幹部和醫務工作者。

我低頭拿小本記錄，像個黑幫一樣。衛生局一個姓溫的幹事：「孫立哲，想不到你也有今天！你當了衛生局副局長上任第一天——我記得清清楚楚——就說：不在其位，不謀其政。」

我是說，既在其位，必謀其政。我當時兼任衛生革命領導小組第一副組長，管全地區十多個縣以上綜合醫院，上百個地段醫院和公社衛生院。坐著專區唯一的一輛老式救護車，跟真事似的，到醫院視察發指示：大醫院醫生為貧下中農服務，全部輪流下農村！

那些知識青年出身的醫生護士們，都沒發言，只低頭跟著喊口號，躲著我的目光。

調查組在農村那邊開揭發會，誰都不主動發言。知道孫立哲嗎？知道。孫立哲犯什麼罪？不知道。他們就挨個挖材料，找動過手術的人，一個個查醫療事故。發現了我治過的一些老鄉拄著拐，一條膝關節不能打彎，這下可找到醫療事故了。

這種大骨頭地方病，劉拐子病。最嚴重的兩條腿彎曲著擠在一起，根本站不起來，沒有生活能力了，專業醫書上說是晚期終生殘疾，沒法治。我發明了一個手術，就是把一條腿膝關節上下大骨頭都截斷再上下對齊，用一條條不銹鋼板和釘子給鋦起來，打上石膏讓它長直了。一條腿是直的，是支撐的，另一條腿是彎的，這樣架個拐居然能走路了！

在當地推廣，我在川裡治了五六十個這樣的病例。醫療事故調查組見到齊家坪一個病人經我手術後上炕一條腿不會彎，要定為我的醫療事故。老百姓不服這個理，難道醫書上沒有的就是醫療事故？以前只能在炕上滾地下爬，手術後能走路了，基本勞動能力恢復了。看孩子做飯都沒問題了呀。

老百姓惱了，聽說我到了延安挨批判，翻山越嶺幾百里來看我，走路的趕車的騎自行車的都有。到地委問小孩兒，找孫立哲，孩子答：「是不是掃毛子的那個老腦（大腦袋）？」那

時我身體非常壞,在地委大院低著頭掃廁所,腦袋腫得老大,像個怪物。

鄉親們偷偷進了我的黑窯洞,拿出雞蛋拿出饃,還有棉線織的襪子、土布鞋。他們告訴我說,省地縣來了大幹部,多少人下來調查可凶哩,開社員大會,說是中央的政治任務必須完成。來傳話的男女老少,老太太什麼人都有,房東乾媽康兒媽來了好幾趟。我讓他們趕快走,可不敢再來了,不能多拉話,我正在挨批判。老鄉說咱受苦人怕個甚麼,頂不濟也坐監獄,吃飯不要錢!回去傳開了,被治過病救過命的老鄉心裡過不去,要想法子救孫立哲。

那時不是批判會就是寫檢查。壓力一大,身體反而慢慢好些了。不絕望,愛咋地咋地。開批判會我就低頭記錄,下來趕緊整理,當天晚上找畫家靳之林還有邵明路、臧若華等幾個知青朋友,往北京給吳北玲、史鐵生發信傳話。

在村裡有個知青楊志群,是 1975 年在北京聽了我的報告自願來延安的,他說乾脆寫個反映吧。內容是:孫立哲肯定有缺點有錯誤,需要批評說明。但是這個人是個好人,做過很多好事,治病救人、從不收禮。希望領導也能瞭解。

社員開會抵觸省地縣聯合調查組:我們不曉得政治錯誤是個甚麼球事,就知道孫立哲看病救人不要錢、不收禮,是個好心人。因為以前醫生下鄉都端著架子,先吃飯,再看病,還收禮。

我那時雖然兼著省地縣各種官位,實際上是個不脫產的農民,只拿工分,沒有工資。

那邊開社員大會批判,這邊開小會簽名。從那邊大會出來,就有人引到這邊簽名。老百姓間秘密傳成了一句話:啊呀,簽名就能救孫立哲!這邊各村傳:咱們多一個簽名,娃娃多一份生望。

我給誰治過病記不住，老鄉沒有忘。陝北窮人多但是有良心：明天起身出門要飯，今天門上來了叫花子，最後一口黑糠乾糧也掰下一塊。結果本村的外村的，近的遠的來了不少。簽名的、按手印的，什麼樣的紙都有，花裡胡哨的連在一起往上貼，弄成了很長的一個「萬民折」。

北京那邊兒，鐵生家是「撈」人聯絡站，他幫我起草申訴書，還找熟悉的朋友，出謀劃策的人有電影學院青年導演班的柳青、張暖昕，抱不平的有陳建功、李陀、趙振開、劉心武等。王立德專門傳遞最新情況。

史鐵生和北玲一塊兒天天商量怎麼給領導遞材料。北玲在北大曠課跑外線，通過師大女附中同學關係，找王任重、顧秀蓮。同村的知青劉亞岸幫忙找人。最後遞給了胡耀邦。他們說胡耀邦還真是知道我。胡耀邦、胡啓立都瞭解我，明確表示說：這個孫立哲抓錯了，他怎麼會是「四人幫」呢？胡耀邦在開會時就找到王震，說：小孫不是「四人幫」，另外，這個人現在有病，王震同志對陝西幹部熟，請王震同志關注一下此事。

王震就不那麼斟酌了，抄起機要電話當場找省委書記接電話，開口就是給我查查在延安有孫立哲沒有，他身體有病趕緊給我送回來！

突然那天，地委書記帶著副書記、衛生局長一大幫人，黑壓壓湧進我那個黑窯洞裡來。我已經習慣了，不又是批判嘛，我頭低著。地委書記一把抓住我的雙手使勁搖啊搖：啊呀，孫立哲同志，你受苦啦，俄、俄們不瞭解情況啊……衛生局長拿出好煙：吃煙吃煙。好幾個人忙不迭同時擦火柴。

當天晚上，就住進地委最好的招待所，第二天，飛機直送北京。救護車在機場等著，直接拉到醫院住進單間，就這麼厲害。一夜之間，天上地下，你研究了嗎？這就是政治。中央直接打電話，這就很嚴重，就是個政治態度問題。

當時救出來的理由是有病，那話就聽出來了。第一次住在地壇第一傳染病醫院，黃疸加上治療不當高鉀型酸中毒，在床上乾挺著，一動不動。回應能力不在了，以前所架構的那些東西，包括對未來的預期、對自己的看法、隨著被打倒，全部破碎了。加上身體本錢的丟失，這你就變成了一個無能為力的弱者。

那時我趴在病床上，期望值低到什麼程度？看到護士的腳在床前走來走去，羨慕人家走路這麼有勁，會走路，真好。實習生夾著本書來查房，我覺得：能看書，真好。窗外一隻小鳥叼著一根小草，那廣博的天地，那自由，但不屬於你。

出院不願回清華家裡，又回到了鐵生家。1977 年 78 年接著高考，發小們都上了學。我整天拄著個拐棍晃悠，我有臉見你們嗎？太難受了！

為什麼住在鐵生家裡？一是在農村睡在一條炕上。二是，我兩次送他到北京看病。三是我出事了他家就是救我的聯絡站。原來你在潮流的浪尖上或者在潮流的中央，極大的個人膨脹。現在整個被邊緣化成了三無四有人員：沒學歷、沒收入、沒戶口，有病、有前科……

我無處可去，首先想到的是他，他已經完全截癱了，比我強不了多少。我政治上完蛋了，沒想還能爬起來。他自己走投無路生活困頓，卻全力幫我置之死地而後生。他是我的救星。

雍和宮旁邊一個小院子裡，兩小間房子很擠。我和鐵生住大點兒的一間，他爸爸和他妹妹（史嵐）睡小屋。他爸從此沒脫過衣裳睡覺。晚上往那兒一靠，早晨 5 點多，准點起來買豆漿買油條。他長期高血壓，手抖，請了長假照顧癱兒子。

開始時我們晚上一宿一宿地聊，詛咒自己的命運和這個社會的怪現象。我們兩個身體困境使未來希望變得很微弱甚至消失，感到命運的無可奈何。

我媽天天往鐵生家跑，絮絮叨叨地勸我和鐵生要想得開。我父親也常來但不說話。他在歷次政治運動中被懷疑是派遣的美國特務，他用遍了數理化三樓邏輯推導不出自己的清白，幾次自殺又陰差陽錯被救了回來，多年在驚恐中生活不敢多說一句話。這期間鐵生以我父母為原型寫了《法學教授及其夫人》，1978年陳建功幫他聯繫發表在雜誌上。

鐵生後來寫了《病隙碎筆》，送給我那本的扉頁上他大大的字寫著：立哲，第五章獻給你。我一看，這章專門探討生命的意義，好多話針對我當年的困惑。

我的心情逐漸開朗。我說我吃激素腦子完了，可腿還能使；你是腿殘了，腦子還能使，咱倆弄不好還能拼出個完整人兒幹點事兒。鐵生笑了說，這拼出來的人到底是你還是我呀？我說當然是你呀，腦袋指揮腿嘛。鐵生一聲斷喝：別價別價你千萬別往下說了，我這腦子要是還能指揮腿走路，我還不立馬就得瘋嘍！

夜裡一對病殘人對著天花板品著各自命運互相開導。白天他搖車去街道工廠畫彩蛋，我一個人往北新橋菜市場那兒晃，回來做飯：今兒吃什麼？史嵐放學一回來，摘菜去！說什麼幹什麼。史鐵生大指揮，我二指揮。他全力在幫我，也幫成了。

轉機來了。1978年底，醫學院開始招研究生，而且年齡沒有26歲的限制。我想，好了。但我上哪兒報名去啊？沒單位、沒戶口，黑人啊。我就想起了北京第二醫學院的副院長李光弼。

他當年帶專家到我們村考察我時，在我的窯洞一個炕上住了不短的時間。李光弼愛下棋，我是圍棋業餘高手，一下棋，關係就不一樣了。這次他帶了一盒蝦來看我，要跟我「手談」，在龐沄家裡，他和龐沄的母親是北醫的老同學。

我試著問想考考你們的研究生，可是沒戶口沒法報名。他

說，我給你證明。說辦就辦，第二天就親自帶我到科研處，說這個人我認識不用介紹信，給他報名，讓他考。這都是救命之恩。

還有一個多月考試，考 5 門功課。外語、政治、外科、病理、解剖。我一看，這可和以前看病動手術不一樣。尤其是病理，從來沒學過。組織學沒看過顯微鏡，病理解剖都沒學過。

背水一戰的時候到了。

我找了個小黑屋，往架子床裡一窩，啃乾糧喝開水，硬是沒出門。病理解剖是死學問，硬看、生背，厚厚一本書整個背下來就行。其他如外科我有點基礎。外語沒有問題。政治沒有時間，我自認為比較強。

可我從來沒上過大學考過試，我的臨床學科對手都是「文革」前大學畢業有行醫資格的醫生，心裡沒底。考回家我媽問：可回來了，考得怎麼樣？我說考得大概不行，想寫的內容太多寫不完。

我報的導師是北京第二醫學院院長兼同仁醫院院長戴士銘，還有外科主任龔家鎮。過了三個禮拜，戴士銘院長的兒子找到我：你行啊，我爸說你考得好呀！過幾天李光弼院長也打來電話，說我考試名列前茅。

後來才知道，我的總分和三門主課都是全國考生中的第一名，病理 96 分幾乎滿分，政治最差，剛剛及格。命運終於轉折了，我的生活奇妙般地重新有了顏色，我和北玲在熱烈的戀愛中又共同憧憬未來。

這期間，兼任清華領導的胡啟立曾約見我，轉達了胡耀邦的關心。同樣是在工字廳，這命運呀，真是難以捉摸。

上研究生是我再一個突然的轉折。我由完全不懂政治，從赤腳醫生開始接觸政治，表現出對政治的無知，到忘乎所以極度膨脹，到最後被打倒。後來就為此遠離政治。學醫給你一個

很鮮明的價值感，一直延續到現在。

來源：http://bjyouth.ynet.com/3.1/1203/09/6867767.html

＊作者閻陽生簡介：

1947 年生於山西陽城，1982 年畢業於北京建築工程學院市政系，後到聯邦德國留學。閻陽生於 1967 年清華附中畢業後，歷經工農兵學商，曾任北京科學院業務處長、全國工商聯宣教部副部長、《中國工商》雜誌總編；曾當選為全國工商聯執委和中華職業教育社理事。教授。

國家圖書館出版品預行編目資料

青蔥歲月：知青赤腳醫生訪談錄 / 安娜作. -- 初版.
-- 臺北市：博客思，2015.11
　　面；　　公分. -- (文革大系；3)
　　ISBN 978-986-5789-76-3(平裝)

1.知識分子 2.訪談 3.傳記

782.18　　　　　　　　　　　104018366

文革大系 3

青蔥歲月--知青赤腳醫生訪談錄

作　　者：安娜Anna Quian
執行編輯：沈彥伶
美術設計：涵設
封面設計：諶家玲
出 版 者：博客思出版事業網
發　　行：博客思出版事業網
地　　址：台北市中正區重慶南路1段121號8樓之14
電　　話：(02)2331-1675或(02)2331-1691
傳　　真：(02)2382-6225
E—MAIL：books5w@gmail.com或books5w@yahoo.com.tw
網路書店：http://www.bookstv.com.tw 、華文網路書店、三民書局
　　　　　http://store.pchome.com.tw/yesbooks/
總 經 銷：成信文化事業股份有限公司
劃撥戶名：蘭臺出版社 帳號：18995335
網路書店：博客來網路書店 http://www.books.com.tw
香港代理：香港聯合零售有限公司
地　　址：香港新界大蒲汀麗路36號中華商務印刷大樓
　　　　　C&C Building, 36,Ting, Lai, Road, Tai,Po, New,Territories
電　　話：(852)2150-2100　傳真：(852)2356-0735
總 經 銷：廈門外圖集團有限公司
地　　址：廈門市湖裡區悅華路8號4樓
電　　話：86-592-2230177　傳真：86-592-5365089
出版日期：2015年11月 初版
定　　價：新臺幣320元整（平裝）
ISBN：978-986-5789-76-3